한국의 보수, 비탈에 서다

희망의 비상구를 찾아서

한국의 보수, 비탈에 서다

희망의 비상구를 찾아서

정두언 지음

나비의 활주로

추천의 글

현재 우리는 대격변의 시대를 살고 있습니다. 기존의 세계질서가 빠르게 해체되고 있지만 새로운 질서는 아직 모습을 드러내지 않고 있습니다. 그래서 세계는 혼란스럽고 불안합니다. 국내적으로도 내년에 총선과 대선이 예정돼 있는 등 과도기를 맞고 있습니다. 정치적 리더십이 실종되고 정치권에 대한 국민의 불신이 매우 심각할 정도로 악화된 상황에서 이러한 정치적 과도기는 중대한 시련의 시기가 될 것입니다.

보수의 위기가 많은 사람들의 입에서 오르내리는 것은 이러한 격동의 시대를 맞아서 보수 정권이 시대적 과제에 무기력했기 때문일 것입니다. 보수정권은 트레이드 마크라고 할 수 있는 안보 면에서도 국민의 불신을 받고 있습니다. 천안함, 연평도 도발에 대해 국가는 국민의 생명과 재산의 보호라는 기본적 임무를 다하지 못했습니다. 여당인 한나라당은 집권당으로서의 정국 운영 능력을 상실한 채 끝없이 표류하고 있습니다.

저는 집권 세력의 난맥상을 정면으로 지적한 정두언 의원의 용기와 강직함에 깊은 인상을 받았습니다. 제가 아는 정 의원은 과격하지 않으면서도 치밀하고 강단 있게 맡은 바 일을 처리하는 유능한 정치인입니다. 그러나 정 의원은 이명박정권 출범 이후 일등 공신에서 권력의 비판자로 변했습니다. 정권 탄생의 일익을 담당했던 사람이 그 정권의 문제점을 비판하는 것은 결코 쉬운 일이 아닙니다. 정 의원은 스스로 형극의 길을 선택했습니다. 아마도 보수정권의 현재와 같은 정치적 난국을 예감하고 이를 막으려고 나름대로 몸부림쳤던 것이 아닌가 생각합니다. 과거 정권에 몸담았던 경험이 있는 저는 정 의원의 이러한 행동이 얼마나 고통스럽고 외로운 일인지를 잘 알고 있습니다. 정 의원은 그러한 시련을 이겨냈을 뿐만 아니라 한층 성숙한 정치인으로 성장했음을《한국의 보수, 비탈에 서다》에서 잘 보여주고 있습니다.

정 의원의 정치적 시련과 성장을 지켜봐 온 저는《한국의 보수, 비탈에 서다》의 출간 소식을 접하면서 반가운 마음을 금할 수 없었습니다. 이 책에서 정 의원은 한국의 보수가 직면한 위기의 본질과 배경을 심층적으로 진단하면서 처방을 제시하고 있습니다. 실추된 도덕적 권위의 회복과 사회적 양극화의 해소, 권력의 사유화 극복과 공공성 복원, 사회적 통합의 실현 등 핵심적 이슈들에 대한 지적은 정 의원이 그동안 누누이 제기했던 것들입니다. 그뿐만 아니라 이 책은 정 의원이 최고위원으로 당선된 뒤 지도부의 일원으로 걸어왔던 발자취에 대한 기록이기도 합니다. 정 의원은 단기필마로 추가 감세 철회를 비롯하여 행정고시 폐지 백지화, 과학비즈니스벨트 충청권 지정, 학교 수업 5일제, 동남권신공항 백지화, 비정규직 문제 등 굵직한 이슈들을 끊임없이 제기해서 자신의 뜻대로 관철시킨 것은 정말로 믿기 힘든 의정활동이 아닐 수 없습니다.

《한국의 보수, 비탈에 서다》는 정 의원이 그동안 외롭게 외쳐온 내용들을 집대성한 것일 뿐만 아니라 한국 사회가 직면한 근본적 과제들에 대한 성찰을 담고 있습니다. 이 책은 그동안 정 의원의 주장들이 결코 즉흥적이고 일회성 행동이 아니라 체계적 성찰과 탐구의 산물이었음을 보여주고 있습니다. 만약 이명박 대통령이 정 의원의 충정어린 문제제기에 귀를 기울이고 열린 마음으로 받아들였다면 지금처럼 심각한 정치적 위기에 빠지지 않았을지도 모릅니다.

《한국의 보수, 비탈에 서다》는 민심과 함께 호흡하면서 시대적 과제를 외면하지 않고 해법을 탐구하고자 하는 이 땅의 개혁적 보수주의자들에게 공론의 장을 제공할 것으로 믿습니다.

2011년 10월

전 환경부 장관 윤여준

책을
내면서

비탈에 선 한국의 보수, 희망은 있다

최근 불어닥친 '안풍安風'으로 정부·여당과 보수세력, 아니 정치권 전체가 흔들리고 있다. 이 안풍은 어디서 온 것인가 말들이 많지만, 정작 안풍의 진원지는 안철수 교수와 그 지지세력이 아니라 정부·여당과 보수세력, 그리고 정치권 그 자신이다. 한나라당은 국민들의 압도적 지지를 받으며 이명박정부를 탄생시켰지만, 집권기간 내내 청와대의 눈치만 보는 이익집단이라는 비아냥을 받으며 지지층을 실망시켜 왔다. 보수세력은 그동안 탐욕스러운 기득권세력이라는 부정적 이미지만 키운 채 국민의 신뢰를 상실해왔다. 정치권은 사회문제 및 갈등의 해결과 조정은커녕 사회갈등을 조장하는 문제집단으로 전락해왔다.

노무현정부에 대한 실망이라는 반사이익에 크게 힘입어 집권한 이명박정부는 민심을 거스르는 국정운영을 거듭하다가 노무현정부 말기와 흡사한 수준의 민심이반을 겪고 있다. 수년간 미래권력으로서 부동의 지위를 누리며 대세론에 안주해온 박근혜 전 대표는 새 정치를 갈망하는 국민의 여망 앞에 큰 고비를 맞았다. 그리하여 이제 한국의 보수는 비탈에 서게 되었다.

그런데 문제는 이처럼 비탈에 선 한국의 보수가 아직도 정신을 못 차리고 있다는 것이다. 그동안 국민들로부터 수많은 경고음과 옐로카드가 제시되었음에도 불구하고, 보수의 대표주자인 한나라당은 설마 어떻게 되겠지 하는 무기력한 모습으로 여기까지 온 타성에서 아직도 벗어나지 못하고 있다. 벌써 시중에는 한나라당은 이미 유통기한이 다 되었다는 얘기가 파다한데도 말이다. 이와 같은 절체절명의 위기에서 정부·여당이 일대 쇄신을 하지 않으면 내년 총선과 대선은 결국 한나라당의 참패로 끝날 것이다.

이 정부 초기부터 중도개혁과 보수혁신을 줄기차게 외쳐온 나는 그동안 숱한 오해와 견제 속에서 외롭고 힘든 길을 걸어왔다. 어느 분으로부터 '그 친구 조금만 숙이면 한자리할 텐데…'라는 얘기를 들으면서도 나는 이를 악물고 나의 신념의 끈을 놓지 않았다. 결국 상황이 어려워지긴 했지만, 중도개혁과 보수혁신을 위한 그간의 노력들은 결코 헛된 게 아니라고 생각한다. 왜냐하면 그동안 뿌린 그 밀알들이 요즘 드디어 하나씩 싹을 틔우고 있기 때문이다. 물론 정부·여당이 진작에 선제적으로 적극적으로 나왔으면 하는 한이 있긴 하지만.

나는 비탈에 선 한국의 보수에게 출구는 있다고 믿는다. 그런데 그 출구는 비상구가 될 수밖에 없다. 비상한 상황에는 비상하게 대처해야 하기 때문이다. 그동안 한나라당 내에서 숱한 쇄신의 노력이 있었지만 번번이 실패로 끝났다. 그래서 '또 쇄신이야?' 하는 조롱마저 있었다. 하지만 이번만큼은 정말 마지막이라는 각오로 인식과 사고의 일대 전환과 함께 신속하고 강력한 실천이 절대적으로 필요하다. 그래서 나는 지금 과거의 6·29 선언에 버금가는 아니 그 이상 가는 제2의 6·29가 나와야 한다고 주장하는 것이다.

제2의 6·29는 지금까지의 과오를 솔직히 인정함으로써 민심에 승복을 하고, 그런 후 민심의 요구를 과감히 수용하는 정책의 대전환이 그 내용이 되어야 할 것이다. 이를테면 성장보다는 안정을 중시하는 재정금융정책, 기업보다는 서민 위주의 환율정책, 대결 일변도보다는 대화와 민간교류의 확대를 지향하는 대북정책 등이 그것이다. 한나라당도 중도개혁과 보수혁신에 당운을 거는 한편, 기득권을 포기하고 신진세력에게 과감히 문호를 개방해야 한다.

《한국의 보수, 비탈에 서다》는 이 정부 출범 전후부터 최근까지 간간이 써온 글과 최고위원회의 등 각종 회의에서 발언한 내용들을 정리한 글모음이다. 비록 나의 육성으로 나온 것이지만, 이 글들은 나만의 것이 아니라 때로는 나를 채근하고 때로는 나를 격려해준 지인들의 합

작품이기도 하다. 그들은 내가 흔들리고 주저앉으려 할 때마다 나를 지켜준 나의 동지이자 스승들이다. 우리는 뜻을 같이했을 뿐 아니라 각박하기 짝이 없는 이 정치판에서도 의리가 살아 있다는 것을 몸소 보여주고 실천한 진정한 협객들이었다고 자부한다. 그들에게 이 책을 바친다.

2011년 10월
정두언

차례

제2장. 개혁은 멈출 수 없다

차례

1장

한국의 보수, 비탈에 서다

01 보수정당의 생존전략: 영국 보수당을 보면 답이 보인다

300년 역사의 영국 보수당

현재 영국의 집권당인 보수당은 세계에서 가장 역사가 오래된 정당이다. 공식적으로는 1834년, 지금으로부터 177년 전에 출범했지만 전신인 토리당이 1678년 결성됐으므로 3백년(정확하게는 333년)이 넘는 긴 역사를 자랑한다. 대지주와 귀족계급의 이익을 대변하는 정당으로 출발한 보수당이 산업사회에 들어서도 여전히 건재를 과시하는 모습은 경이롭다. 세계 정치사에서 수많은 정당이 명멸해갔지만 영국의 보수당은 근현대사의 격동을 겪으면서도 살아남았다. 농업이 주요 산업이었던 봉건시대에 대지주계급의 이익을 대변했던 보수당이 봉건사회를 해체했던 산업혁명 이후에도 여전히 영국사회를 지배할 수 있었던 비결은 구질서에 집착하지 않고 시대적 흐름을 수용한 유연한 노선전환에 있었다.

영국의 데이비드 캐머런 총리가 2010년 10월 6일 영국 버밍험의 국제회의센터(International Convention Centre)에서 개최된 2010 보수당 전당대회에서 연설을 하고 있다. © 연합뉴스

보수주의는 체질적으로 현상유지를 지향한다. 새로운 시대정신을 창안하거나 급격한 정치질서의 변혁을 꿈꾸기보다는 기존의 토대를 중시하는 편이다. 변화에 수동적이고 저항하는 속성을 내재하고 있다고 볼 수 있다. 보수주의가 전통과 관습을 중시하는 것은 이 때문이다. 그러나 보수당은 중요한 역사의 분기점마다 양보할 것은 양보하는 타협정신을 발휘함으로써 반동 또는 수구로 흐르지 않고 영국의 점진적 개혁을 선도했던 것이다. 이 같은 보수당의 유연성 때문에 영국에서는 프랑스대혁명, 러시아의 사회주의혁명, 독일과 이탈리아의 파시즘 같은 정치적 대혼란이 일어나지 않았다. 영국의 보수세력은 자발적 양보와 타협을 통해 시대적 전환기에도 자신들의 주도권을 유지할 수 있었

던 셈이다.

영국 보수주의의 대표적 이론가로 명성을 떨친 에드먼드 버크Edmund Burke가 흔히 변화를 거부하는 교조적 보수주의 주창자로 알고 있지만 실제로는 그렇지 않았다. 버크는 사회의 변화는 혁명적이 아니라 오랜 시간에 걸쳐 점진적으로 이루어져야 한다고 주장했다. 변화 자체는 불가피하기 때문에 수용해야 한다는 것이다. 다만 변화는 사회가 통제 가능한 수준에서 점진적으로 이루어져야 한다는 것이다.

우주 만물이 끊임없이 변하는 것처럼 사회도 끊임없이 변화한다. 변화를 거부하면 도태될 수밖에 없다. 이것이 자연의 섭리고 역사의 이치다. 그러나 영국의 보수당이 거부했던 것은 변화 그 자체가 아니라 프랑스대혁명 같은 구질서를 송두리째 부정하는 급진적 변혁이었다. 영국의 보수당은 점진적이고 온건한 변화를 수용했을 뿐만 아니라, 경우에 따라서는 개혁이슈를 선점함으로써 수구적 이미지를 벗어던지고자 노력했다.

이와 같은 유연한 자세는 보수정당인 한나라당에 시사하는 바가 많다. 대화와 타협보다는 극한적 대결정치논리가 지배하는 한국에서 교조적인 이념에 얽매이지 않았던 영국 보수당의 지혜와 유연함을 한나라당은 배울 필요가 있다.

영국 보수당의 장수 비결

영국의 런던정경대학에서 정치학 박사학위를 받은 강원택 서울대 교수는《보수정치는 어떻게 살아남았나?》라는 저서에서 영국 보수당의 장수 비결을 다음과 같이 요약했다.

첫째, 집권을 최우선으로 목표로 삼고 이를 위해 끊임없이 변신을 시도했다. 집권만이 자신들의 이익을 지킬 수 있는 가장 확실한 방법이었기 때문이다.

둘째, 자신들의 기득권만을 지키려는 수구노선을 과감하게 던져버리고 유연하게 현실과 타협했다.

셋째, 당의 외연을 지속적으로 확대했다. 토지소유계급, 귀족의 이익을 대변하는 정당에서 출발했지만, 사회의 발전에 따라 신흥상공업계층을 비롯해 노동자계층까지도 지지기반으로 포용하는 등 당의 지지층을 확대해 명실상부한 전국정당, 국민정당으로 도약했다.

이러한 생존전략에 따라 보수당은 지난 2백년에 걸쳐 진행된 격변기 근현대사의 터널을 통과하면서도 자신들의 이해관계를 지켜낼 수 있었다. 또한 이처럼 유연한 실용주의노선 덕분에 보통선거의 시행으로 대중민주주의가 실현되고, 복지국가이념이 보편화한 20세기에도 보수당은 70년이라는 긴 세월에 걸쳐 영국의 지배정당으로서 군림할 수 있었던 것이다. 이것은 이념적 순수성이나 경직된 원칙에 집착하지 않고 유권자들의 요구가 무엇인지를 정확하고 민첩하게 포착해서 이를 정책으로 과감하게 수용했기 때문에 가능했다. 유럽 어느 나라의 정당도 영국 보수당처럼 오랜 세월을 정치무대에서 퇴장하지 않고 살아남은 예는 찾을 수 없다.

한편, 영국 보수당의 유연한 노선은 시대적 요구를 포착한 탁월한 지도자들이 당을 이끌었기 때문에 가능했다. 필, 디즈레일리, 볼드윈 등 사회적 전환기에 뛰어난 지도자들이 등장해서 시대를 뛰어넘는 새로운 이념과 통찰력으로 노선전환을 주도함으로써 보수당을 구하고 영국을 구했다. 이러한 지도자들이 없었다면 보수당은 아마도 시대변화를 거부하고 대지주와 귀족계급의 이익을 대변하는 수구세력으로 몰려 역사의 뒤안길로 사라졌을 것이다.

필 내각의 곡물법 폐지: 신흥상공업 중산층 포용

보수당이 탄생한 이후 최대 위기는 1846년 곡물법 파동 때 찾아왔다. 1815년 워털루전쟁에서 영국이 주도하는 반나폴레옹연합이 승리한 이후 유럽대륙에서 밀려드는 값싼 수입 밀 때문에 영국에서는 밀 가격이 폭락했다. 밀 재배 토지를 대규모로 소유한 지주계급을 대변하는 토리당(토리당은 1832년 선거구 개혁으로 보수당으로 당명을 변경) 내각은 수입 밀에 대해 고율의 관세를 부과해서 밀수입을 사실상 봉쇄하는 내용의 곡물법을 제정했다. 그 결과 국내 밀값이 크게 올라 토리당 지지층인 대토지 소유계급은 가만히 앉아서 떼돈을 벌었지만, 비싼 빵을 사 먹어야 하는 도시노동자와 상공업종사자들은 고통을 겪었다. 산업자본가들도 노동자들에게 많은 임금을 지급해야 하기 때문에 불리했다. 영국사회에서 부익부 빈익빈 현상이 심화하기 시작했다. 말하자면 사회의 경제적 양극화 현상이 나타난 것이다. 영국경제가 농업에서 상공업으로 이행하고 있는 전환기에서 곡물법은 영국인들의 주식이었던 빵 가격을 폭등시킨 주범이었다. 도시상공업자들로부터 곡물법 폐지 주장이 나오기 시작했다. 산업혁명 이후 최초로 토지소유계급과 상공업자들의 이해관계가 정면으로 충돌하기 시작한 것이다.

보수세력이었던 토리당 내각의 곡물법 제정은 산업혁명 이후 출현한 산업사회라는 시대적 추세를 역행하는 정책이었다. 토리당이 역사발전의 흐름에 역행해서 지주계급의 이익만을 추구하는 수구정당임을 입증한 것이다. 곡물법 제정에 찬성했던 로버트 필Robert Peel 수상은 곧 곡물법의 문제점을 깨달았다. 영국경제가 침체의 늪에서 벗어나고 도시노동자의 경제적 부담을 덜어주기 위해서는 값싼 밀수입이 불가피하다고 결론을 내리고 곡물법을 폐지하기로 결단을 내렸다. 산업사회의 도래라는 시대 흐름에 맞지 않는 보호무역주의를 포기하고 영국의 공산품 수출에 유리한 자유무역주의를 수용한 것이다.

산업혁명으로 당시 세계 최고의 선진공업국으로 성장한 영국은 자유무역이 국익에 유익하다는 것이 필 수상의 결론이었다. 물론 보수당 내에서는 곡물법 폐지에 반대하는 세력이 다수였지만, 곡물법은 보수당 일부와 야당인 휘그당이 손잡고 1846년 폐지됐다. 곡물법 폐지는 보수당을 분열시켰다. 폐지에 반발한 보수파와 찬성파는 다음 해 시행된 총선거에서 별도로 선거를 치렀다. 하지만 곡물법 폐지를 지지하는 도시상공업종사자들은 야당인 휘그당을 압도적으로 지지했다. 휘그당의 집권 이후 보수당은 24년간 야당으로 떠돌았다.

곡물법 폐지는 영국의 역사에서 중대한 분기점이었다. 산업혁명 이후 급성장한 도시의 신흥상공업 중산층이 영국을 지배해온 지주계급에 대해 승리를 거둔 것이었다. 카를 마르크스Karl Marx는 "곡물법 폐지는 토지귀족에 대해 산업자본이 거둔 승리의 마침표"라고 평가하고 자본주의 확산에 결정적인 계기로 작용했다고 설명했다. 곡물법 폐지의 후유증으로 보수당은 분열하고 이듬해 시행된 총선에서 야당으로 전락하는 등 값비싼 대가를 치렀지만 보수당을 근대정당으로 탈바꿈시키는 데 성공했다. 곡물법 폐지를 통해 단기적으로는 손해를 봤을지언정 장기적으로는 지주계급 위주의 협소한 지지기반을 도시지역으로 확대시킨 것이다. 마침내 보수당은 1874년 총선에서 승리해서 자유당의 장기집권을 종식시키고 1906년까지 30년 집권의 길을 열었다.

디즈레일리와 볼드윈의 사회개혁: 노동자 포용

보수당의 화려한 재기는 '보수당의 아버지'로 추앙받는 디즈레일리Disraeli 수상의 사회개혁정책들이 원동력이 됐다. 디즈레일리 수상은 보수당에 사회개혁이라는 새로운 이념을 불어넣었다. 당시 시대적 요구로 등장한 노동자들의 권익증진을 외면하고서는 사회통합이 불가능하다고 판단했기 때문이었다. 디즈레일리는 당시로는 생각하기 어려웠던 공장보건법, 교육법 등 친노동자정책들을 적극적으로 시행했다. 노동자들은 크게 환영했다. 디즈레일리 수상은 또 사무직종사자를 포함한 신흥중산층도 적극적으로 포용했다. 보수당의 지지기반을 전통적인 지주계급을 넘어 도시의 신흥중산층까지 넓히겠다는 전략이었다. 보수당 내에 노동자클럽을 만들어 노동자들에게도 당의 문호를 개방했다.

디즈레일리의 과감한 사회개혁정책은 효과를 거두었다. 수구정당의 이미지도 탈피하고 지지세력도 크게 확대됐다. 이른바 서민과 중산층의 정당으로 탈바꿈하는 데 성공한 것이다. 그뿐만 아니라 지지기반을 도시상공업자와 노동자계층에까지 확대함으로써 명실상부한 '국민정당'으로 보수당을 변모시켰다.

디즈레일리의 사회개혁정책은 1924년 집권한 스탠리 볼드윈Stanley Baldwin 수상에 의해서 더욱 업그레이드됐다. '새로운 보수주의'의 깃발을 내건 볼드윈 수상은 노사화합과 공존을 과감하게 밀고 나갔다. 볼드윈 수상은 노동자계층을 포용하지 않고 노동당을 단지 러시아 볼셰비키의 하수인으로만 매도할 경우 좌우충돌로 인해 극심한 사회불안을 초래할 것을 우려했다. 그 결과 볼드윈은 보수당 내 강경파의 반노조법안에 제동을 걸었을 뿐만 아니라, 노동자 출신의 노동당 위원들과 친밀하게 지내면서 보수당이 반노조정당이 아니라는 점을 설득했다. 볼드윈 수상은 정부, 고용주, 노동자가 나누어 비용을 분담하는 '과부, 고아, 노령 거출연금법'을 제정함으로써 노사공존을 제도적으로 뒷받침하고자 했다.

현대 의회민주정치의 발상지인 영국에서 보수당이 3백여 년이라는 오랜 세월에 걸쳐 부침을 거듭하면서도 끈질기게 살아남을 수 있었던 것은 지금까지 설명한 것 같이 시대 흐름에 맞춰 지속적으로 변화와 개혁을 추진했기 때문이다. 시대정신을 예리하게 포착하고 이를 정책으로 구현한 것이다. 보수당의 자기혁신은 현대에 들어서도 계속되고 있다.

캐머런의 도전과 한나라당

노동당에 권력을 뺏긴 뒤 13년 동안의 야당생활에 종지부를 찍고 2010년 시행된 총선에서 재집권에 성공한 보수당의 재기도 서른아홉 살의 데이비드 캐머런David Cameron에 의해 이루어졌다. 역사상 보수당 최연소 당수로 선출된 데이비드 캐머런은 과거 보수당이 금기시했던 기후변화, 동성애자 권리 등의 이슈들에 대해서 적극적인 입장을 취했다. 보수당이 소극적이었던 환경 문제와 사회정의에 대해서도 피하지 않았다. 캐머런은 자신을 '블레어 상속자'라고 공언하면서 일부 좌파정책을 수용하는데도 결코 주저하지 않았다.

이념에 얽매이지 않고 개방적이고 유연한 자세로 시대 흐름에 적응했던 영국 보수당의 긴 역사는 무척 부럽다. 현대 의회민주정치의 발상지인 영국의 보수당이 3백년이 넘는 장구한 세월의 풍파 속에서도 꿋꿋이 버텨왔다는 사실은 세계 정치사에서 그 유례를 찾기 어렵다.

영국 보수당의 끈질기고 강인한 생명력을 보면서 "강한 자가 살아남는 것이 아니라 환경에 적응하는 자가 살아남는다"는 찰스 다윈의 적자생존법칙이 떠오른다. 다윈의 적자생존을 뒤집으면 '살아남는 자가 강한 자'라는 뜻이다. 이런 의미에서 살아남는 데 성공한 영국의 보수당은 진정으로 강한 정당임이 틀림없다.

아직도 냉전시대를 지배했던 이념의 영향권에 놓여 있는 한국에서 보수의 자기혁신은 보수진영을 단합시키기보다는 갈등요인으로 작용하는 것 같다. 그런 점에서 전환기마다 새로운 보수이념을 정립해서 시대적 요구를 수용해온 영국 보수당의 적응능력은 경탄할 만하다. 영국 보수당의 장수는 한나라당이 현재 위기를 극복하고 살아남기 위해서는 시대 흐름과 유권자 요구를 수용할 수밖에 없다는 점을 잘 보여준다.

데이비드 캐머런의 영국 보수당 재건에서 배운다

토니 블레어가 이끄는 노동당에 권력을 뺏긴 뒤 13년 만인 2010년 5월 총선거에서 승리해 재집권에 성공한 영국 보수당의 극적인 회생은 한나라당에 많은 것을 시사한다.

빈사상태에 있던 영국 보수당이 재집권의 전기를 마련한 것은 데이비드 캐머런이라는 서른아홉 살의 젊은 정치인을 당수로 선출하면서부터였다. 영국 보수당 역사에서 220년 만에 최연소 나이로 당수로 선출된 캐머런은 왜 보수당이 그토록 오랫동안 무기력한 야당으로 전락했느냐에 대해 냉정하게 진단했다. 그것은 보수당이 일반 국민의 삶의 문제에는 전혀 관심을 기울이지 않으며 소수 귀족층만을 위한 기득권정당으로 전락했다는 것이었다. 그래서 중도성향의 서민과 중산층이 노동당 지지로 돌아섰다는 것이다. 현재 한나라당의 모습과 너무 닮지 않았는가?

캐머런의 전략은 당의 이념적 좌표를 중도로 선회시켜 중도성향 유권자의 지지를 회복하는 것이었다. 또한, 공개적으로 노동당 당수였던 토니 블레어의 '상속자'라고 천명할 정도로 왼쪽으로 과감하게 이동해 당 이미지를 변모시켰다. 캐머런은 보수당이 반대했던 기후변화 문제와 동성애자 권리보호 등 노동당 정책도 과감하게 수용했다. 노동당의 이념적 전유물이었던 분배와 배려와 같은 진보적 가치에 대해서도 거부감을 보이지 않고 유연한 자세를 보였다.

보수당 내 전통적 우파들은 보수의 정체성을 훼손하고 있다고 비난했지만, 보수당이 변화된 모습을 보여주자 지지율이 상승하더니 일 년도 안 되어서 노동당을 앞지르기 시작했다. 그러고는 마침내 2010년 5월 총선거에서 제1당이 되어 집권에 성공하게 되었다. 젊고 역동감 있는 정치입문 4년의 초선의원인 캐머런을 당 지도자로 선출해서 보수당을 재건한 사례는 고루한 당 이미지와 정책노선을 쇄신하고 거듭날 때 비로소 민심을 회복하고 재집권할 수 있다는 귀중한 교훈을 우리에게 주고 있다 할 것이다.

02 한나라당이 나아갈 길: 중도개혁과 보수혁신

2011. 7. 4 한나라당 전당대회 불출마를 선언하며

책임정치의 실천

오는 7월 4일 전당대회에서 새로운 당 지도부 경선에 출마하지 않기로 했다. 4·27 재보선 패배 이후 적지 않은 고뇌와 성찰의 시간을 가지면서 나 자신의 거취 문제에 대해 깊이 생각한 끝에 이같이 결심하게 되었다. 평소 나를 아껴주시고 성원해주셨던 분 중에서는 지도부 경선에 출마해 당의 쇄신에 적극적으로 앞장설 것을 권유해주시기도 했다. 나 역시 새로운 지도부의 일원이 돼서 다시 당의 쇄신과 개혁에 이바지하고 싶은 심정도 없지 않았다.

하지만 재보선 패배의 책임을 지고 총사퇴한 지도부의 한 사람으로서 불출마하는 것이 당원들의 여망에 부응하고 책임정치 구현에 부합하다는 결론을 내렸다. 위기에 처한 당을 소생시켜 차기 총선과 대선에서 승리하기 위해서는 새로운 당 지도부가 재보선 패배의 논란에서

벗어나 있는, 새로운 인물들로 구성되어야 한다고 생각한다.

쇄신의 기회는 이번이 마지막

4·27 재보선이 참패로 끝난 지 아직 한 달도 안 되었다. 그런데 지금 한나라당은 언제 그런 일이 있었나 할 정도로 다시 과거의 모습으로 돌아가고 있다. '위기다' '쇄신이다'를 외치던 때가 엊그제인데 '쇄신은 무슨 쇄신'하는 목소리가 점점 커지고 있다. 당이 처한 위기상황에서 그 진단과 함께 대책을 모색하기 위한 당내의 다양한 목소리는 우리 당이 살아 있다는 증거이다. 이러한 논의는 활성화될 필요가 있다. 하지만 말로는 쇄신을 외치면서도 실제로는 이를 거부하는, 단지 당내 기득권을 유지하기 위한 정략적 쇄신론은 쇄신 분위기에 찬물을 끼얹을 수 있다. 쇄신의 발목을 잡기 위한 정략적 쇄신론은 모처럼 진행되는 당 쇄신의 흐름을 큰 혼란에 빠뜨릴 수 있기 때문이다.

한나라당은 지금 벼랑 끝에 서 있다. 지난해 지방선거에 이어 4·27 재보선에서 국민은 우리 당을 준엄하게 심판했다. 내년 총선과 대선에서 한나라당이 기사회생하느냐의 여부는 이번 기회에 우리가 진정으로 민심이 원하는 정당으로 거듭나느냐의 여부에 달렸다. 나는 우리 당이 처한 위기의 원인을 정확히 진단하고 대책을 마련하는 것이 중요하다고 생각한다. 원인을 잘못 진단하면 잘못된 대책이 나오고 이는 사태를 한층 악화시킬 뿐이다.

중도개혁이란 무엇인가

우리는 피폐해진 민생의 안정에 최대 역점을 주는 '중도개혁'과 '보수혁신'의 노선이 우리가 추구할 목표라고 생각한다. 지난해 지방선거와 거듭되는 재보선 패배는 일각에서 말하는 것처럼 우리 당이 보수적 가치를 소홀히 했기 때문이 아니다. 지난해 천안함 침몰 이후 조성된 안보정국에서 우리 당은 보수적 이념을 앞장세워 선거에 임했지만 처참하게 참패했다. 지난 분당에서의 4·27 보궐선거에서도 우리 당 후보는 보수적 기치를 내걸었지만 패했다.

한나라당이 처한 위기의 본질은 2007년 대선에서 역사상 가장 큰 표차이로 대승을 가능케 했던 지지세력이 3년이 지난 뒤에 반 토막 난 데 있다. 그 결과 지역적으로 수도권이 야당에 넘어갔고 2, 30대에 이어 40대 유권자도 넘어갔다. 전통적으로 보수성향이 강했던 50대도 반반으로 나뉘는 등 지지기반의 급속한 축소를 가져왔다. 이념보다는 민생문제, 삶의 질 문제에 관심을 두는 세대들에게 과도한 이념노선은 우리 당의 고립화를 심화시킬 뿐이다. 이명박 대통령이 취임 2년을 맞으면서 제시했던 친서민 중도실용정책의 기조는 이러한 관점에서 올바른 정책 전환이었지만, 도중에 흐지부지되면서 민심이반의 심화로 귀결되고 말았다.

한나라당이 이러한 위기에서 탈출하기 위해서는 유권자의 60퍼센트 이상을 차지하는 젊은층의 눈높이에 맞춰 '중도개혁과 보수혁신' 쪽으로 정책기조를 대전환해야 한다. 중도개혁이란 자율과 경쟁 못지

않게 공정과 분배를 중시하자는 것이고, 시장 못지않게 정부의 역할을 강조하자는 것이다. 이는 시대 흐름이자 민심의 요구이기도 하다. 이런 점에서 추가 감세 철회는 그 상징적인 첫걸음이라고 할 수 있다.

보수혁신이란 무엇인가

보수가치도 시대변화에 따라 달라져야 한다. 한 여론조사에서 나타난 것처럼 우리나라의 이념지형이 중도〉진보〉보수로 중도가 급팽창하고, 사회적 양극화가 극심해지고 있는 상황에서 전통적인 보수의 가치만으로는 무기력하다. 시대 흐름을 따라갈 수 없으며 정치적으로도 생존할 수 없다. 더구나 지금 우리 사회에서 보수 이미지는 몹시 부정적이다. 기득권, 특혜, 무능, 부패, 권위주의, 독재, 위선, 탐욕, 이기주의, 의무 불이행 등의 이미지로 덧칠해져 있다. 이것 때문에 중도성향 유권자들이 등을 돌리고, 보수세력조차 한나라당을 외면하는 것이다. 보수는 이제 약자보호, 절제, 희생, 봉사, 책임, 양보, 헌신, 기여, 의무 이행 등의 덕목을 몸소 실천하는 자기혁신에 나서야 한다. 그래야 떠나가는 민심을 돌릴 수 있다.

한나라당 전 지도부는 이미 4·27 재보선 참패의 책임을 지고 전원 사퇴했다. 나는 지금까지 국정과 당을 독점적으로 운영해온 이른바 친이 주류가 이에 대해 책임을 지는 모습을 보여야 한다고 주장해왔다. 우리 당이 떠나간 젊은층 유권자들에게 다가가기 위해서는 다음 지도부가 시대 흐름에 맞는, 자유롭고 민주적인 사고와 행동을 하는 새로운 인물들로 구성되어야 한다고 생각한다. 새 포도주는 새 부대에 담아야 한다. 새 포도주를 헌 부대에 담으면 포도주가 잘 발효되지 않고 썩고 만다.

이제 우리에겐 시간이 없다. 이번 전당대회는 우리 당이 다시 태어날 수 있는 마지막 기회이다. 이번에도 중도개혁과 보수혁신을 내용으로 하는 쇄신에 실패하면 우리는 내년 총선과 대선에서 유권자들로부터 준엄한 심판을 받고 소수 야당으로 전락하고 말 것이다. 머뭇거릴 것도 없이 우리는 지금 당장 선택을 해야 한다. 젊고 민주적이고 중도개혁적이고 국정을 주도하는 한나라당이냐, 아니면 낡고 권위적이고 반서민적이며 청와대와 정부에 끌려다니는 한나라당이냐. 나는 지금부터 백의종군하며 이 일에 온몸을 던질 것이다.

03 왜 중도개혁인가: '보수 강화론'의 허구성

2011년 5월 22일, 나는 7·4 한나라당 전당대회 불출마를 선언하였다. 이는 책임 있는 당 지도부의 일원으로 지난 6·2 지방선거와 4·27 재보선 결과에서 분출된 준엄한 민심의 심판을 받들어 이번에야말로 한나라당이 뼈를 깎는 자성과 변화를 통해 국민에게 사랑받는 당으로 다시 태어나야 한다는 충정으로 내린 결단이었다.

나는 그동안 줄기차게 한나라당이 2007년 국민의 선택을 받게 된 초심을 잊지 않고, 시대변화에 맞춰 지속적인 중도개혁과 보수혁신을 통해 민생과 서민 중산층을 보듬어주는 정당으로 자리매김해야 한다고 주장해 왔다. 당연히 나는 한나라당의 변화와 쇄신의 기본방향도 여기에 맞춰져야 한다고 생각한다.

하지만 최근 한나라당의 모습을 바라보는 심정은 솔직히 걱정이 앞선다. 위기를 돌파할 수 있는 개방적 논의는 찾아보기 어렵고, 쇄신 흐름을 공격하기 위한 정략적 공세가 고개를 들고 있기 때문이다. 이는 말로는 쇄신을 주장하지만 실제로는 쇄신을 발목 잡아 기득권을 유지하려는 것이 아니냐는 의문을 갖게 한다. '보수의 가치'를 강화하자고 하면서 구체적으로 그 내용이 무엇인지에 대해서는 말이 없다. 정체를 모를 정체성만 앵무새처럼 반복하고 있을 뿐이다. 보수의 가치가 전통적인 보수가치라고 할 수 있는 시장과 민주주의를 뜻하는 것인지, 아니면 경제 성장 위주의 개발전략을 말하는지 알 수가 없다.

최근 벌어지고 있는 당 쇄신론이 다시 생산적인 논쟁이 되기 위해서는 구체적인 사안을 놓고 논의가 진행돼야 한다. 그러기 위해서는 먼저 당이 처한 위기의 본질이 무엇인지, 왜 그런 위기가 왔는지에 대한 심층적이고 정확한 진단이 선행돼야 할 것이다. 그 바탕 위에서 다양한 진단과 해법을 모색하고 컨센서스를 마련하는 과정이 뒤따라야 한다.

중도개혁이 한나라당의 정체성인 이유

보수의 쇄신은 최근 갑자기 튀어나온 것이 아니다. 지난 2002년 대선 패배이후 대선자금 수사 과정에서 불거진 차떼기당이라는 오명을 뒤집어쓰고 한나라당이 한 치 앞도 예측할 수 없는 극도의 위기상황에 빠졌을 때 우리 당은 뼈를 깎는 쇄신을 통해 위기를 극복하고 국민의 신뢰를 회복한 경험이 있다. 그때 어떤 모습으로 국민적 신뢰를 되찾을 수 있었는가를 돌아보면 오늘 우리가 처한 상황에 대한 해법이 명확하게 나올 것으로 생각한다. 그리고 이 과정을 통해 한나라당의 이념적 정체성과 보수가치의 재정립에 대해 살펴볼 수 있을 것이라 믿는다.

한나라당의 중도보수, 실용주의노선에 대한 본격적 논의는 지난 16대 대선 패배 직후인 2003년 3월 한나라당 정치개혁특위(공동위원장 현경대·홍사덕)의 '중도보수 열린보수' 선언을 통해 시작되었다고 할 수 있다. 이를 통해 한나라당은 성장과 분배의 조화, 환경권 보장, 노동자의 권익증진 등 진보적인 정책을 대폭 수용한 당 강령안을 마련하고, 당의 노선과 이념적 정체성을 재정립하고자 하는 움직임을 보이기 시작했다. 이는 당시 대선 패배의 큰 요인으로 지적된 한나라당의 부정적인 이미지, 즉 냉전세력 수구보수의 이미지를 씻어내고자 하는 노력으로 나온 것이었다.

이러한 변화의 움직임과 당의 인적쇄신 과정, 그리고 17대 총선의 천막당사에서 보여준 자성의 몸부림은 국민에게 조금이나마 다가가, 비록 원내 1당 자리는 내주었지만 탄핵의 역풍 속에서도 124석의 의석을 획득할 수 있었고, 한나라당은 절체절명의 위기를 극복하여 새롭게 당의 존립을 유지할 수 있었던 것이다.

이후에도 한나라당은 국민의 민생 문제는 외면하고 국가보안법 폐지 등과 같은 이념투쟁에 골몰했던 당시의 여당(열린우리당)과 달리 중산층과 서민들을 위한 정당으로 자리매김하는 노력을 계속했다. 2005년 말과 2006년 초 이루어진 당헌 및 강령의 전면개정은 한나라당의 중도개혁노선을 집약적으로 보여주고 있다. 아래는 당헌과 강령 일부이다.

당헌

전면개정 2005.11.17, 개정 2007. 5. 21, 2007. 10.12, 2010. 2.19, 2010. 9.30

제2조 (목적) 한나라당은 자유민주주의와 시장경제를 기본이념으로 인권과 정의가 구현되는 사회, 개인의 자유와 창의가 발현되는 사회, 중산층이 두터워지는 사회, 소외계층의 생활 향상을 위해 자생적 복지정책을 추진하여 사회 양극화가 해소되는 사회를 추구하며, 실용주의 정신과 원칙에 입각한 통합과 조정의 리더십으로 합리적인 변화와 혁신을 추구하고, 세계와 함께하는 인류공영의 정신과 빛나는 우리의 고유문화를 바탕으로 한반도의 평화통일과 21세기 선진 일류국가를 창조할 것을 목적으로 한다.

강령

전면개정 2006. 1. 09

제1조 (미래지향적 선진정치) 대한민국의 선진화와 한반도시대를 주도할 미래지향적 선진정치를 구현한다. 정경유착의 과감한 청산, 투명한 정치자금의 조달과 집행, 불체포특권과 면책특권의 남용방지를 통해 깨끗한 정치풍토를 조성한다. 소모적 정쟁을 지양하고 정책 중심의 생산적 의정 활동을 추구한다. 정치인의 도덕적 의무의 기준이 되는 '신윤리강령'을 제정하고 솔선수범하여 국민에게 봉사하고 신뢰받는다.

제3조 (공정하고 투명한 시장질서) 대기업에 의한 우월적 지위의 남용과 하도급 횡포를 엄단하여 공정한 경쟁풍토를 조성하고, 건전한 기업지배구조와 투명한 시장질서를 확립한다.

제4조 (부지런하고 정직한 사람이 잘사는 나라) 개인과 기업의 자유와 창의를 최대한 존중하여 근로의욕과 기업가정신을 고취하고 모든 사람의 타고난 재능이 한껏 발현될 수 있도록 한다. 부지런하고 정직한 근로자들이 보람을 찾고 안정된 생활을 누리는 한편, 진취적 · 창의적이며 깨끗한 기업가가 정당한 보상을 받을 수 있는 나라를 만든다.

제5조 (일자리가 넘치고 중산층이 두터운 나라) 첨단기술에 기반을 둔 신성장산업과 고부가가치의 서비스산업을 발전시켜 지속적인 성장의 동력을 확보하고, 작지만 경쟁력을 갖춘 튼튼한 중소기업을 육성하여 성장의 과실이 일자리 창출로 이어지도록 한다. 노사가 법과 원칙에 따라 자율적으로 분쟁을 해결하는 관행을 정착시키며, 비정규직 근로자에 대한 불합리한 차별을 해소하고 고용친화적인 상생의 노사협력관계를 구축한다. 소상공인, 자영업자와 전문직업인의 애로를 해소하고 이들의 잠재력을 북돋아 중산층을 두텁게 만든다.

제7조 (자생복지체제를 갖춘 그늘 없는 사회) 장애인을 비롯한 원천적인 약자와 시장경제에서 낙오된 취약 · 소외계층이 최소한의 인간다운 삶을 영위하고 경쟁대열에 합류할 수 있는 보편적인 기초안전망을 완성하여 그늘 없는 사회를 실현한다. –이하 생략–

제10조 (안전하고 편안한 나라) 각종 재해, 재난, 사고, 테러와 위해 식품의 위험으로부터 국민의 안전을 지키고, 범죄, 질병, 공해, 실업, 결식, 노숙, 인권 침해의 두려움이 없는 편안한 일상생활을 보장한다.

제12조 (교육입국과 인재대국) 공교육을 정상화하여 사교육비를 획기적으로 줄이고, 모든 학생이 부모의 경제력과 상관없이 다양하면서도 질 높은 교육을 받을 수 있는 교육 안전망을 확립한다.

– 이하 생략 –

제14조 (더불어 살아가는 나눔의 공동체) 집단이기주의와 배타적 공동체 의식을 억제하고 상부상조의 미풍양속을 발전적으로 계승하여 더불어 살아가는 공동체를 실현한다. 사회적 약자를 배려하는 기부문화와 자원봉사를 활성화하며 상류층과 지도층의 도덕적 책무를 진작한다. 지역 · 직역 · 계층 간 갈등을 완화할 수 있도록 법치주의와 자발적인 협약에 입각해 정부 · 기업 · 시민사회가 역할을 분담하고 긴밀하게 협력하는 성숙한 사회를 지향한다.

위 당헌과 강령을 살펴보면 한나라당은 자유민주주의와 시장경제라는 기본이념 속에서 공평한 기회, 공정한 경쟁을 통해 중산층과 서민, 그리고 소외계층의 민생을 우선시하고 사회적 양극화 해소와 공정한 정부의 역할을 강조하고 있다는 것을 알 수 있다.

이러한 한나라당의 변화와 쇄신은 국민의 전폭적인 지지를 받게 되었고, 2006년 지방선거에서 압승을 거둔 뒤 그 여세를 몰아 사상 가장 큰 표차로 대선에서 승리를 거두며 10년 만에 정권을 되찾도록 해주었던 것이다.

이명박정부 역시 중도실용주의노선의 연장선에서 탄생한 정부이다. 2007년 대선 경선에서 승리한 이명박 후보는 경선 다음날 곧바로 중도실용주의를 전면에 내세우면서 본격적인 대선 행보를 시작하였다. 이명박 후보의 20대 핵심공약도 역시 중도개혁기조 위에서 마련됐다. 모두 2006년도에 전면개정한 정강정책의 범주에서 벗어나지 않는 것들이었다. 대선 승리는 이러한 정책기조의 선회에서 비롯됐다고 할 수 있다. 한나라당 쇄신파가 주장하는 중도개혁과 보수혁신도 본질적으로 한나라당의 개정된 강령과 이명박 대통령의 대선 공약과 같은 맥락에서 나온 것이다.

보수강화가 위기를 초래

아울러 '보수가치의 강화'를 주장하는 견해에 대해서도 지적하자면, 보수정당을 자임하는 한나라당이 보수적 가치를 추구해야 하는 것은 두말할 여지가 없다고 본다. 이는 보수당의 기본적 자세이다. 하지만 한나라당이 현재 처한 위기가 보수적 가치를 소홀히 해서 비롯된 것은 아니라는 사실을 간과하고 있다. 이명박 대통령이 취임한 이후 정부는 대북 문제에서 지나칠 정도로 강경한 기조를 고수해 왔다. 대외정책에서 있어서도 한미동맹강화를 최우선시하는 보수노선을 지속해 왔다. 경제정책에서도 마찬가지이다. 이명박정부는 노무현정권이 남긴 진보적 정책기조를 거의 폐기하면서 보수정책기조를 취해왔다. 어떻게 현재보다 더 보수적 가치를 한층 강화할 수 있는지 알 수 없을 정도이다.

현재 우리 당이 당면하고 있는 정치적 위기는 보수정책기조가 대다수 국민에게 먹혀들지 않고 있음을 확연하게 보여준다고 할 수 있다. 지난 대선 때 이명박 대통령을 지지했던 지지자의 약 50퍼센트가 이탈했다.

한나라당의 위기는 바로 이 지점에 있다. 이명박정부 출범 이후 시행된 크고 작은 선거에서, 대선 승리 직후에 시행된 총선을 빼고는, 한나라당이 대부분 참패한 것은 바로 지지층이 반 토막 났기 때문이다. 민심이 이토록 심각하게 한나라당에서 등을 돌린 것은 정책기조가 국민 삶의 문제와는 동떨어졌기 때문이다. 한나라당의 지지기반은 50대 후반의 노년층과 대구·경북을 중심으로 한 영남 일부에 편중되는 등 고립화 현상이 심화되고 있다. 이러한 민심이반이 반전되지 않으면 한나라당은 내년 총선은 말할 것도 없고 대선에서도 크게 고전할 수밖에 없다.

총선패배는 한나라당의 패배로만 끝나지 않을 것이다. 보수세력 전체의 몰락으로 이어질 것이다. 이런 상황에서 우리가 '보수가치의 강화'에만 집착하는 것은 현실에 눈을 감는 것이나 마찬가지이다. 이는 20퍼센트에 불과한 전통적 보수층의 입맛에는 맞을지 몰라도 유권자의 60퍼센트에 달하는 20~40대 젊은층에는 비호감을 강화시킬 것이기 때문이다. 한나라당이 소수 보수당이 되려고 작정하지 않은 이상 보수 가치의 강화는 당의 고립화를 가져올 것이 불을 보듯 뻔한 것이다.

twitter

doorun 정두언

종종 우리는 '그건 보수의 가치에 안 맞다'는 말을 하는데, 그 뜻이 뭔지 잘 모르지만 이를테면 자율과 경쟁, 시장중시 그런 거겠죠. 양극화가 심화 돼 대기업의 문제가 심각한 마당에 추가감세를 해주는 게 보수의 가친지 몰라도 이게 서민정당이라면서 할 일인지

2011년 5월 6일

세상은 엄청 바뀌었는데 과거의 가치를 고수하며 지켜야 한다는 게 바로 이념의 노예가 아닌가요. 이건 바로 종교적인 이유 때문에 수혈을 거부하며 자식을 죽이는 것과 뭐가 다른가요. 보수의 가치도 시대에 따라 달라져야 하는데 꼴통보수들이 보수를 망치는 주범이죠.

2011년 5월 6일

진정한 보수란 무엇인가?

따라서 한나라당은 시대변화에 맞는 '진정한 보수란 무엇인가'에 대한 개념을 다시 정립하는 한편, 우리가 집권 이후 걸어온 길을 되돌아보면서 진정한 민심회복책을 다각적으로 마련해야만 한다.

우리는 집권 이후 실패한 노무현정권의 전철을 밟고 있는 것이 아닌가 하는 우려가 있다. 노무현정권은 과도하게 좌파적 이념논쟁에 빠져 민생 문제를 등한시한 결과 탄핵 때의 절대적 지지를 고스란히 잃어버리고 대선에서 가장 큰 표차로 패배하는 굴욕을 겪었다. 지금 우리도 대선 압승에 취한 채 과도한 보수이념기조에 함몰돼 중산층과 서민의 삶의 문제에 소홀히 한 결과 민심이반에 직면한 것이다.

대다수 젊은 유권자들은 보수에 대해 비호감을 갖거나 적대감을 보인다. 보수의 이미지가 크게 훼손되고 굴절되고 말았다. 보수가 기득권층의 이해만 대변하고, 병역의무도 소홀히 하고, 법치주의를 주장하면서 법과 질서를 외면하고, 불공정에 대해서 관대하고, 민생 문제에 무능한 집단으로 비치고 있다. 이 같은 부정적 이미지가 근본적으로 쇄신되지 않는 한 보수의 회생은 어렵다.

doorun 정두언

지금 우리의 이념지형이 중도〉진보〉보수로 나타났네요. 양극화 심화의 당연한 귀결이죠. 이런 마당에 보수의 가치 운운하며 관념의 정치를 하는 꼴통우파들이 있어 걱정이에요. 한나라당은 당연히 중도개혁으로 가야 총선 대선에서 승리할 수 있지 그렇지 않으면.

2011년 5월 16일

서민과 중산층의 삶의 문제로 시선을 돌려 획기적인 대책을 마련하지 않는 한 떠난 민심은 돌아오지 않을 것이다. 민주화시대 이후 1990년대 세계화와 신자유주의, 그리고 외환위기를 거치며 우리 국민의 삶은 너무나 어려워졌다. 국가위기를 극복한 후 그당시 고통을 나누고 기꺼이 자신을 희생했던 국민에게 돌아간 보상은 거의 없었다. 오히려 국민의 삶은 더욱 어려워졌다. 사회적 양극화는 더욱 심해졌고, 중산층은 몰락했고, 능력이 있어도 부모의 배경이 없이는 성공할 수 없는 가난이 대물림되는 사회가 되어버렸다. 절반에 가까운 노동자가 열악한 노동조건과 불안한 지위로 고통받는 비정규직으로 근무하며 워킹푸어계층을 양산하고 있다. 대다수 국민이 미래가 불확실하고 불안한 무한경쟁의 시대가 된 것이다.

따라서 나는 '보수가치의 강화'를 주장할 때에는 현실에 대한 명확한 인식 속에서 지금껏 왜곡되었던 보수의 가치를 바로잡고 반성하는 것이 선행되어야 한다고 생각한다. 그리고 그것을 바로 '보수의 혁신'이라고 생각한다. 이러한 뼈를 깎는 자성의 과정이 없는 '보수가치 강화'란 공염불에 지나지 않을 것이며, 국민들 가슴속으로 파고들어 갈 수 없는 것이다.

04 | 21세기 보수주의의 가치와 신념

보수주의가 반드시 '보전하고 지켜야 할' 10가지

보수주의는 말 그대로 무언가를 '보전하고 지켜낸다'는 의미이다. 그렇다면 보수주의가 보전하고 지켜내야 할 중요한 과제는 무엇인가? 우리나라의 보수주의는 지금까지 반대세력이 규정한 부정적인 면으로만 비쳐진 면이 있다. 반대세력은 보수주의를 친일이나 친미와 같은 외부 의존세력이거나, 독재나 부패와 연루된 세력이거나, 특권층 또는 기득권세력으로 규정하여 공격한다. 그러나 보수주의 본질은 다음과 같은 열 가지의 가치와 사명을 보전하고 지키는 데 있다.

첫째, 보수주의는 모든 사람은 한 사람, 한 사람이 존엄성과 인격을 가진 존재이며 창의력과 가능성이 있다는 점을 중시한다. 개개인이 부당한 제도의 억압이나 간섭을 받지 않고, 기회의 평등과 선택의 자유가 주어지면 자신의 노력과 책임으로 자기자신과 사회에 이바지할 수 있다고 믿는다. 따라서 보수주의는 자유주의에 뿌리를 둔다.

둘째, 보수주의는 가족의 가치를 중요시한다. 누구에게나 가족이 있고 가족은 모든 사람에게 소중한 것이다. 보수주의는 모든 가족이 행복하고 편안하고 화목하게 살아가는 것이 개인과 사회를 지탱하는 가장 큰 힘이라는 것을 중시한다. 보수주의는 곧 가족중심주의이다.

셋째, 보수주의는 학교를 중시한다. 다음 세대를 키우고 육성하는 일은 공교육인 학교의 중요한 역할이다. 다음 세대가 각자의 개성과 능력, 창의력을 발휘할 수 있게 하는 일도 중요하고 스승에 대한 존경과 선생님에 대한 신뢰를 통하여 인성을 배양하는 것이 중요하기 때문이다. 이런 점에서 보수주의는 또한 인본주의이기도 하다.

넷째, 보수주의는 공동체의 통합을 중시한다. 보수주의는 우리 사회가 한쪽에 치우침이 없이 서로 의존하고 서로 협력하는 사회가 되어야만 미래가 있다고 믿는다. 보수주의는 우리 사회에 현실적으로 존재하는 격차와 갈등요인을 확대하고 증폭하여 조장하거나 이러한 문제를 당파적 이익을 위하여 활용하고자 하는 세력을 배격한다. 보수주의는 공동체의 통합, 사회의 통합을 위하여 생산적이고, 상생과 발전적인 해결을 추구한다. 이런 면에서 보수주의는 21세기의 시대정신인 공존, 공생, 공영을 추구한다.

다섯째, 보수주의는 국가안보를 중시한다. 보수주의는 남북이 군사적으로 대치하고 있는 현실을 직시한다. 보수주의는 한반도 평화와 안정을 위하여 최대한 노력하지만 어떠한 외부세력의 위협이나 공격에서도 국민의 생명과 재산을 지키고, 국토를 보전하여야 한다는 안보의 중요함을 절체절명의 사명으로 받아들인다. 이런 관점에서 보수주의는 안보우선주의이다.

여섯째, 보수주의는 국익과 국력을 중시한다. 보수주의는 전세계의 각국이 모든 분야에서 무한경쟁을 하는 시대에 우리나라의 국익을 지키고 국력을 높이는 국가경쟁력이 현재와 미래의 생존과 발전에 가장 큰 관건임을 인식한다. 보수주의는 소극적 폐쇄적으로 외부의 도전을 회피하거나 굴하지 않고 현재와 미래의 국가경쟁력을 높이기 위한 새로운 투자, 새로운 도전, 새로운 전략을 우리 스스로 주도하고 적극적으로 추구하는 주도적 개방주의자이다.

일곱째, 보수주의는 우리 역사와 문화와 전통을 중시한다. 보수주의는 여러 가지 어려운 악조건과 외세의 침입에서 국난을 극복하고 민족적 정체성을 세우고 찬란한 문화를 창달한 우리의 역사와 문화와 전통을 전세계에 자랑할 수 있는 자긍심과 자부심을 품고 있다. 이런 점에서 보수주의는 문화적 민족주의이기도 하다.

여덟째, 보수주의는 무형의 사회적 가치를 중시한다. 보수주의는 신뢰와 품격, 원칙과 질서와 같은 눈에 보이지 않는 무형의 사회적 가치가 우리 사회를 지탱하는 소중한 사회적 자본이며, 우리가 선진사회로 도약할 수 있는 기반이라는 점을 인식한다. 보수주의는 따라서 선진화주의이기도 하다.

아홉째, 보수주의는 일자리 창출과 경제 활성화를 중시한다. 보수주의는 대기업, 중견기업, 중소기업, 영세기업의 투자와 활동이 경제를 잘 돌아가게 하는 원동력이며 더 많은 사람에게 더 많은 일자리, 더 좋은 일자리, 더 맞는 일자리를 제공할 수 있는 기반이라고 본다. 보수주의는 생산적이고 투자지향적이며, 혁신적인 기업 활동을 위축시키거나 어렵게 하는 관료조직의 불필요한 간섭과 규제를 최소화하는 것이 정부의 사명이라고 생각한다.

열 번째, 보수주의는 지속 가능한 미래성장과 경쟁력을 중시한다. 보수주의는 포퓰리즘적인 정책이나 대증요법적對症療法的인 재정운용보다는 예산의 효율적인 편성과 집행을 통하여 미래의 투자 효과를 극대화할 수 있는 책임 있는 정책을 지향한다. 보수주의는 포퓰리즘에 맞서 문제 해결과 지속 가능한 미래를 중시하는 실용주의이다.

요약하면 보수주의는 이념보다는 실용을 중시하고, 과거보다는 미래를 중시하며, 폐쇄적이기보다는 개방적이고, 분열적이기보다는 통합을 추구하고, 의존적이기보다는 자율적이며, 극단적 성향보다는 중도적 성향을 지향하며, 비판을 위한 비판보다는 대안 마련에 주력하고, 비관보다는 낙관의 가능성을 추구하며, 부정적이기보다는 긍정의 힘을 모으고, 안일한 타성에 안주하기보다 미래지향적인 변화와 도전을 추구하는 입장이다.

보수주의는 자유주의적이고, 가족중심적이며, 인본주의이고, 공동체주의이기도 하다. 보수주의는 또한 안보와 경제를 최우선시하고, 우리의 국익과 국력을 키우며 문화적 민족주의이면서 동시에 주도적 개방주의이기도 하다. 보수주의는 현재의 문제를 실질적으로 해결하고자 하는 실용주의이며 미래의 가능성과 선진화를 추구하는 선진화주의이기도 하다.

그동안 우리나라, 우리 민족, 우리 국민이 크고 작은 역경과 어려움을 겪어내고 외부세력의 무수한 도전을 이겨내며 수많은 사람의 고귀한 헌신과 값진 희생을 치르며 걸어온 '위대한 여정'을 따라서 '더 큰 대한민국'의 미래를 만들고자 하는 것이 '21세기형 보수주의'가 지향하고자 하는 가치와 신념이다.

보수혁신을 위한 노블레스 오블리주의 7가지 덕목

지금 우리나라에서 보수는 매우 부정적인 이미지를 가지고 있는 게 현실이다. 특권, 특혜, 부정부패, 반민주, 의무 불이행, 사치 등등 온갖 부정적인 이미지가 보수에 덧씌워져 있다. 이것은 반대세력의 집요하고도 효과적인 선전선동의 결과이기도 하지만, 보수 스스로가 자초한 측면이 크다. 그동안 한국의 보수는 나라의 성장과 발전에 크게 기여한 공로가 있음에도, 시간이 지남에 따라 사회주류세력으로서 지켜야 할 덕목을 게을리함으로써 신뢰를 잃어온 것이다. 우리의 보수가 다시 사회의 신뢰를 회복하기 위해서는 스스로 혁신하지 않으면 안 된다.

즉, 보수혁신이 절실히 필요하다. 보수의 혁신을 위해 사회주류세력이 지켜야 할 덕목을 우리는 흔히 '노블레스 오블리주'라고 한다.

보수혁신의 첫 번째 덕목은 의무의 이행이다. 여기서 말하는 의무는 사회 지도층만이 아니라 대한민국 국민이면 누구나 행하여야 할 국민적 의무이다. 그중에서도 병역의 의무, 납세의 의무와 같은 기본적인 의무를 정당한 사유 없이 이행하지 않는다면 노블레스 오블리주를 말할 자격이 없다.

보수혁신의 두 번째 덕목은 절제이다. 부와 지위와 명예를 가진 사람이 자신의 사회적 힘을 과시하고 자랑하는 것만큼 추하고 민망한 것은 없다. 부와 지위와 명예는 남이 인정할 때에 그 가치가 돋보이지만 자기 스스로 내세우고자 하면 그 빛이 바래는 속성이 있기 때문이다.

의무와 절제 다음의 덕목은 양보이다. 부와 지위와 명예를 혼자서만 다 차지하고 누리려 하고 자기보다 약한 사람, 힘없는 사람, 이름없는 사람을 무시하려 든다면 노블레스 오블리주의 올바른 태도가 아닐 것이다.

보수혁신의 네 번째 덕목은 희생이다. 국가가 위기에 처했을 때 그러한 위기를 회피하거나 그러한 상황에서 도피하지 않고 적극적으로 나서서 싸워야 하는 것은 너무나 당연한 일이다. 그럴 상황이 아니라면 적어도 그러한 희생을 치른 사람을 돌봐야 하는 것은 최소한의 도리이다.

보수혁신의 다섯 번째 덕목은 봉사이다. 봉사는 나 자신의 이익보다는 사회 전체의 이익을 더 중요하게 생각하고 그것을 위하여 실제로 시간을 내고 몸을 움직여서 헌신하는 모든 활동을 말한다.

기부는 보수혁신의 중요한 덕목이다. 부와 지위와 명예를 누리는 사람이 자신이 받은 물질적 혜택의 일부를 더 어려운 사람을 위하여 나누고 베푸는 것이 우리 사회를 더 윤택하게 만들기 때문이다.

보수혁신의 마지막 덕목은 사회적 책임의식이다. 부와 지위와 명예는 그 자체가 특권이다. 그러한 특권을 누리는 사람이 자기의 사적인 이익만 추구하고 국가나 사회의 공동의 이익을 외면하고 사회적 책임에 대한 소명의식이 없다면 사회 지도층이라고 말할 자격이 없을 것이다.

노블레스 오블리주는 중세에서 근대로 넘어오는 시기에 세습적 권력과 지위를 부여받은 귀족들이 자신들의 부와 지위와 명예에 합당한 사회적 책임과 의무를 강조하는 말에서 유래하였다. 우리가 흔히 말하는 사회의 주류세력에 속하는 인사들이 의무, 절제, 양보, 희생, 봉사, 기여, 책임과 같은 덕목을 이행하여야 다른 사람들의 존경과 인정을 받을 수 있는 것이다.

그러나 우리 사회의 공론장에서 거론되는 사회주류세력의 모습은 아직도 의무 이행보다는 편법이 더 많고, 양보 대신 독식이 성행하며, 절제보다는 과시가 많아 보이고, 희생과 봉사 기여보다는 외면과 회피가 엿보이며, 사회적 책임의식보다는 개인적 특권의식의 모습이 더 많아 보인다. 노블레스 오블리주는 공허한 구호가 아니다. 사회적 갈등으로 몸살을 겪는 우리 사회가 좀 더 선진화된 공동체로서의 통합을 이루기 위하여 사회주류세력이라고 자처하는 사람들이 이행하여야 하는 행동규범인 것이다.

twitter

doorun 정두언

우리나라에서 보수의 이미지는 너무 부정적이죠. 특히, 기득권, 부패, 의무불이행, 권위주의, 독재, 위선 등등. 이러니 젊은층이 보수에 등을 돌릴 수밖에. 이제 보수는 희생, 헌신, 기여, 양보, 봉사, 책임, 절제 등등 보수혁신에 나서야. 안 그러면 곧 설 땅이 없어질지도

2011년 5월 31일

05 MB정부 위기의 진단과 탈출대책

2011.7.4 한나라당 전당대회를 마치며

* 2011년 《월간조선》 8월호에 기고한 글

7·4 전대 결과는 한나라당 구체제의 몰락

홍준표 대표를 포함한 새로운 지도부를 선출한 7·4 전당대회를 앞두고 소집된 7·2 전국위원회에서는 집권당 행사에서는 볼 수 없었던 희한한 광경이 벌어졌다. 당을 장악하고 있는 주류 쪽 인사들이 마치 소수파처럼 언성을 높이면서 분위기를 혼탁하게 만든 반면 당 운영에 소외돼 있던 비주류들이 당의 주인처럼 행동했기 때문이다. 이날 전국위원회는 그전에 열렸던 전국위에서 의결한 당헌당규개정안에 대하여 법원이 효력정지가처분 결정을 내렸기 때문에 논란 끝에 다시 열린 것이다. 전국위가 지금까지 진행된 전당대회 준비 과정에 대해 소정의 적법한 결론을 내려주지 못하면 7·4 전당대회는 무산되고 한나라당은 극도의 혼란 속으로 빠져들 수밖에 없는 상황이었다. 언론의 관심이 집중된 것은 이 때문이었다.

전국위원회가 개회되자 이해봉 전국위원회 의장이 자신의 잘못을 사과하고 사퇴한 가운데 허천 부의장이 사회봉을 잡았다. 조심스럽게 회의를 진행하던 허천 부의장이 "이의 없습니까?"라며 사회봉을 드는 순간 "이의 있습니다"라는 발언이 터져 나오자 회의장은 일순간 얼어붙는 듯 긴장이 감돌았다. 이후 몇 사람이 연달아 문제 제기를 하면서 회의장은 고성이 오가는 '주주총회장'으로 돌변했다. 대부분 구주류 인사들이었다. 다행히 소란은 가까스로 수습되어 기왕의 전당대회 진행 과정이 법적으로 추인되긴 했지만, 이날의 소동은 당 주도세력의 교체를 가져온 전당대회 결과를 미리 예고해주는 듯했다.

당을 사실상 좌지우지해온 구주류 인사들이 시끄러운 총회꾼 역할을 맡은 진풍경이 바로 전당대회의 대세가 어떻게 가고 있는지를 상징적으로 보여준 것이다. 이틀 후의 전대 결과에 대해서 언론들은 '구주류의 몰락'이라고 규정했다.

twitter

doorun 정두언

7·4 전대 결과를 친이계의 몰락이라고 하지만, 글쎄 전 일그러진 영웅들의 퇴장이라고 하고 싶네요. 그동안 그들로 인해 중세암흑기를 방불케 한 정치적 반동의 시대를 겪었죠. 거기에 저항하는 저는 권력투쟁으로 몰렸구요. 어차피 이렇게 될 것을. 참 부질없는 세월

2011년 7월 6일

구체제는 왜 몰락했는가

7 · 4 전당대회의 결과는 2007년 대선 후보 경선 이후 한나라당에 구축된 구체제가 붕괴하고 신체제의 등장을 알리는 중요한 사건이 아닐 수 없다. 대선 승리 이후 한나라당은 다소 우여곡절은 있었으나 지지율에서 줄기차게 하향곡선을 그려왔다. 한나라당의 구체제는 그동안 당원뿐 아니라 지지자들에게 단 한 차례의 시원한 장면도 보여주지 못하고 답답한 정치만 하다가 참담한 처지에 빠지고 말았다. 왜 이렇게 되었을까? 잘못된 지난 일을 되짚는 것이 지금 무슨 소용이 있겠나 싶기도 하다. 하지만 신체제가 이끄는 한나라당이 이제 얼마 남지 않은 양대 선거에서 승리하고, 또 한국정치의 발전에 반면교사가 될 수 있다는 점에서 2007년 대선 경선 이후 당이 걸어온 발자취를 되돌아 볼 필요가 있을 것이다.

2007년 8월에 한나라당 대선 후보 경선은 이명박 후보의 승리로 끝났다. 박근혜 후보는 경선 결과에 아름답게 승복했다. 사실 이것으로 대선 승부는 끝난 것이나 다름없었다. 그 후의 대선 과정이란 돌이켜 보면 알 수 있듯이 결국 하나마나 한 과정이었다. 이명박 후보의 당선은 이미 예견된 것이었다. 그 당시 노무현 대통령에 대한 국민의 불만과 반감은 어떤 야당 후보라도 승리할 수 있을 만큼 최악의 상태에 있었기 때문이다. 그래서 이명박 당선의 일등 공신은 단연 노무현 전 대통령이었던 셈이다. 그렇다면 이등공신은 누구일까? 손학규 민주당 대표다. 왜냐고? 만약 손학규 대표가 경선 과정에서 이탈하여 한나라당을 탈당하지 않았다면 이명박 후보는 박근혜 후보를 이길 수가 없었다. 손학규 후보는 박근혜 후보보다는 이명박 후보와 지지기반이 더 겹쳐 있었기 때문이다. 이명박 후보의 경선 승리가 확정되는 순간 잠실 올림픽체조경기장에 있던 나는 이명박 대통령의 탄생을 미리 자축하며 남몰래 눈물을 흘렸다. 그런데 그 후로 곧 모든 게 엉망이 되기 시작했다.

그것은 한마디로 정치의 기본을 지키지 않아서 생긴 일이었다. 중국 역사에서 가장 위대한 군주로 불리는 당태종이 '정관의 치'로 불리는 태평성대를 이룩한 비결은 직언을 수용하고 정적도 포용하는 열린 통치에 있었다. 에이브러햄 링컨 대통령이 미국의 가장 위대한 대통령으로 추앙받는 것은 윌리엄 수어드(국무장관), 새먼 체이스(재무장관), 애드윈, 스텐턴(국방장관) 등 대통령 후보 경선의 경쟁자들을 내각의 각료로 과감하게 중용함으로써 통합의 정치를 펼친 덕분이다. 링컨 대통령의 포용정치는 북군이 남북전쟁에서 승리해 남북으로 쪼개지는 미국의 분열을 막는데 밑거름이 됐다. 두 통치자의 성공이 주는 교훈은 경쟁이 끝나면 상대를 품으라는 것이다.

2007년 대권 후보를 놓고 격돌하는 과정에서 표면화되기 시작한 친이―친박의 갈등은 경선시점에 최고조에 달했다. 따라서 경선 후 한나라당의 최대 과제는 당연히 친이·친박의 갈등을 봉합하는 일이었다. 당태종은 자기를 죽이려고 했던 친형의 최고 책사인 위징魏徵을 자신의 최측근으로 끌어들임으로써 태평성대의 기반을 마련했다. 당태종의 열린 포용통치와 링컨의 통합정치는 한국 정치사에서도 찾아볼 수 있다.

김영삼 대통령은 당선된 뒤 민정계의 최창윤 전 청와대 정무수석을, 김대중 대통령은 5·6공과 영남출신인 김중권 의원을 비서실장으로 기용했다. 당내 통합과 화합의 정치차원에서 이명박 후보도 경선 승리 뒤에 경쟁상대였던 박근혜 후보가 이끄는 친박인사 중에서 최경환 의원이나 김성조 의원 같은 인물을 비서실장으로 기용했어야 했다. 나아가 원내대표도 친박좌장인 김무성 의원을 발탁했어야 했다. 만약 그렇게만 했더라면 한나라당에서 친이—친박문제는 쉽게 끝나고 말았을 것이다. 그런데 MB(이명박 후보)는 정치 교과서에 나오는 통합정치의 기본을 외면했다.

더 정확하게 말하면 기업에서 평생을 살아온 MB는 그런 정치 교과서를 잘 몰랐다고 할 수 있다. MB의 측근들이 자신들의 정치적 이해 때문에 임태희 비서실장과 안상수 원내대표를 관철했다. 다시 말해 한나라당과 MB를 위한 인사가 아닌, 자기자신들을 위한 인사를 하도록 한 것이다. 경선에 전혀 관여하지 않고 중립을 표방했던 임태희 의원이 비서실장이 되자 친이 주변에서는 '야, 우린 뭐지' 하는 실망과 함께 우수수 사기가 떨어지는 소리가 들리기 시작했다. 적군을 데려오면 몰라도 아무런 공헌이 없는 사람을 중용하는 이런 인사는 그동안 고생한 모든 사람에게 상처를 주는, 이해하기 힘든 인사라 아니할 수 없다. 경선 직후 안상수 원내대표 지명과 함께 한나라당 사무처에 대한 대대적인 숙청인사가 단행되었다. 한심한 일이었다. 당 사무처는 공무원 같은 조직이어서 대선 후보가 결정되면 자연스레 새로운 보스에게 충성을 바치는 집단인데 그걸 걷어찬 것이다. 참 치졸한 삼류정치 수준이었다. 당시 누가 그런 인사를 주도했는지 굳이 얘기할 필요도 없을 것이다.

twitter

doorun 정두언

단임 대통령제 이후 현직은 임기 말 레임덕 막기에 급급하다 번번이 정권 재창출을 놓칩니다. 레임덕은 자연스러운 현상이고 불가피합니다. 다만 룰라처럼 인기가 높으면 다르죠. 최고의 레임덕방지책은 룰라처럼 민심을 두려워하면서 당당하게 양보하고 화합하는게 아닐까요?

2011년 4월 14일

그 후로 친박은 야당과 진배없는 완전한 비주류로 전락했고, 18대 공천을 거치면서는 경쟁적인 비주류가 아닌 적대적인 비주류로 관계가 더욱 악화했다. 그 후로부터 최근까지 한나라당은 한 지붕 두 가족으로, 서로에게 으르렁대며 국민에게서 멀어져갔다. 그러다가 결국은 2010년 지방선거에서 완패하고, 2011년 4·27 보궐선거에서도 참패하면서 안상수 대표체제가 책임을 지고 물러났다. 총선을 1년 앞두고 심각한 민심이반이 가시화되면서 한나라당 내에선 더는 이대로는 안 되겠다는 위기의식이 팽배해졌다. 그런데 구주류는 이에 아랑곳하지 않고 기득권 고수에만 몰두했다. 정책위의장 파트너도 구하지 못할 정도로 약체였던 황우여 의원이 구주류 주자인 안경률 의원과 이병석 의원을 누르고 예기치 못한 완승을 한 것은 위기의식에 몰린 당내 소장파와 친박의 이심전심성 연대가 이루어진 결과였다. '새로운 한나라' 모임으로 상징되는 이 연대는 그 후 구주류가 주도하는 비대위 결정을 번번이 뒤집으며 결과적으로 홍준표 대표체제를 탄생시켰다. 구주류 연합대표로 '커밍아웃'한 원희룡 후보가 총선 불출마 배수진을 치고도 4위로 밀려난 것은 이제 더는 구주류가 당내 주도권을 회복하는 것은 불가능하다는 것을 여실히 보여주었다.

새 지도체제의 문제점

홍준표 대표체제가 시작부터 인사 문제로 삐걱거리자 지도부의 난맥상에 대한 우려가 커지고 있다. 홍준표 대표는 지도부 경선에서 낙승하는 순간 자신의 승리가 소장파—친박연대의 힘이라는 것을 망각한 게 아닌가 싶다. 아니 어쩌면 그걸 너무 잘 안 나머지 독자적인 길을 모색하는 게 아닌가 싶기도 하다. 하지만 어찌되었든 최선의 정치는 타협과 설득, 절충과 안배의 산물이라는 것을 잊지 말아야지 그렇지 않으면 홍준표 호가 총선 승리를 견인하기는커녕 총선 전에 난파할 가능성도 있다. 흔히 선거를 앞두고도 상황이 어두우면 비방전이 난무하면서 희생양을 찾기 마련이기 때문이다.

홍준표—황우여 양두마차체제는 시간이 많지 않다. 올 12월이면 각 당이 선거국면에 돌입하기 때문에 제대로 일을 하기엔 기껏해야 4, 5 개월 정도의 시간이 남아 있는 셈이다. 당은 이 기간에 모든 역량을 결집해 당의 이미지를 바꾸고 국민의 지지를 올려야 한다. 정부도 이젠 당이 국정을 주도하는 모양새를 갖추도록 당을 적극적으로 지원해야 한다. 그러나 당은 아직도 내부 불협화음으로 전열정비도 갖추지 못한 상태이며, 정부는 대통령의 레임덕을 우려해 오히려 당을 견제하고 있는 상황이어서 더욱 한심스럽다. 당은 전당대회가 끝난 지 두 주일이 돼 가는데도 당직인선을 마무리하지 못하고 있다. 그나마 정책기조가 친서민으로 잡혀가고 있어 다행이다. 청와대는 아직도 측근인사, 회전문인사로 당을 어렵게 만들고 있는 걸로 보아 재집권보다는 레임덕 방지에 치중하고 있는 형국이다. 나아가 청와대가 당의 정책노선까지 제동을 거는 것을 보면 위기돌파에 협조할 생각은 하지 않고 오기싸움을 하는 게 아닌가 싶다. 5공 정부 말 재집권을 위해서 이뤄진 '6·29 선언'을 생각하면 소탐대실의 협량정치狹量政治라 하지 않을 수 없다.

이럴 때 당이 확고한 의지를 갖추고 국정을 주도하는 모습을 보여야 하는데, 할 말을 하겠다던 홍준표 대표는 청와대의 무리한 인사에 손을 들어주는 등 당초 기대와는 다른 길을 가고 있다. 홍준표 호의 불길한 앞날이 보이는 것 같아 안타깝다. 당은 하루빨리 전열을 가다듬고 국정의 키를 움켜잡아야 한다. 올해 하반기 중에 한미 FTA와 북한인권법을 매듭짓고, 경제정책기조를 성장에서 안정으로 바꾸는 한편, 재벌개혁과 비정규직 문제 해결을 주도하고, 10조 원 상당의 재원을 마련한 민생복지패키지를 제시해야 한다. 나아가 당의 외연 확대를 위한 인재 영입에 나서는 한편, 부실지구당 정비를 앞당기는 등 내년 총선

준비작업도 서둘러야 한다.

MB정부 성공을 위한 마지막 3대 과제

이명박정부의 국정운영이 지금 같아서는 재집권은 어렵다. 이명박정부에 대한 최근의 민심은 한마디로 노무현정부 말기와 거의 같다고 할 수 있기 때문이다. 이제 더는 시간이 없는 상황에서 국정운영의 일대 쇄신이 절실하다. 먼저 이명박정부의 최대 문제점을 한마디로 말하면 '민심무시'라고 할 수 있다. 민심을 몰라서 그러는 건지 알고도 무시하는 건지 이 정부에서는 민심을 거슬리는 일이 너무 많았다. 노무현정부가 무너진 것도 이 때문이다. 국민은 자신들이 무시당한다고 생각되면 여지없이 등을 돌리는 게 동서고금을 막론하고 만고의 진리다. 친인척이 권력 주변에 있으면 문제가 된다는 것은 역대 정권에서 예외 없이 나타난 사실이다. 아니 역대 정권뿐 아니라 과거 왕조시대에도 친인척의 발호 때문에 나라가 골병이 들었다.

이 정부 들어서는 역대 최강의 친인척이, 그것도 현직으로 활동하고 있다. 지난 18대 총선 공천 때 65세 이상은 공천배제라는 원칙을 적용했지만 유일하게 형님만 예외로 살아났을 때 난 잠을 이루지 못했다. 가까이서 함께 일한 내가 그랬을 때 우리 국민의 마음은 어떠했을까? 임기 중반에 공정사회의 기치를 내걸었지만 불공정의 상징을 버젓이 옆에 두고 공정사회를 외치면 누가 그것을 믿고 받아들일까? 민심을 두려워한다면 과연 그렇게 할 수 있을까? 난 4대강사업에 찬성한 사람이지만, 지금도 왜 그걸 한꺼번에 임기 내에 해야 했는지 의문이다. 나의 심정이 이럴 때 우리 국민의 마음은 어떠했을까?

그래서 이명박정부가 국민의 신뢰를 되찾기 위해서는 이상과 같은 이유로 첫째, 민심을 천심으로 알고 새로 시작해야 한다. 그래야 떠나간 민심도 눈길을 돌릴 것으로 생각한다. 민심을 두려워하고, 민심에 승복할 때 다시 민심의 지지를 얻을 수 있다.

둘째, 널리 인재를 등용해야 한다. MB의 인사를 보면 우리 대한민국에 이렇게 사람이 없나 하는 답답함을 느끼게 한다. 국민의 한 사람으로서 정말 자존심이 상한다. 늘 주변에 평소에 알던 사람이 아니면 아주 가까운 사람이 추천한 인물들뿐이다. 국민 대다수가 나라를 지키기 위해 군대를 갔다 오지만 인사 때마다 번번이 병역미필이다. 신중이 지나치면 의심이 되고 자신감이 없을 때 주변만 살피게 된다. 이제 마지막으로 대한민국 경제의 고도성장을 일으킨 주역 중 한 사람인 MB의 멋진 참모습을 보여주었으면 좋겠다.

셋째, 대통령이 모든 일을 직접 챙기는 만기친람萬機親覽식 국정운영방식을 탈피해야 한다. 만기친람은 한마디로 분권과 위임이 아닌 권한집중을 의미한다. 권한집중은 다른 한편으로 책임집중을 필연적으로 가져온다. 아무도 책임을 지려 하지 않고 시시콜콜한 것까지 대통령에게 미루게 된다는 것이다. 대통령이 아무리 많이 안다고 하더라도 세상만사 다 알 수는 없는 노릇이다. 더구나 이렇게 복잡다기해진 세상에서, 세계 10위권의 경제선진국으로 성장한 대한민국에서 말이다. 이러니 뭔 일이 제대로 되겠는가. 더구나 일이 쌓이니 결정이 미루어져 만사가 때를 놓치기 쉽다. 이 정부 들어 많은 현안이 지지부진한 이유가 다 여기에 있다.

twitter

doorun 정두언

우리나란 장관은 없고 대통령만 있어요. 수해는 그렇다 치고 무슨 현안마다 장관 목소리는 없고 대통령 얘기만 있죠. 만기친람하기엔 우리나란 넘 큰 나란데. 장관을 실무자 취급하면 누가 책임감을 가지고 일을 하겠어요. 보스는 좋은 인재를 써서 잘 부리는 사람이죠.

2011년 7월 29일

더욱 이해하기 어려운 것은 노무현정권 출범 직후 과거 정권의 인사들을 몰아내고 진보성향의 인물들을 기용하기 위해 신설했던 인사비서관을 이 정부도 그대로 두고 인사까지 만기친람 하는 것이다. 역대 정부에서 청와대가 인사비서관을 두고 모든 인사를 직접 관장한 적은 없었다. 실질적 인사권이 없는 장관은 사실상 허수아비가 되기 쉽다. 조직장악도 제대로 안 되는 이런 장관이 누가 신명 나게 몸바쳐 일하겠는가. 더구나 많은 관료는 대부분 이른바 실세라 불리는 엉뚱한 곳에 줄을 대기에 바쁘니 조직의 기강이나 사기가 엉망이 될 것은 명약관화한 일이다. 여기서 더 우스운 일은 각 부처의 실무를 알 수 없는 대통령이 인사를 챙긴다는 것 자체가 사실상 불가능한 일이며 실제로는 인사실무진을 장악한 엉뚱한 인물들이 비선에서 인사를 농단하게 된다는 것이다. 지금까지 공직사회에서 수많은 군상이 누구누구에게 줄을 대려고 혈안이었다는 것은 만천하가 다 아는 공지의 사실이 아닌가. 군대까지 포함한 전 공직사회의 기강이 이처럼 땅에 떨어진 적이 있었나 싶은 게 공직 출신의 한 사람으로서의 소견이다.

다시 말하지만 이제 우리에게는 시간이 없다. 나도 마음이 약하기로는 둘째가라면 서러워할 사람이다. 그럼에도 이렇게 불편한 얘기를 감히 용기를 내어 하는 이유는 내가 살고, 한나라당이 살고, MB가 살고, 우파정권이 살고, 대한민국이 살기 위해서는 지금 이 시점에서 우리가 최소한도 이 정도는 해야 한다는 충정 때문이다. 난 하지 않고 후회하기보다는 차라리 하고 나서 후회하자는 신념으로 사는 편이다. 인생은 유한하기 때문이다. 이 시간이 지나면 다시는 그 일을, 그 말을 할 수 없기 때문이다.

06 위기의 보수, 비상구는 있는가?

보수주의 위기의 시작

보수정권시대에 보수주의의 위기가 사람들 입에서 거론될 때마다 당혹스럽고 답답하다. 어쩌다 이 지경에 이르렀는지 한숨이 절로 나온다. 아마도 이명박정부의 인기가 땅바닥에 떨어졌기 때문일 것이다. 이명박정부의 위기가 왜 보수 전체의 위기냐고 분통을 터뜨리는 '원조 보수주의자'들도 있다. 그러나 국민의 눈으로 보면 이명박정부와 보수주의는 일심동체이다. 이명박정부에 대한 지지가 떨어질수록 보수주의도 사회적 담론으로서 힘을 잃게 될 수밖에 없다.

행정부와 국회를 동시에 장악하는 등 압도적 우세 속에서 출범한 보수정권이 무기력한 야당에 맥을 못 추고 있는 것은 상식적으로는 이해하기 어렵다. 이명박정부에 참여하지 않은 장외 보수주의자들이 탄식하는 것은 바로 이 대목이다. 야당이 지리멸렬할 때 집권한 보수정권

| 위기의 보수 © 화백 이시혁

은 계속되는 실책으로 장기집권할 좋은 기회를 날려버렸다. 지지층까지 반 토막 나는 바람에 당장 내년 총선 걱정이 앞서고, 쉽게 낙승할 수 있을 것 같던 대선도 힘든 싸움이 예상된다. 이명박 대통령의 미숙한 국정운영은 보수세력의 국가운영 능력을 의심하게 할 정도로 보수의 자존심에 상처를 입혔다. 이러한 부정적 평가는 서민경제를 살려줄 것이라는 기대감 속에서 출범한 이명박정부가 반서민정권으로 인식되기 때문이다.

'성공시대'를 약속했던 이명박 대통령은 취임 초기부터 고강도 친기업정책을 추진했다. 종부세 폐지를 신호탄으로 법인세의 대폭 인하를 포함한 감세, 대 달러화 고환율, 출자총액제한제 폐지, 금리 인하 등 각종 친기업정책이 무더기로 쏟아졌다. 대기업들의 오랜 숙원이었던 정책들이 하루아침에 이루어진 것이다. 역대 정권에서 이처럼 과감하게 친기업정책들이 집행된 적은 없었다. 그 결과 대기업은 확실히 '성공시대'를 맞았다. 대기업의 영업이익은 사상 유례없을 정도로 치솟았다. 하지만 중소기업과 서민층은 더욱 형편이 어려워졌다. 고용사정도 별로 나아지지 않았다. 사회적 양극화로 불리는 사회경제적 불평등구조가 더욱 악화된 것이다. 이명박정부에 대한 실망은 보수에 대한 반감으로 이어졌다. 보수의 위기는 이렇게 시작됐다.

성장제일주의 함정에 빠진 이명박정부

이명박 대통령이 친기업정책을 강력하게 추진한 것은 대기업의 동력을 강화하는 것이 경제 회생의 지름길이라고 믿었기 때문이다. 1970~1980년대 고도성장기에 대기업 CEO를 지낸 대통령으로서는 자연스러운 판단이었을 것이다. 대통령뿐만 아니라 고도성장기를 체험했던 대다수 정관계 및 재계인사들에게 대기업 위주의 성장 노선은 성공한 전략으로 인식된다. 그 당시 초고속 경제 성장은 한국을 빈곤으로부터 해방시켰을 뿐만 아니라 선진공업국으로 도약할 수 있는 발판을 마련했다. 경제 성장은 모든 문제를 해결할 수 있는 마법이었다.

그러나 시대는 바뀌었다. 한국이 처한 사회경제적 현실은 고도성장도 어렵고 성장위주의 정책만으로는 국민의 다양한 욕구를 충족시킬 수 없는 단계로 접어들었다. 경제는 성장하지만 일자리를 점점 줄어든다. 일자리가 있는 사람들도 극소수를 제외하곤 언제 거리로 내몰릴지 몰라 불안에 떤다. 신분이 보장되지 않고 급여도 형편없이 낮은 비정규직 노동자들이 전체의 50퍼센트에 가깝다. 중산층도 빠른 속도로 무너지고 있다.

이런 난제들을 친기업 성장만으로 해결할 수 있다고 믿는다면 이는 현실을 몰라도 너무 모른다고밖에 할 수 없다. 불행하게도 한국의 보수는 이런 시대적 변화를 제대로 읽지 못했다. 사회적 양극화로 불리는 사회경제적 불평등문제의 심각성을 제대로 이해하지 못하거나 관심이 없었다.

이명박정부가 추진하고 있는 친기업 성장정책은 이러한 사회경제적 불균형을 해결하기는커녕 도리어 심화시키고 있다. 보수의 소수 특권층 편중 이미지가 한층 심해지고 있는 것도 이 때문이다. 사회경제적 불평등구조하에서 피해를 보는 층은 주로 20대, 30대, 40대이다. 저소득층은 물론이고 중산층도 반감을 보인다. 이명박 대통령의 지지도가 반 토막 난 것도 이 때문이다. 또한, 정치적으로 이명박정부는 국민적 불만을 권위주의시대의 방식으로 대응하려 했다. 이러한 일방적 통치방식은 그동안 진행되온 민주화 분위기를 권위주의시대로 역행시키는 것으로 비쳐졌다. 그 결과 보수는 민생문제에 무능하며 정치적으로 권위적이고 시대역행적인 이념으로 인식된다. 한마디로 보수는 비호감의 대상인 것이다. 어떻게 보면 보수는 과거 진보정권이 걸었던 실패의 길을 반대 방향에서 따라가고 있는지도 모른다. 노무현정권도 거시경제지표가 좋은데 뭐가 문제냐는 식으로 일관하면서 민생 문제 해결에 무능했다. 그 결과 진보는 곧 민생 무능력으로 낙인찍혀 보수세력에 권력을 내주고 말았다.

이명박정부의 대표적 정책인 감세정책은 보수의 입지를 매우 어렵게 만든 것으로 보인다. 세계금융위기에 따른 경기침체 이후 단행된 감세정책은 경기부양이라는 명분이 있었기 때문에 당시에는 사회적 저항은 미약했다. 그러나 시간이 지나면서 감세의 부작용이 표면화되기 시작했다. 경제가 나아졌다는데 서민들의 호주머니 사정은 변화가 없자 부자감세로 공격당한다. 감세정책의 기본취지는 부자의 세금을 줄여 내수경기 활성화를 꾀한다는 것이었다. 이른바 낙수 효과trickle down effects 이론이었다. 그러나 부자감세의 경기부양 효과는 학계에서는 소수 의견에 불과하다. 경기부양 효과가 없거나 오히려 경기를 위축시킨다는 것이 정설이다. 노벨 경제학상을 받은 폴 크루그먼Paul Robin Krugman 프린스턴대학교 교수 겸 뉴욕타임스 칼럼니스트는《미래를 말한다》Conscience of a Liberal라는 책에서 레이건 대통령의 감세정책은 경기부양에는 효과가 없었으며 빈부격차를 확대하는 결과를 가져왔다고 결론지었다. 경기부양에는 재정지출 확대가 가장 효과적인데 감세정책은 세수의 감세로 이어져 재정지출 능력을 감소시켜 경기부양에 역효과를 낸다고 재정전문가들은 지적한다.

감세정책으로 이명박정부는 상당한 정치적 대가를 치러야 했다. 감세의 효과에 대한 논란은 차치하더라도 감세 자체가 이 정권을 부자정권이라는 부정적 이미지로 비쳐지게 만들었다. 이 대통령의 지지도가 내리막길을 걷기 시작했다. 집권 초기 60퍼센트를 넘었던 대통령의 지지율은 30퍼센트대의 저조한 수준에서 머물고 있다. 2010년 지방선거 참패도 그 연장 선상에서 나왔다. 여전히 민심은 흉흉하다. 내년 총선에서 한나라당의 고전이 예상된다. 그런데도 청와대는 감세정책은 절대로 바꿀 수 없다고 요지부동이니 답답한 노릇이다. 더구나 차기 정부하에서 실행될 추가 감세조차도 철회할 수 없다는 청와대의 얘기를 들으면 마치 '유훈 통치'를 연상케 해서 할 말을 잃게 된다.

이명박정부가 감세정책과 같은 사회적 갈등요인을 내포한 정책의 추진에 앞서 과감한 서민복지 청사진을 먼저 제시했다면 사정은 크게 달랐을 것이다. 이러한 균형감각은 국정운영의 기본이다. 대통령을 보좌하는 청와대 비서진에게 이런 정무적 감각이 결여돼 있을 경우 크고 작은 정책들이 예상하지 못한 부작용을 일으키게 된다. 정책의 위험성을 미리 진단하고 점검하는 과정이 뒤따르지 않기 때문이다. 이명박정권에서 이러한 청와대의 정무적 기능은 퇴화했다. 청와대의 정무기능이 제대로 작동하는 데 필요한 균형감각을 갖춘 참모들이 극소수에 불과하다. 집권 초기 일련의 청와대 개편 과정을 통해 강직하고 직언하는 참모들이 대부분 밀려났기 때문이다. 참모들이 획일적 집단사고에 빠져 있으면 대통령의 정책은 외곬으로 흐르기 쉽다.

이명박 대통령은 재임 기간 7퍼센트의 경제 성장률을 통해 국민소득 4만 달러를 달성하고 7대 강국으로 도약시킨다는 이른바 '747 공약'에 큰 강박관념을 가진 것 같다. 물론 대통령에 당선되고 나서 자신의 대선 공약을 지키기 위해 노력하는 것은 자연스러운 일이다. 그러나 세계금융위기로 세계 경제의 불확실성이 커진 상태에서 747 공약은 사실상 실현 불가능하다. 연간 무역규모 1조 달러에 달하는 한국경제 규모를 고려할 때 고도성장을 전제로 한 747 공약을 무리하게 달성하려고 하면 엄청난 부작용을 초래할 가능성이 높다. 지금 그 부작용 중 하나인 물가급등에 따른 서민생계의 어려움 때문에 민심은 한층 악화되고 있다.

twitter

doorun 정두언

중도개혁이란 자율과 경쟁 못지않게 평등과 분배를 중시하자는 것이고 시장 못지않게 정부의 역할을 중시하자는 것이죠. 또 이게 전세계적인 대세입니다. 추가 감세 철회가 가장 상징적인 정책이며 모든 정책을 이런 방향으로 수정보완해야 합니다. 대·중소기업상생도.

2011년 5월 16일

한국의 신보수: 성장과 시장자유주의의 결합

한국의 보수세력이 경제 성장을 중시하는 것은 박정희 전 대통령이 주도한 국가주도형 경제개발전략과 관련이 있다. 고도성장의 주역들은 대부분 보수세력의 중추를 형성하면서 한국사회 주류로서 입지를 굳힐 수 있었다. 서양의 보수주의가 개인의 자유와 시장경제, 그리고 작은 정부를 지향하는 데 비해 한국의 보수주의가 강력한 정부, 권위주의, 시장규제 등을 중시하는 쪽으로 진화한 것은 이러한 배경에서 기인한다. 더불어 남북한이 날카롭게 대치하던 시대적 배경 때문에 한국의 보수주의에는 강력한 반공주의 색채도 띠게 됐다. 이렇게 한국의 보수주의는 서양의 보수와는 성격이 다른 보수와 진보적 가치들이 혼재하는 등 다소 기형적인 형태가 됐다. 1990년대 한국의 보수주의는 미국의 신자유주의 세례를 받아 시장지상주의의 요소가 강화됐다. 시장에 대한 일체의 규제 철폐, 작은 정부, 감세 등이 보수의 핵심적 가치로 파고들었다. 이른바 신보수의 출현이었다. 미국의 신자유주의는 월가를 중심으로 한 금융자본이 세계적 차원의 금융규제 철폐를 통해 세계금융의 헤게모니를 장악하려는 전략이었다. 세계화globalization는 그 일환이었다.

그러나 김영삼정부는 이 세계화의 위험성을 이해하지 못했고, 오히려 한국경제의 선진화를 앞당기는 길이라고 오판했다. 김영삼정부 때 이뤄진 OECD 가입, 금융시장 자유화 등은 전혀 준비가 안 된 상태에서 졸속으로 이루어져 한국의 금융시장을 월가를 비롯한 세계금융자본의 공격에 무방비상태로 노출시켰다. 1997년 외환위기는 한국이 금융시장에 대한 규제를 철폐하는 등 무분별한 시장개방을 단행한 직후에 이루어졌다. 당시 정부는 한국기업들이 외국에서 차입한 외화차입의 정확한 규모를 파악조차 할 수 없을 만큼 금융실태에 대해 무지했고 통제력도 상실한 상태였다. 외환위기는 이렇게 시장자유주의를 맹신하는 김영삼정부의 무지와 무능이 부른 국가적 비극이었다.

이처럼 1970~1980년대의 성장과 1990년대의 시장자유주의가 결합한 한국의 보수세력은 경제효율성의 극대화를 추구한다. 이명박정부가 추구하는 보수주의 노선도 그 뿌리는 여기에 닿아 있다. 이 정책기조는 경제 성장에 특효약이다. 실제로 금융위기로 세계경제가 침체에 빠진 이후 한국경제는 가장 빠른 속도로 회복됨으로써 세계로부터 찬사를 받았다. 앞으로도 한국경제는 이 특효약 덕분에 당분간 성장기조를 이어갈 것으로 전망된다. 하지만 무엇보다 걱정되는 것은 이러한 보수노선으로는 한국사회 최대 문제로 등장한 사회적 양극화를 비롯한 각종 민생 문제를 해결할 수 없다는 점이다.

세계화가 급속히 확산하면서 세계경제체제는 근본적으로 변했다. 과거의 경제 패러다임은 이제 더이상 유효하지 않다. 비약적으로 향상된 경제생산성 덕분에 필요한 노동력은 급속도로 줄어든다. 일부 미래학자들은 조만간 세계는 단지 20퍼센트의 노동력만으로도 인류에게 필요한 물건들을 생산하는 단계로 진입할 것으로 전망한다. 나머지 80퍼센트는 불필요한 잉여인력으로 전락하게 되는 셈이다. 이는 세계가 앞으로 극심한 실업 문제를 안게 될 것임을 예고한다. 현재 전세계적으로 일어나는 실업 문제는 이러한 세계경제의 폭발적 생산성 증가에서 비롯되는 현상이다. 중산층의 급속한 몰락은 이러한 불균형 성장의 이면이다.

보수혁신을 통한 보수의 외연 확대 필요

우리는 지금 문명사적 전환기를 살고 있다. 경쟁, 효율, 획일주의, 물질적 가치가 퇴조하고 다양성과 개성, 삶의 질이 존중되는 사회로 이행하고 있는 것이다. 미국의 저명한 문명비평가인 제러미 리프킨 Jeremy Rifkin은 그의 저서 《공감의 시대》에서 인터넷을 포함한 정보혁명 이후 세계는 개방, 공유, 협력의 정신이 지배하는 시대로 접어들고 있다고 지적했다. 경제에서도 공존과 협력을 기반으로 한 새로운 산업 생태계가 출현하고 있다. 세계경제를 강타하고 있는 미국 애플사의 아이폰 돌풍은 이러한 산업생태계가 얼마나 위력적인지를 상징적으로 보여준다. 이러한 전환은 경기순환과는 성격이 근본적으로 다르다. 일시적인 것이 아니다. 근본적인 작동방식이 바뀌는 패러다임의 전환이다.

문명사적 전환은 시장경제에 대한 인식의 변화를 요구한다. 자본주의 출현으로 형성된 시장경제는 끊임없이 이익을 추구하려는 욕구와 사회 그 자체의 공동체적 안정을 추구하는 자기방어기능이라는 두 얼굴을 동시에 갖고 있다. 이 두 요소는 끊임없이 충돌한다. 시장과 사회의 대립구도가 시장경제에 동시에 내장됐기 때문이다. 이익추구 욕구가 절제되지 않으면 인간의 사회적 삶의 기반을 송두리째 붕괴시킬 수도 있다. 사회의 안정성이 파괴되고 결국 자본주의 그 자체가 위기에 봉착하게 된다. 《거대한 전환》의 저자 칼 폴라니Karl Polanyi는 이 같은 시장경제의 메커니즘을 '교환의 경제'와 '생존의 경제'라고 개념화했다. 시장경제는 이러한 두 요소가 균형을 이룰 때 정상작동한다. 그러나 욕망의 기능이 극단적으로 확대될 때, 즉 대공황과 같은 경제적 위기 때 시장의 자기방어기능이 작동한다. 폴라니는 1930년대 세계 대공황이 시장의 이익추구 욕망이 폭발한 데서 비롯된 것으로 진단하고 그 반작용으로 파시즘과 스탈린식 사회주의가 출현했다고 지적했다.

사회체제 패러다임의 전환국면에서 보수가 주도권을 잃지 않기 위해서는 시장경제 중심의 보수가치의 수정이 요구된다. 보수의 혁신은 바로 보수적 가치의 외연 확대를 의미한다. 시대의 변화를 따라잡기 위해서 보수의 혁신은 필요하다. 자기혁신이 없는 이념은 도태된다. 앞으로는 경쟁과 시장자유주의와 같은 전통적 보수가치로는 사회주도 세력으로 남을 수 없다. 보수가 시대의 변화 속에서 살아남기 위해서는 적절한 소득 분배, 환경, 복지, 사회정의, 공공성 회복 등과 같은 새로운 가치의 포용이 요구된다. 보수의 중요한 덕목 중 하나는 자기희생이다. 공동체가 붕괴할지도 모르는 위기국면에서 보수가 자신의 이익을 포기하고 대승적 차원에서 기꺼이 희생할 때 도덕적 권위는 회복된다. 보수가 이제 공동체 살리기에 팔을 걷고 나서야 할 때가 됐다고 생각한다. 보수는 원래 모든 이념을 포용하는 것이다. 모든 시냇물이 모여서 거대한 바다를 이루듯이 보수가 사회에 존재하는 모든 이념과 가치를 포용할 때 진정한 역사의 주역이 될 수 있다.

한국보수와 한나라당의 과제

지지층을 확대해야

정당의 궁극적 목표는 집권이다. 정당과 사회단체의 차이는 바로 이 점에 있다. 보수정당과 보수단체는 추구하는 이념은 같을지 몰라도 현실적 목표는 다를 수밖에 없다. 보수정당은 보수주의를 바탕으로 한 각종 정강과 정책을 수립하고 이를 통해 국민적 지지를 확대하기 위해

총력을 기울인다. 보수정당인 한나라당이 재집권하기 위해서는 유연한 자세로 시대적 요구를 수용해서 지지기반을 확대해야 한다. 지지층의 외연을 확대하지 않고 집권은 말할 것도 없고 정치적 생존도 불가능하다. 영국의 보수당이 200년이 넘도록 오랜 기간에 걸쳐 생존할 수 있었던 비결은 집권에 모든 정책의 최우선 순위를 놓고 유연하게 이념의 지평을 확대한 데 있었다(제1장 01. 보수정당의 생존전략: 영국보수당을 보면 답이 보인다 참조). 농촌의 대지주와 귀족들로 구성된 영국 보수당은 산업혁명 이후에는 신흥세력으로 등장한 도시상공업자들의 이해가 걸린 밀수입 자유화를 단행함으로써 그들을 새로운 지지층으로 끌어들였다. 디즈레일리 수상과 볼드윈 수상은 노동자 권익보호에 앞장섬으로써 지지기반을 노동자층으로 확대했다.

통 큰 보수가 되어 공동체 복원에 나서야

현재 한나라당 지지층은 젊은층과 중산층이 대거 이탈함으로써 지난 대통령 선거 때에 비하면 반 토막 난 상태다. 지지층의 획기적인 확대가 이루어지지 않으면 내년 총선과 대선에서 크게 고전할 수밖에 없다. 보수의 퇴조는 장기화될지도 모른다. 보수가 침체의 늪에 빠지지 않기 위해서는 사람을 바꾸고 정책도 바꿔야 한다. 보수는 우선 과도한 경쟁과 효율 지상주의에서 벗어나서 공동체 정신의 복원에 나서야 한다. 정부는 경쟁 탈락자들에게 최소한의 안전망을 제공할 필요가 있다. 또 사회 구성원들 간의 나눔과 배려도 필요하다. 최근 한국사회에서 복지에 대한 요구가 분출되는 것은 이러한 시대적 상황을 반영한다. 공동체 구성원 다수의 생존이 위협받는 현실에서 보수는 '민생방어체제'의 구축을 최우선 과제로 삼아야 한다. 한나라당은 가진 자, 소수 특권층의 기득권을 대변하는 수구적 이미지를 내던지고, 사회경제적 불평등구조의 해소에 역점을 두는 민생정당으로 탈바꿈해야 한다. 격동의 시대 전환기에 보수가 이념적 건강성을 잃지 않으면서 사회적 주류의 권위와 도덕성을 유지하려면 새로운 '통 큰 보수'가 돼야 한다.

보수는 이제 복지 문제에 더욱 적극적으로 대처해야 한다. 중산층의 삶의 뿌리를 파괴하는 세계화의 거대한 쓰나미가 몰려오는 시대에 복지 문제를 소홀히 하는 보수는 절대 설 자리가 없다. 그동안 보수는 자유민주주의와 시장경제라는 가치에 충실했다. 한국의 보수는 산업화를 성취했으며 민주주의적 요구도 수용했다. 이제 보수는 민생에 최우선 목표를 두고 변해야 한다. 위기는 곧 기회이기도 하다. 보수는 현재의 위기를 현명하게 대처해야 한다. 보수가 공동체의 위기타개 및 복원에 적극적으로 앞장서면 역사발전의 주역으로 남을 수 있다.

실추된 도덕성을 회복해야

보수의 또 다른 시급한 과제는 실추된 도덕성을 회복하는 것이다. 동서고금을 통해 지배층이 도덕적 권위를 상실한 국가치고 망하지 않은 예가 없었다. 사회의 중심축을 담당해온 보수의 도덕적 권위는 국가의 존망을 좌우할 만큼 중요하다. 보수가 도덕적 권위를 사회 구성원들로부터 인정받을 때 보수의 지배가 정당성을 확보할 수 있다. 위기에 처한 정치권력은 사람들의 마음과 영혼hearts and minds을 감동하게 함으로써 지지를 이끌어 낼 수 있다. 비록 정책이 실패로 끝났을 때에도 최고 권력자가 겸허한 자세로 실패를 솔직하게 인정하면 국민적 분노는 누그러질 수 있다.

이명박정부의 도덕성이 논란의 대상이 되는 이유는 고위직에 발탁된 인사들은 거의 예외 없이 병역기피의혹, 부동산투기, 위장전입 등과 같은 도덕적 결함이 있었기 때문이다. 진보정권이 안보를 소홀히 했다고 비난했으면서도 안보를 중시하는 보수정권하에서 적지 않은 주요 인사들이 병역미필이라는 사실은 국가위기관리 능력에 불안감을 주고 있다.

시오노 나나미는《로마인 이야기》에서 로마가 1천 년 동안이나 유럽의 대제국으로서 군림할 수 있었던 것은 귀족들의 '노블레스 오블리주Nobless Oblige' 전통 때문이었다고 지적했다. 귀족들이 보여준 공공의식과 솔선수범 정신, 검소한 삶과 정신적 가치를 소중하게 여기는 노블레스 오블리주에 힘입어 작은 도시국가에 불과했던 로마가 이탈리아 반도를 통일하고 지중해를 제패한 뒤 1천 년에 걸치는 '팍스 로마나Pax Romana(로마의 평화)'를 건설했다는 것이다. 로마의 귀족들은 전쟁이 나면 제일 먼저 전쟁터로 달려가서 목숨을 아끼지 않고 싸웠다. 그 결과 로마 건국 이후 500년 동안 원로원에서 귀족이 차지하는 비중이 15분의 1로 줄었다. 로마가 몰락의 길을 걷기 시작한 것도 이러한 노

로마 원로원: 로마의 귀족들은 전쟁이 나면 제일 먼저 전쟁터로 달려가서 목숨을 아끼지 않고 싸워, 건국 이후 500년 동안 원로원에서 귀족이 차지하는 비중은 15분의 1로 줄었다.

블레스 오블리주 정신이 제국 말기에 들어서 크게 약화됐기 때문이었다. 보수의 원조국가인 영국에서도 상류층 엘리트들이 다니는 이튼칼리지Eaton College 출신 가운데 제1차 세계대전과 제2차 세계대전 전사자는 2천여 명에 달했다. 한국전쟁 때 미8군 사령관으로 참전한 밴 플리트James Van Fleet 장군의 아들은 전투기 조종사로 야간폭격임무 수행 중에 전사했다. 이 전쟁에 참전해서 사망하거나 부상당한 미군 장성들의 아들은 142명에 달한다. 중국공산당 지도자 마오쩌둥毛澤東도 한국전쟁 때 큰아들 마오안잉毛岸英을 북한 지원군으로 내보냈다. 안잉은 유엔군 폭격으로 전사했으며 그의 시신은 아직도 북한에 묻혀 있다고 한다.

사회 지도층은 도덕적 권위가 있어야 위기 때 떳떳하게 국민에게 자기희생을 요구할 수 있다. 권력의 핵심부 인사들이 이런저런 이유로 군대를 갔다 오지 않았을 때 국가안보가 제대로 될 수 없다. 지도층이 법을 제대로 지키지 않으면서 국민에게는 법질서의 준수를 강조하면 국가기강은 바로 서기 어렵다. 보수적 이념이 국민 사이에서 점차 가진 자들의 기득권 수호논리로 인식되는 현실은 보수가 심각한 위기에 직면했음을 보여준다.

'두마리 토끼'를 모두 잡아야

생리적으로 변화보다는 현상유지를 선호하는 보수에 현재와 같은 역사적 전환기는 매우 고통스러운 시기임이 틀림없다. 경쟁과 성장에 익숙한 보수에 공정한 분배와 복지 등과 같은 가치들은 정서적 거부감을 불러일으킨다. 그러나 거대한 역사의 흐름 속에서 보수가 사회의 책임 있는 주도세력으로 남기 위해서는 과감하게 변해야 한다. 진정한 용기는 현실을 인정하고 자기개혁을 해나가는 것이다. 피할 수 없으면 즐기라는 말이 있다. 보수든 진보든 시대적 전환은 피할 수 없다. 사회의 중심축인 보수가 먼저 변해야 갈등이 최소화된다. 산업혁명의 확산으로 급성장한 노동자세력이 자본주의체제를 위협하자 철혈수상으로 알려진 독일연방의 비스마르크 수상은 세계최초로 건강보험, 산재보험 등과 같은 사회복지정책을 시행했다. 사회주의세력으로부터 자본주의체제를 지키기 위해서였다. 1930년대의 대공황 때 파국에 직면한 미국 자본주의를 구한 것은 프랭클린 루스벨트 대통령의 산별노조허용, 연금제도 도입 등 사회복지정책이었다.

보수개혁은 위기에 빠진 사회를 구하는 동시에 보수 자체를 위한 것이기도 하다. 보수가 시대의 변화에 발맞춰 과감하게 이념적 리모델링을 하는 것이야말로 '통 큰 보수'이자 '착한 보수'라고 생각한다. 이를 두고 '좌클릭'이니 '우클릭'이니 하면서 불필요한 논쟁을 할 필요가 없다. 전통적인 보수 이념보다 더욱 중요한 것은 불안의 시대에서 민생을 방어하고 공동체 뼈대를 유지하는 것이다. 그렇다고 보수가 과거의 가치를 폐기해야 한다는 뜻은 아니다. 시대적 요구를 수용하는 유연성도 중요하지만 보수의 근본을 잊어서는 안 된다. 전쟁의 폐허 위에서 세계 굴지의 선진공업국으로 발전시킨 보수의 역사적 업적은 압축 성장전략이 없었다면 불가능했을 것이다. 또 국가안보가 취약해도 경제적 안정은 흔들린다. 지속적인 성장과 국가안보는 한국의 생존과 직결된 핵심적 가치다.

하지만 성장에 과도하게 몰입해서는 집권은 말할 것도 없고 미래도 위태롭게 된다. 국가안보도 사회적 갈등과 정치적 불안정이 해소되지 않으면 흔들리게 된다. 보수가 역사의 격랑을 헤쳐나가기 위해서는 경제적 정의, 공정한 분배, 다양성 존중 같은 새로운 가치들도 기꺼이 수용하는 포용성이 요구된다. 과거와 같은 획일적 가치들은 개성과 다양성이 존중되는 21세기에 더는 먹히지 않는다. 따라서 보수는 기존의 가치와 새로운 가치라는 '두 마리 토끼'를 한꺼번에 잡아야 한다. 좀더 단순하게 표현하면 성장과 분배, 경쟁과 공존, 효율과 정의라는 두 가치를 모두 추구해야 한다. 한국처럼 자원도 빈약하고 땅덩이도 비좁은 나라에서 지속적인 경제 성장 없이는 생존할 수 없다. 그러나 현재처럼 빈부격차가 위험수위를 넘어서 지속되면 필히 내부파열이 일어날 것이다. 이러한 사회적 갈등을 없애고 상충하는 가치를 조정하고 절충하는 것이 정치의 몫이다. 보수가 이러한 조정자 구실을 할 때 새로운 시대의 주역으로 자리매김할 수 있다. 나의 꿈은 한국의 보수가 이런 멋진 '최고의 정치'를 펼칠 때까지 나에게 주어진 몫을 다하는 것이다.

2장

개혁은 멈출 수 없다

01 중도개혁과 보수혁신을 위한 큰 걸음

2010.7.14 한나라당 전당대회에 출마하며

출마의 변辯

지방선거가 끝난 지 10여 일이 지났지만 우리는 아직도 충격에서 벗어나지 못하고 있습니다. 왜 민심이 등을 돌렸는지, 우리는 왜 그것조차 모르고 있었는지 아직도 멍합니다. 하지만 마냥 이러고 있을 수만은 없는 일입니다. 위기가 곧 기회입니다. 생각해 보십시오. 만약 이런 일이 내후년 총선에서 벌어졌다면 어쩔 뻔했습니까? 이제라도 우리가 철저하게 자기반성을 하면서 새롭게 태어난다면 우리는 다시 민심을 얻을 수 있습니다. 과거의 우리 정치사를 보면 그것은 분명합니다.

한나라당은 지금 전당대회를 앞두고 있습니다. 우리가 이번 전당대회를 통해서 근본적으로 변화를 한다면, 우리는 이명박정부의 성공과 함께 내후년 총선의 승리와 정권 재창출에도 성공할 수 있습니다. 하지만 그렇게 하지 못하면 우리는 참여정부가 2006년 지방선거 후에 걸어간 길을 그대로 걷게 될지도 모릅니다.

이번 선거에서 나타난 한나라당의 문제는 크게 두 가지인 것 같습니다. 하나는 너무 '낡은 이미지'요, 또 하나는 '기득권 이미지'입니다. 그러다 보니 지난 대선 때 표를 주었던 중도세력과 젊은층들이 등을 돌려버린 것입니다. 그래서 한나라당의 변화 방향은 마땅히 '세대교체'와 '보수혁신'이 되어야 합니다.

세대교체는 단순히 연령의 교체가 아닐 것입니다. 시대의 흐름에 맞는 사고를 하는 것이 세대교체요, 젊은 층과도 소통이 되는 것이 세대교체입니다. 산업화시대의 사고방식과 꽉 막힌 행동양식으로는 시대의 흐름을 따라갈 수 없으며, 젊은 세대의 언어와 문화를 모르고서는 그들과의 소통은 불가능합니다. 지금까지의 적당한 관리형 지도체제가 자유롭고 유연한 자세와 함께 새로운 가치와 비전을 가진 자율적인 지도체제로 바뀌어야 진정한 세대교체라 할 수 있을 것입니다.

지금 우리 사회에서 보수는 의무이행보다는 편법이 더 많고, 양보보다는 독식이 성행하며, 절제보다는 과시가 많아 보이고, 희생 · 봉사 · 기여보다는 외면과 회피가 엿보이며, 사회적 책임의식보다는 개인적 특권의식의 모습이 더 많아 보입니다. 그리고 한나라당이 이러한 기득권적 보수의 오명을 뒤집어쓰고 있습니다. 더욱이 한나라당은 보수의 기본가치인 자유와 인권을 존중하는 자세가 부족하다고 인식되고 있습니다. 한나라당은 민주주의의 기본가치를 바탕으로 앞으로 의무, 절제, 양보, 희생, 봉사, 기여, 책임을 실천하는 보수혁신에 앞장서야 합니

2010년 7월 14일 서울 잠실 실내체육관에서 열린 한나라당 제11차 전당대회 당 대표 경선에 출마하여 지지를 호소하고 있다.

다. 그러면서 성장과 효율의 이면에 가려진 낙오되고 소외된 우리 이웃에게 진정성을 가지고 더 가까이 다가가야 합니다. 이번 전당대회는 한나라당이 세대교체와 보수혁신으로 거듭나느냐 마느냐의 중대한 갈림길이라고 생각합니다.

하지만 한나라당은 반反 대한민국 세력과는 강력하게 싸워나가야 합니다. 지난 10여 년 동안 일부 사회의 진전도 있었지만 사회의 적폐가 심화되었습니다. 국가 안보의 해이, 떼법과 무법질서, 사회 부패세력의 만연 등이 대한민국의 선진화를 가로막고 있습니다. 선거에 졌다고 대한민국과 민주주의의 기본가치와 원칙마저 흔들릴 수는 없습니다.

한편, 한나라당은 이번 전당대회를 계기로 당·정·청 관계를 완전히 새롭게 재정립하여야 합니다. 당은 정부를 지원하되 견제할 것은 확실히 견제해야 합니다. 당은 청와대의 의견은 존중하되 청와대로부터 자유로워져야 합니다. 정권 재창출은 정부가 아니라 당이 하는 것입니다. 임기 후반기 이명박정부의 성공을 위해서도 한나라당이 반드시 국정운영의 중심에 서야 합니다.

저 정두언은 오랜 공직생활을 마치고 정치에 입문한 지 10년간 자리職보다는 일業에 충실하며 늘 당당하고 떳떳한 정치를 하려고 노력했습니다. 개인적으로는 자존심과 의리를 지키는 정치의 모범을 보이고자 애도 써 보았습니다. 정치에 대한 딱딱한 이미지를 바꾸고자 무대에 올라 파격을 꾀하기도 했습니다. 이명박정부 들어와서는 워치독watch dog 역할을 하며 할 말을 하느라 애써 양지를 피해서 고단한 세월을 보내기도 했습니다.

저는 이제 저의 길을 분명하게 걸어가려 합니다.

이명박정부의 탄생에 일조를 한 저는 이명박정부의 성공에 무한책임을 느끼고 있습니다. 그래서 이명박정부의 성패가 걸린 이번 전당대회에 나가 한나라당이 '세대교체'와 '보수혁신', 그리고 '당 중심의 국정운영'으로 새롭게 태어나는데 앞장서고자 합니다.

아직 50대 초반의 재선이고, 부족한 게 많지만 지금까지 그래 왔던 것처럼 역사 앞에 정면 승부한다는 마음으로 당 대표 경선에 나섰습니다. 노·장·청의 조화를 이루면서 한나라당을 젊고 활력있는 정당으로 만들 열정과 자신이 있습니다.

따뜻한 관심과 따끔한 질책 모두 기다리겠습니다.

감사합니다.

2010. 6. 15
국회의원 정두언 올림

twitter

doorun 정두언

한나라당 전당대회 기호 6번 정두언입니다. 내일부터 공식선거운동이 시작되며 전국을 돌며 토론회를 합니다. 한나라당과 국정운영 국민 여러분과 함께 바꾸어 나가겠습니다.

2010년 7월 4일

한나라당 제11차 전당대회 정견발표문

저의 아버지는 능력이 없는 분이셨습니다. 저의 어머니가 가족을 먹여 살렸죠. 그래도 너무 힘들어서 저는 아기 때 친척집으로 양자를 갔습니다. 그때 엄마가 너무 보고 싶었습니다. 지금도 엄마를 보면 가난 때문에 자식을 떠나보낸 어머니의 심정에 가슴이 아픕니다.

저는 어렸을 때부터 어렵고 힘든 사람을 도울 때가 가장 행복했습니다. 제가 행정고시를 거쳐 공직생활을 한 것도, 정치를 하는 목적도 어렵고 힘든 사람을 돕기 위해서였습니다.

정치를 하다가 이명박정부 탄생에 참여해서 창업공신 소리도 들었습니다.

그러나 저는 이 정부에 들어와서 굳이 편한 길을 가지 않았습니다. 저는 언제나 이 정부의 성공을 위해서라면 누구보다 먼저 몸을 던졌습니다. 그리고 이 정부에 문제가 있을 때는 그 어떤 불이익을 감수하고서라도 분명히 아니라고 얘기했습니다. 그러다 보니 오해도 많이 받고, 고통도 많이 받았습니다. 편한 길을 마다하고 힘든 길을 가는 이런 제가 바보일까요? 멍청이일까요? 여러분들의 생각은 어떻습니까?

지방선거가 끝나자마자 미루고 미루던 목디스크 수술을 받았는데, 많은 사람들이 문병을 와서 걱정을 했습니다. 한나라당이 위기다. 이번 전당대회 정말 중요하다. 정말 당을 쇄신할 사람이 필요하다고 말입니다.

저는 이명박정부의 탄생에 참여한 사람으로서 이 정부와 명운을 같이 하는 것이 제 운명이라고 생각해왔습니다.

그렇다면 이명박정부의 성공과 정권 재창출을 위해서 끝까지 책임을 다하는 것이 내 할 일이라고 생각했습니다. 그래서 미처 실밥도 뽑지 못한 채 절박한 심정으로 전당대회에 나왔습니다.

하지만 저는 행사나 다니며 축사나 하려 당 대표에 나온 게 아닙니다. 또 2년 후 총선에서 공천권을 행사하려 당 대표에 나온 것도 아닙니다. 저는 위기에 빠진 한나라당을 쇄신시키려 나왔습니다. 그래서 다시 정권 재창출의 기틀을 세우려고 나왔습니다.

여러분 제가 당 대표가 된다면 저는 일 년 내에 전면적인 당 쇄신을 책임지고 완수하겠습니다. 그러나 일 년 내에 책임을 다하지 못하면 저는 미련없이 당 대표직을 내던지겠습니다.

우리가 민심을 다시 얻기 위해서는 우리는 적어도 세 가지 쇄신은 반드시 해야 합니다.

첫째, 우리나라에서는 적어도 돈이 없어서 밥을 못 먹거나, 돈이 없어서 교육을 못 받거나, 돈이 없어서 치료를 받지 못하는 사람이 없어야 합니다. 대의원 동지 여러분, 우리 한나라당은 부자정당이 아니라 철저하게 서민정당으로 다시 태어나야 합니다.

둘째, 한나라당을 고리타분한 정당에서 젊은 정당으로 바꿔야 합니다. 한나라당은 지금까지 아무런 도전도 없고, 상상력도 없이 현상유지에만 급급해 왔습니다. 그러니 국민들이 답답해하고, 젊은이들이 등을 돌리는 것 아닙니까? 그래서 저는 남경필 후보와 뜻을 모아 이런 한나라당의 답답한 기득권구조를 깨고 싶었습니다. 4선의 젊고 패기 있는 남경필 후보는 자기의 기득권을 과감히 포기하고, 양보와 희생의 모범을 보여주었습니다.

셋째, 한나라당을 국회의원들만의 정당이 아니라 당원들의 정당으로 만들어야 합니다. 그러기 위해서 국회의원이 독점하고 있는 공천권을 당원들에게 돌려주는 완전국민경선제를 해야 합니다.

더불어 8년 이상 책임당원을 계속하거나 공직선거에 출마한 당원에게는 평생 대의원 자격을 주어야 합니다. 세종시나 4대강 같은 국가 주요정책의 결정 과정에 당원들이 직접 참여할 수 있도록 '전 당원 정책 투표제'를 도입해야 합니다. 또 척박한 환경에 고생하시는 원외위원장과 당원들을 위해서 지구당제도를 부활해야 합니다. 대의원 여러분, 이렇게 해서 한나라당을 국회의원이 아니라 여러분 당원들이 주인이 되는 국민 정당으로 반드시 만들어 내겠습니다.

아울러 한나라당의 영원한 숙제인 당내화합을 위해 이명박 대통령과 박근혜 전 대표에게 한 말씀 드리겠습니다.

먼저 이명박 대통령께 강력히 요청드립니다.

지금 친박 비주류는 야당이나 진배없습니다. 대통령께서는 개각을 할 때나 정부인사를 할 때 능력 있는 친박 비주류 인사도 골고루 등용시켜, 비주류도 국정에 적극적으로 협조할 수 있도록 해주어야 합니다.

다음으로 박근혜 전 대표께도 강력히 요청드립니다. 한나라당의 정권 재창출을 위해서는 미우나 고우나 이명박정부를 성공시켜야 합니다. 박 전 대표는 어떤 형태로든 국정에 참여해서 비판할 것은 비판하고, 협조할 것은 협조해야 합니다.

대의원 여러분,

한나라당을 바꾸려면 먼저 간판부터 바꾸어야 합니다. 오늘 전당대회에서 서로 네거티브나 일삼는 과거의 그저 그렇고 그런 얼굴이 아니라, 젊고 강력한 새 얼굴로 한나라당의 간판을 교체해야 합니다. 그래야 국민이 '아, 이제는 한나라당이 바뀌겠구나'하고 기대와 신뢰를 보내지 않겠습니까?

사랑하는 대의원 여러분, 여러분은 이 자리에서 결단을 내려야 합니다. 오늘 전당대회가 선수와 경력과 나이에 따라 결정되는 뻔한 스토리로 끝나느냐, 아니면 변화와 쇄신을 위한 대이변의 감동 스토리로 끝나느냐 여기에 한나라당의 운명과 이 정부의 성공과 정권 재창출의 성패가 달려 있다는 것입니다.

존경하는 남경필 후보와 단일화를 이룬 저 정두언의 대역전극이 지금 우리 눈앞에 다가와 있습니다. 제가 당 대표가 되면 전 언론은 한나라당에 대의원혁명이 일어났다고 대서특필할 것입니다.

존경하는 대의원 여러분,

여러분의 위대한 결단으로 대의원 혁명을 반드시 일으켜주십시오.

여러분의 위대한 결단으로 대이변의 감동 드라마를 만들어 주십시오.

여러분의 위대한 결단으로 한나라당의 새 희망을 만들어 주십시오.

감사합니다!

2010. 7. 14
당대표 후보 기호6번 정두언 올림

twitter

doorun 정두언

오늘 남경필 후보와 후보단일화를 합의했습니다. 한나라당이 변하고 쇄신해야 한다는 절박함이 우리 두 사람에게 용기를 줬습니다. 당을 확 바꾸려면 당 대표가 되어야 합니다. 가장 유력한 후보 두 명인 우리 중 하나가 희생한다면 이 모든 것이 가능합니다. 화이팅!

2010년 7월 9일

7·14 전당대회를 마치며

전당대회가 끝났습니다. 이번 전당대회에서 모든 후보들이 공통으로 한 말들이 있습니다. '정부·여당이 위기다. 이번 전대를 통해 한나라당을 쇄신해야 한다. 민심을 얻으려면 민생이 먼저다' 등등. 그런데 전대가 끝난 후 국민과 당원들은 한나라당에서 희망을 보기는커녕 낙담을 하고 있습니다.

시작부터 터져 나오는 지도부의 불협화음이 국민들의 눈살을 찌푸리게 하고 있고, 친이·친박의 대립도 여전합니다. 쇄신과 민생 등 당원과 국민들의 관심사는 어디 가고, 개헌과 보수대연합 등 권력의 관심사가 먼저 나옵니다. 이렇게 가면 한나라당의 앞날은 뻔합니다. 다시 야당이 되는 거죠.

정부 주변에서 벌어지는 일들도 더하면 더했지 덜하지 않습니다. 선거에 패배한 후 민심을 얻으려 발버둥을 쳐도 모자라는 판에 어처구니없는 인사로 장애인들의 가슴에 못을 박질 않나 대중의 사랑을 받는 연예인을 또다시 권력으로 다스리려 하지를 않나, 어처구니없고 답답한 일이 계속되고 있습니다.

이런 일들이 벌어지는 것은 모든 문제를 국민의 시각에서 보지 않고 위정자의 시각에서 보기 때문이라고 생각합니다. 기업이 물건을 만드는데 소비자인 고객의 입장이 아니라 생산자의 입장에서 보는 꼴입니다. 그 기업이 살아남겠습니까?

지금 이 상태가 계속되면 당원과 국민들은 정부·여당에 대해서 낙담이 아니라 절망을 하게 될 것입니다. 하지만 해법은 명료합니다. 정부·여당이 민심을 살피면서 민생 살리기에 역점을 두면 됩니다. 모든 국민들에게 공정한 기회를 줄 수 있도록 튼튼한 사다리를 만들고, 기회를 못 얻어 소외되는 사람들을 위해 촘촘한 그물망을 만들고, 대한민국에서 사는 사람들이 안심하며 살아갈 수 있도록 탄탄한 울타리를 만드는 일에 매진하면 됩니다.

권력은 누리라고 준 것이 아니라 세상을 바로 잡으라고 준 것입니다. 권력을 누리는데 혈안이 된 사람들이 득세를 하면 민심이 등을 돌리고 세상이 어지러워집니다. 불의가 잠시 힘을 써도 정의가 반드시 승리한다는 이런 뻔한 이치를 알면서도 우리가 스스로를 바로잡지 못하면 결국 국민이 심판할 것입니다. 적어도 우리나라는 늘 그랬습니다. 그래서 저는 늘 권력이 두렵지 않고 국민이 두렵습니다. 제가 지금까지 외롭게 정의를 외쳐온 것은 용기가 아니라 이런 두려움 때문이었음을 고백합니다.

며칠간 영국을 다녀옵니다. 개인 일도 보면서 영국의 보수당이 어떻게 위기를 극복하고 집권을 하게 되었는지 보고 오겠습니다. 전당대회 때 한나라당의 성공을 염원하며 외치던 당원 여러분들의 함성을 생각하며 다시 옷깃을 여밉니다.

2010. 7. 17
국회의원 정두언 올림

02 중도개혁과 보수혁신을 위한 투쟁

2011년 5월 최고위원을 마치며

최고위원으로서 이루어 낸 성과

이번 달 초에 최고위원을 그만두었다. 10개월이라는 짧은 기간 동안 나름대로는 온 힘을 기울였으나 아쉬움도 많다. 나는 최고위원을 군림하는 벼슬이 아니라 당을 위해 헌신하고 봉사하는 직책으로 생각하고 여러 일을 추진했다. 그중에서 성과를 거둔 일은 대략 이렇다.

- 중산층 서민의 등골을 휘게하는 사교육비 절감을 위해 학원심야교습 제한과 외고개혁을 외롭게 주창하여 끝내 관철시켰다.
- 부모 배경이 없이 자신의 능력과 노력만으로도 성공할 기회를 원천봉쇄하는 정부의 행정고시 폐지안을 앞장서 저지시켰다.
- 특혜 시비와 공정성 논란이 우려되는 대학입학사정관제를 현재 수준에서 동결시키고 내실을 기하도록 했다.

- 추가 감세 철회 문제를 이슈화하여 한나라당이 중도개혁적인 서민 정당을 추구하는 모습도 보여주었다.
- 강경일변도의 대북정책을 탈피하여 긴장완화 노력도 병행해야 한다고 주장하여 대통령의 화답을 이끌어냈다.
- 과학비즈니스벨트를 약속한 대로 충청권으로 가야 한다고 강력히 주장하여 마침내 성사시켰다.
- 주5일제 학교 수업을 주장하여 전국의 교사들로부터 호응을 받았으며 교과부도 구체적인 시행 안을 준비하고 있다.
- 나경원 최고위원이 주관하여 추진하는 국민경선공천제를 적극적으로 뒷받침하여 곧 당론확정단계에 와 있다.
- 정부정책기조가 기업 및 성장 위주에서 서민 및 안정 위주로 바뀌어야 한다고 강력하게 주장하여 정부의 기조변화를 이끌어 냈다.
- 온갖 비난을 무릅쓰고 국가백년대계를 위하여 동남권신공항 백지화를 주장하여 마침내 관철했다.
- 이미 두 해 전에 원자력이용개발과 안전규제의 분리를 내용으로 하는 원자력안전위원회법안을 제출한바, 후쿠시마원전 사태를 계기로 마침내 성사시켰다.
- 비정규직 노동자 문제와 재벌개혁 문제를 일찌감치 제기하여 이제는 정치사회적인 이슈로 대두되었다.

이상의 일들은 대부분이 정부 및 당의 기존 정책기조를 새롭게 바꾸는 것으로서 반발이 적지 않았지만, 위를 보는 정치가 아니라 국민을 보는 정치를 하겠다는 소신과 일념으로 밀고 가 결말을 보았다.

한편, 최고위원 출마 당시 내세웠던 약속을 미처 지키지 못한 점도 많다. 이는 물론 일차적으로는 내가 불민하고 능력이 부족한 탓이다. 내 나름으로는 동분서주하면서 온 힘을 다했지만 내 능력만으로는 돌파하기에 너무 높은 벽을 실감했다.

doorun 정두언

과학비지니스벨트는 이명박 대통령께서 지난 대선 때 중부권에 만들겠다고 약속하셨고 주무부처인 교과부가 작년 1월에 세종시가 최적지라고 발표하였습니다. 대통령 약속대로 정부발표대로 하면 아무 문제가 없는데 왜 자꾸 문제가 커지는지 답답합니다.

2011년 2월 1일

doorun 정두언

원자력안전체제개편관련 당정회의에 와 있어요. 2년 전에 법안을 냈는데 그동안 우리는 문제 없다 굳이 이용과 규제를 분리할 필요가 없다며 반대가 심했죠. 우리는 뭔 일이 터져야 그때서야 바뀔 거라 했는데… 이웃의 불행덕에 이제서야 호떡집에 불이 났네요. ㅉㅉ

2011년 3월 25일

최근에 청와대 회의에서 대통령이 원자력의 이용과 안전을 분리하는 문제를 지적하자 교과부와 관련기관들이 움직이기 시작하네요. 시기상조다 국제규범이 강제규정이 아니라고 반대하던 사람들이 일제히 말을 바꾸고 있어요. 대통령이 나서야 돌아가는 나라 만세!

2011년 3월 25일

doorun 정두언

한 달여 전 동남권신공항 원점재검토를 주장하려 하자 보좌진들이 일제히 만류했습니다. 왜 돌팔매를 자처하냐는 겁니다. 문제가 있는 게 뻔한데 내 몸보신만 하려면 정치를 왜 하나 싶었습니다. 저것들은 입만 열면 국민을 위한다며…하는 비난들. 이왕 망가진 몸…

2011년 4월 1일

doorun 정두언

대구 100인포럼 특강을 마치고 올라가는 중입니다. 당초 80분에서 2시간 가까이 길어지면서 동남권신공항 백지화 주장에 대한 신랄한 질문과 질책이 쏟아졌습니다. 그러나 놀랍게도 모두 이성을 잃지 않았습니다. 불상사를 기대했던 기자들이 넘 실망한 표정이었어요.

2011년 4월 11일

강의장에서의 대구 시민들은 나의 입장을 받아들이지는 않았지만, 애써 경청을 해주었지요. 많은 사람들이 걱정을 했는데 정말 잘 온 것 같아요. 진즉 이렇게 성숙한 토론을 했으면 이렇게까지는 안됐을 텐데. 전 돌팔매라도 맞을 각오를 했는데 넘 고마워서 눈물이 핑…

2011년 4월 11일

doorun 정두언

금년 1월 교과위 당정회의에서 저는 학교 주5일제를 제안해 교과부가 검토한 결과 어제 공식발표를 했음. 집에서 돌보기가 어려운 아이들은 학교에서 전원 캐어해주기 때문에 전혀 걱정할 필요가 없음. 가족문화, 주말문화의 일대 변화가 예상됨. 사교육대책도 준비 중.

2011년 6월 15일

한나라당 내 권위적이고 비민주적인 잔재를 걷어내야

우리 당은 아직도 전근대적이고 권위주의적인 문화가 뿌리 깊게 남아 있어 비민주적인 절차와 관행이 잔존하고 있다. 당의 선거나 주요 정책결정 시 줄을 세우고 본인들의 의사와 달라도 어쩔 수 없이 쫓아가는 구시대의 행태가 반복되고 있다. 이에 따라 좋아서 따르는 게 아니라 무서워서 따르는 조폭 리더십이 위력을 보이는 시대착오적이고 천박한 정치가 횡횡한다. 그래서 국민에게 지탄받는 인사들이 실력자로 행세하며 당 운영이 몇몇 보이지 않는 손들에 의해 좌지우지되고 민심으로부터 멀어졌다. 최고위원을 하면서 뼈저리게 느꼈던 것이 당의 체질이 진정으로 민주적이고 탈권위주의적으로 바뀌지 않으면 쇄신과 개혁에 한계가 있다는 것이다. 이제는 당이 자유롭고 민주적인 사고방식과 행동양식을 가진 사람들에 의해 운영되어야 한다.

지난해 전당대회를 통해 국회의원이 아니라 당원이 주인이 되는 당으로 거듭나도록 하겠다고 약속했는데 아직 진전이 없었다. 상당한 기간 당비를 낸 책임당원과 각급 선거 출마자에게는 평생대의원 자격을 주어야 한다. 그리고 세종시 문제와 같은 주요 국가정책사안에 대해서는 전 당원 표결제도를 도입해야 한다. 또한 지도부를 뽑는 선거에 전 당원 투표제를 시행해 일부 실력자들에 의해 당심과 민심이 왜곡되는 것도 막아야 한다. 당 운영에서도 의원들 개개인의 의사가 철저히 반영되도록 당 내 언로가 개방되어야 한다. 새로운 대중소통의 수단으로 주목받는 소셜네트워크SNS를 적극적으로 활용하고, 의원총회가 당의 주요 정책결정 시 의원들의 의견 수렴 및 공론화의 장으로서 작동해야 한다.

twitter

doorun 정두언

작년 9월 최고회의에서 추가감세철회문제를 처음 제기했지요. 그 당시는 뭔소리냐며 무시했죠. 그러나 결국 당내에서 대세로 자리 잡았네요. 당내 강경보수입장과 대통령주변의 과잉충성이 가장 큰 장벽이었죠. 추가감세를 담정부로 미뤄놓고 이 정부정책기조라고 우긴 과잉충성파들.

2011년 6월 14일

한나라당이 갈 길은 중도개혁과 보수혁신

2012년 총선과 대선에서 한나라당이 기사회생하느냐의 여부는 이번 기회에 '중도개혁'과 '보수혁신'을 통해 떠나간 민심을 되찾을 수 있느냐에 달렸다고 해도 과언이 아니다. 중도개혁이란 자율과 경쟁 못지않게 공정과 분배를 중시하자는 것이고 시장 못지않게 정부의 역할을 강조하자는 것이다. 이는 시대 흐름이자 민심의 요구이기도 한다. 이런 관점에서 추가 감세 철회는 그 상징적인 첫걸음이라고 할 수 있으며, 모든 정책의 주안점도 '민생안정'과 '일자리 창출'이라는 방향에 맞춰서 수정 보완되어야 한다. 새로운 한나라당을 한마디로 지칭하면 '일자리를 만드는 정당'이어야 한다.

보수가치도 시대변화에 따라 달라져야 한다. 한 여론조사에서 나타난 것처럼 우리나라의 이념지형이 중도〉진보〉보수로 나타난 마당에, 그리고 사회적 양극화가 극심해지고 있는 상황에서 새로운 시대적 과제에 무기력한 전통적인 보수가치로는 시대의 흐름을 따라갈 수 없으며 정치적으로도 생존할 수 없다. 더구나 지금 우리 사회에서 보수의 이미지는 몹시 부정적이다. 기득권, 특혜, 무능부패, 권위주의, 독재, 위선, 탐욕, 이기주의, 의무 불이행 등의 이미지가 덕지덕지 씌워져 있다. 이것 때문에 중도세력이 등을 돌리고 보수세력조차 한나라당을 외면하는 것이다. 보수는 이제 약자보호, 절제, 희생, 봉사, 책임, 양보, 헌신, 기여, 의무 이행 등의 덕목을 몸소 실천하는 자기혁신에 나서야 한다. 그래야 떠나가는 민심을 돌릴 수 있다.

4·27 재보선 참패 이후 당에서 쇄신의 욕구가 분출하고 있다. 하지만 일방전달식 당 운영의 타성에 젖은 채 이에 대해 저항하는 흐름도 감지되고 있다. 지금은 우리가 철저한 쇄신을 통해 당을 환골탈태시킬 수 있는 마지막 기회이다. 이번에도 '중도개혁'과 '보수혁신'을 내용으로 하는 쇄신에 실패하면 유권자들은 2012년 총선과 대선에서 우리를 준엄하게 심판할 것이다. 머뭇거릴 것도 없이 우리는 젊고, 민주적이고, 민생을 중시하는 중도개혁적이면서 국정을 주도하는 한나라당이냐, 아니면 시대 흐름을 거부하고 청와대와 정부에 끌려다니는 한나라당이냐를 지금 당장 선택해야 한다.

twitter

doorun 정두언

유가, 식료품 등 생필품가격, 전월세가, 각종 서비스물가의 급등에 이어 임금상승, 인플레 심리악화 등 물가폭등의 퍼펙트스톰이 다가오고 있습니다. 정부여당은 서민경제파탄을 막기 위해 민생방어체제를 시급히 마련해야 합니다. http://bit.ly/hvnqDi

2011년 3월 7일

생활정치와 민생방어체제

3월 7일 최고위원회의 발언전문

• 우리 의원들이 주말에 지역 활동을 다 하셨을 것으로 안다. 그러면서 공통으로 다 느꼈을 것으로 생각한다. 지금 물가불안이 심각하다. 알다시피 드디어 자장면 값도 올랐다. 지금 네 가지 물가가 동시에 오른다고 얘기하는데, 중동의 민주화운동 여파로 유가가 급등하고 있고, 구제역이나 세계기상이변 탓에 식료품 등 생필품 가격이 급등하고 있다. 최근 전·월세 대란에 따라서 부동산 값도 오르고 있고, 이에 따라 당연하다는 듯이 각종 서비스 물가도 급등하고 있다.

• 이제 봄철이 되면 임금에 대한 단체협상이 벌어지는데, 임금상승도 급속히 요구가 나오고 이뤄질 것으로 보인다. 여기다가 인플레이션 심리까지 가세한다고 한다. 거의 물가대란이 예상될 수 있고 '퍼펙트 스톰'이라는 표현까지 나온다. 민생대란이 심각해지는 것이고, 서민경제가 가장 크게 타격을 받게 된다.

• 우리 정부와 여당은 민생방어체제를 시급히 마련해야 한다. 아울러서 경제기조가 지금 성장과 물가를 동시에 잡는 것으로 되어 있다. 그런데 이제 성장은 어느 정도 포기하더라도 물가에 주력하는, 경제 안정을 우선시하는 그런 기조로 바꿔야 한다고 생각한다. 그에 따라서 저금리·고환율정책도 조정이 불가피하다고 본다. 우리 한나라당은 앞으로 모든 역량을 민생에 주력하고, 나아가서는 구체적인 얘기는 할 수 없지만, 고통분담을 솔선수범한다는 마음가짐을 가져야 한다고 생각한다.

03 신자유주의에 대한 반성: 불편한 진실을 받아들이고 새 길을 모색해야

* 영국 케임브리지대학 장하준 교수 초청 특강 인사말

연말에 한 해를 마무리하느라 다들 바쁘실 텐데 이렇게 함께 자리를 해주신 여러분 감사합니다. 오늘 이 자리는 이미 젊은 나이에 한국인으로서 세계적인 석학이 된 장하준 교수를 모시고 〈새로운 자본주의와 한국경제의 미래〉라는 주제의 강연을 듣는 자리입니다. 장하준 교수의 특강은 이번이 처음이 아닙니다. 교수님은 이미 작년 4월에 〈이래도 신자유주의인가?〉라는 주제로 이 자리에서 강연을 하신 바 있습니다. 사실 그때만 해도 우리는 시장만능자본주의, 즉 신자유주의에 대해서 반신반의를 하고 있을 때였습니다. 그러고는 2년 가까운 시간이 흐른 지금 우리는 신자유주의에 대한 믿음보다는 의문이 훨씬 더 커졌다는 현실을 인정하지 않을 수 없습니다.

세계적으로 모범적인 고성장국가였던 대한민국이 언제부터인가 저성장의 늪에 빠져 국민소득 2만 달러의 벽을 넘어서지 못하고 있습니다. 게다가 그동안 사회 양극화는 심화되었고, 더불어 고용불안도 악화되었으며, 금융위기는 상시화되었습니다. 그런데 우연인지 모르지만 이런 현상은 문민정부의 세계화 선언으로 신자유주의를 비판 없이 받아들인 이후 본격적으로 진행되어왔습니다.

장하준 교수가 2010년 12월 27일 오전 국회에서 열린 '새로운 자본주의와 한국경제의 미래' 초청 강연회에서 강연을 하고있다.

장하준 교수는 그동안 일련의 저작을 통해서 신자유주의가 세계적인 저성장, 양극화, 고용불안, 금융위기 등의 주범이라고 일관되게 비판해왔습니다. 장하준 교수의 주장에 대한 찬반을 떠나서 우리는 이제 신자유주의를 비판 없이 수용해 온 우리 자신을 심각하게 되돌아볼 때가 되었다고 생각합니다. 천장이 무너져 비가 새는데 천장 고칠 생각은 않고 계속 날씨 탓만을 할 수는 없기 때문입니다.

지금까지 우리가 믿고 따라온 길을 되돌아보며 "오메, 이 길이 아니었나벼!"라고 하는 것은 참으로 불편한 일입니다. 하지만 그렇다고 우리가 불편한 진실을 외면할 수만은 없는 일입니다. 고통과 저항이 따르더라도 우리는 불편한 진실을 받아들이며 새로운 길을 모색해야 합니다. 만약 우리 한나라당이 이 시점에서 그 일을 게을리한다면 우리는 역사의 흐름 속에서 도태되고 말 것입니다. 대한민국 성공의 역사를 써온 한나라당 세력이지만, 한순간에 일본의 자민당 신세로 전락하지 않는다고 누가 장담할 수 있겠습니까?

누구는 이렇게 얘기하더군요. 신자유주의는 한나라당의 정체성이 아니냐고요. 아니 그렇다면 신자유주의에 충실했던 국민의정부, 참여정부의 정체성은 또 무엇인가요. 더구나 신자유주의의 본산인 미국도 지난 금융위기 이후 각종 규제와 정부지원을 대폭 확대하는 등 신자유주의에 역행하는 조치들을 시행하고 있는 현실입니다. 주자학, 성리학이야말로 나라의 정체성이라고 교조적으로 매달렸던 조선후기 우리 선배들을 반면교사로 삼아야 하지 않겠습니까.

아무쪼록 오늘 장하준 교수의 강연이 우리의 지나온 길을 성찰하면서 새로운 번영과 통합의 길을 찾아 나서는 중요한 계기가 되기를 간절히 바라면서 인사말을 마칩니다. 감사합니다.

twitter

doorun 정두언

@ririririO7 @ssong_A0321 눈부신 성장을 해오던 우리나라가 20년 가까이 2만 불의 벽앞에서 성장을 멈춘 채 양극화만 심화되었습니다. 장하준 교수는 문민정부의 세계화 선언 이후 진행되어 온 신자유주의 경제기조가 그 주범이라고 합니다.

2010년 12월 24일

신자유주의의 종말 1 정두언 한나라당 최고위원 인터뷰

"신자유주의의 실패, 불편하지만 받아들여야"

2011 기획 — 신자유주의 시대의 종말, 그 첫 번째

| 민중의 소리 2011. 1. 17 정웅재 기자 |

《민중의 소리》는 2011년 새해를 맞아 〈신자유주의 시대의 종말〉이라는 기획을 마련했다. 이 기획의 주장은 우리 사회에서 이미 신자유주의는 하향길에 접어들었으며, 그 핵심적인 근거로 다수 대중이 신자유주의의 주요 '교리'를 거부하기 시작했다는 점을 든다.

10여 건의 기사로 구성될 이 기획은 그래서 학술적 논의의 요약이 아니다. 이 기획은 한나라당 정두언 의원의 인터뷰로 시작해, 한국에서의 신자유주의에 대한 '르포'와 신자유주의의 무덤을 파는 노동자와 노인에 대한 보고로 이어지며, 정치권과 시민사회의 '대안' 논의를 끝으로 마무리된다.

이번 기사는 전체 기획의 '문제 제기'에 해당한다. 정두언 최고위원은 이명박정부 창출의 1등 공신 중 하나였으며, 어떻게 보아도 '보수우파'에 해당하는 인물이다. 그런 정 최고위원이 신자유주의에 대해 불신을 표하는 이유는 충분히 유의해 볼 가치가 있다.

| 편집자 주 |

〈신자유주의 시대의 종말〉 기획의 첫 꼭지, 인터뷰이(인터뷰에 응한 사람)는 정두언 한나라당 최고위원이다. 정두언 최고위원을 찾은 이유는 감세 등 신자유주의정책을 추구하고 있는 집권여당에서 신자유주의를 비판하는 말을 했기 때문이다.

정두언 의원은 지난해 연말 신자유주의에 비판적인 대표적 경제학자인 장하준 케임브리지대학 교수를 초청해 강연회를 열었다. 그 자리에서 정 의원은 "신자유주의를 비판 없이 수용해 온 우리 자신을 심각하게 되돌아봐야 한다"라며 "이 길이 아니었다라고 하는 것은 불편한 일이지만, 고통과 저항이 따르더라도 불편한 진실을 받아들이고 새 길을 모색해야 한다"고 말해 시선을 끌었다.

진보개혁진영 인사의 입에서 나온 신자유주의 비판이라면 감흥이 없었을 것이다. 그러나 지난 대선에서 이명박 후보의 전초기지였던 '안국포럼'의 원년 멤버로, 이명박정권 창업공신으로 불렸던 그의 입에서 나온 자기성찰적 비판이었기에 그냥 지나칠 수 없었다. 그래서 정두언 의원의 '고해성사(?)'를 좀더 들어보기로 했다. 인터뷰는 14일 오전 국회의원회관 사무실에서 진행했다.

메인 스트림, 신자유주의에 문제가 있다는 것

장하준 교수를 초청해 강연한 것이 화제가 됐다. 그 자리에서 '새 길을 모색해야 한다'고 했다.

"새 길을 나 혼자 모색하면 의미가 없으니, 다 같이 모색해 보자는 것이다. 장하준 교수를 초청해 강연한 것이 화제가 되는 것 자체가 창피한 일이다.

그만큼 한나라당이 유연하지 않다는 것 아닌가. 사실 장하준 교수와 한나라당이 크게 다르지 않다. 장하준 교수는 재벌에 대해 옹호하고 박정희식 개발독재의 긍정적인 면을 얘기하는 등 한나라당의 생각과 일치하는 부분도 많다. 이미 한 이야기지만 양극화가 심화되고 있다는 말만 10년 가까이하고 있다. 정부, 단체, 연구기관이 있는데 양극화가 심화되고 있다는 말만 되풀이하고 있으면 문제가 있는 것 아니냐. 지금 가고 있는 길, 즉 메인 스트림에 문제가 있다는 거다. 현재 메인 스트림은 신자유주의다. 아무리 보완을 해봐야 해답이 안 나온다면, 메인 스트림 자체를 성찰을 해봐야 한다."

메인 스트림에 문제가 있다고 했다. 그럼 어떻게 하자는 것인가?

"고민이 되는데, 나 혼자 폐기해서 내가 살아남을 수 있느냐의 문제가 있다. (신자유주의는) 우리만의 메인 스트림이 아니라, 지구적인 메인 스트림 아니냐. 그런데 우리가 여기서 빠져나올 힘이 있느냐는 문제는 고민이다. 우리가 대외 의존도가 크다는 한계도 있다. 이런 걸 고려해서 뭔가 절충점을 찾아야 한다."

앞서 언급했지만, 신자유주의 도입 후 양극화가 가장 심각한 문제로 대두했다. 이런 걸 보완하는 방향으로 가자는 것인가?

"충분히 절충과 타협을 할 수 있다. 발걸음 속도를 줄이면서 절충할 수 있다."

한나라당에 있으면서 이런 목소리를 내는 게 밖에서 보기에는 튄다고 할까?

"정치하면서 한나라당에 들어와서 우습다고 생각한 게, 세미나를 해도 같은 생각을 하는 사람을 불러서 '맞아, 맞아' 그러고 있는 거다. 조갑제 등 (같은 생각을 하는) 그런 분들 불러다 얘기를 들으면서 '맞아, 맞아' 하는 게 무슨 발전이라고 할 수 있느냐. 다른 생각을 들어보면서 내 생각에 문제가 있지 않나 고민해 보고, 자기 생각을 수정하고 보완해 가야 발전이 있는 거지. 그냥 내 생각이 옳다는 것만 공고히 하는 게 무슨 발전이냐. 만날 같은 얘기만 듣다 보면, 결정적인 문제에 부딪혔을 때 좌절하는 경우 많다."

비정규직 문제, 양극화 뇌관에 해당…
노동법 다시 개정해야

신자유주의를 비판 없이 수용한 결과 핵심적으로 드러난 폐해는 뭐라고 생각하나?

"김영삼정부 때 국제화 나왔다가 반년 만에 세계화 (담론이) 나왔다. 그것만이 살길인 것처럼 비판 없이 수용했는데, 외환위기 겪으면서 꼼짝없이 그 길로 가게 됐다. 양극화의 두드러진 피해자들은 비정규직 노동자들이다. 양극화의 뇌관에 해당하는 문제다."

손학규 민주당 대표는 연두 기자회견에서 동일노동, 동일임금이 비정규직 문제 해결의 키라고 말했다.

"동일노동, 동일임금 관점에서 접근해 볼 필요는 있다. 그러나 그것도 한계는 있다. 그것을 법으로 규제하더라도 기업들은 얼마든지 빠져나갈 수 있다. 시간이 지나면 새로운 편법이 등장하고 일반화될 것이다. 명약관화다. 비정규직도 그래서 생긴 거 아니냐. 현재 임금노동이 아닌 자영노동 형태도 보편화하고 있다. 현재의 노동권 개념으로는 자영노동을 포괄할 수 없는데, 자영노동도 권리로 보호할 수 있는 노력을 해야 한다. 노동권에 대한 근본적인 문제 제기가 필요하다. 동일노동 동일임금으로는 몇 년 정도밖에 못 버틸 것이다."

임시·일용직까지 포함하면 비정규직 노동자가 8백만 명까지 된다고 한다. 너무 남용돼서 비정규직 규모를 줄여야 한다는 지적이 나온다.

"나는 지역구 의원으로서 피부로 느낀다. 매일 보는 게 지역의 부모들이 우리 애들 취직 좀 시켜달라는 거다. 취직을 시켜줘도 오래 못 버틴다. 지방을 가서 130만 원 받고 버틸 수 있나. 피부로 느끼기 때문에 숫자는 따질 필요도 없다. (비정규직이) 이미 일반화됐고 심각하다. 내가 17대 때 환경노동위원회에 있으면서 비정규직 법안이 제정됐는데, (이 법안으로는) 비정규직 문제를 해결하는 데 실패했다. 다시 개정해야 한다."

개인적으로 모색하고 있는 방안이 있나?

"솔직히 말하면 거기에 대해 공부를 하고 있다. 나도 대안을 내놓으려는 거다. 그런데 지금은 문제를 제기하는 게 더 중요한 것 같다. 많은 사람이 공감해야지 대안이 나오는 것 아니냐. 지금은 문제에 대한 인식이 약한 것 같다. 친기업에 눌려서 '비정규직 문제는 일단 양보해야 할 문제 아니냐' '투자를 유치하기 위해서는 덮어둬야 하는 것 아니냐?' 이런 생각부터 걷어내야 한다. 비정규직이 오히려 사회발전을, 성장을 저해하는 가장 큰 요인이 돼 버렸기 때문이다. 개인적인 이야기지만 명절 때마다 책을 선물하는데, 이번에는 비정규직에 관한 책을 선물하려고 한다."

책을 골랐느냐고 물으니 자신의 책상에서 책 한 권을 들고왔다. 제목이 《권리를 상실한 노동자 비정규직》이었다. "비정규직 책이라고 하면 재미없을 것 같은데 소설 쓰는 사람이 재밌게 썼다. 크기도 작고 얇아 서너 시간 정도면 다 읽는다"라며 이번 설에 주변 사람들에게 선물하겠다고 말했다. 대화는 요즘 정치권의 화두인 복지 문제로 이어졌다.

복지 이름 갖고 장사를 하려고 하면 안 된다

복지 담론이 유행이라고 할 수 있을 정도다. 2008년 세계금융위기 이후 미국에서는 금융규제가 강화되고 있다.

"실은 신자유주의 본산이라고 할 수 있는 미국이나 영국에서 신자유주의를 폐기하고 있는 거다. 예를 들면 조선시대에 중국에서는 주자학이 끝나고 양명학을 하고 있는데, 우리는 계속 주자학을 하는 격이다. 변방으로서 촌스러운 거지. 신자유주의도 그런 관점에서 볼 수 있다."

진보개혁진영에서는 단순한 복지가 아니라, '복지국가'를 대안체제로 제시하고 있다.

"여야가 복지를 정치적으로 부각한 면도 있지만, 복지 문제가 국가적인 아젠다가 된 것은 필연적인 면이 있었을 것이다. 야당이 보편적 복지로 나가는데 뭐든지 지나치면 마이너스지 않느냐. 야당이 하는 건 진정성 있게 접근하는 게 아니고 결국 마이너스가 될 것이다. 다 무상으로 하자는 것은 국민 눈에도 표를 얻기 위한 것으로 비칠 것이다. 여야가 우리 재정의 한계 내에서 어떻게 지금보다 낫게 할 거냐 하고 모색해야 하는데 서로 정치적인 논쟁으로 끌고 가고 있다. 여야 국회의원들 사이에서 진정성 있게 서로 해법을 모색하는 모임이 나와야 한다고 생각하고 (내가) 만들어 볼 생각도 있다."

사실 한국사회는 직장에서 해고되면 모든 걸 잃고 기반이 무너지는 사회 아닌가?

"보편적 복지, 한국형 복지, 맞춤형 복지 이름도 많은데 이름 갖고 장사하는 것은 아닌 것 같다. 나도 구체적으로 공부를 해봤다. 네 가지로 정리할 수 있을 것 같다. 생계에 한계가 있는 경제적 결핍에 대해서는 생계형 복지로 접근해야 한다. 또 일을 못함으로써 빈곤을 겪는 문제는 고용정책으로 해결해야 할 생산적 복지가 있다. 사회통합을 저해하는 빈부격차나 차별에 대해서는 통합형 복지가 필요하고, 사회보험이나 보육 등 사회적 서비스에서 배제되는 문제는 맞춤형 복지가 필요하다. 이렇게 다원적으로 접근해서 해결해야 하는데 제목 갖고 싸울 일이 아니다. 서해에서 유전 하나 터지면 다 해결되지만, 그렇지 않으니까 우리가 고민하는 거 아니냐.

빈곤의 실상이 무엇인지, 어떻게 접근해왔는지, 더 할 게 무엇인지를 얘기해야 하는데, 마냥 무상이니 맞춤형이니… 정치적 논쟁 같고 복지에 도움이 안 된다고 본다."

twitter

doorun 정두언

하버드대 라이시 교수가 최근에 쓴 '위기는 왜 반복되는가'에 의하면 지금의 위기를 과잉복지에 두는 건 문제를 잘못 짚은 거고, 상위계층에 부가 집중되고 중산층이 몰락함으로써 수요가 생산을 따르지 못하는 게 근본적인 이유며, 생산성 증가에 따른 실질임금증가가 답이라는 거죠.

2011년 8월 11일

라이시 교수의 분석에서 눈에 띄는 건 분배문제가 완전히 1929년 대공황 상황에 와 있다는거죠. 뉴딜의 교훈으로 양적 완화 등 재정정책은 쓰며 버티곤 있지만, 소득불균형문제가 시정 안 되면 위기는 반복될 수밖에 없다고 함. 우리의 상황과 많이 흡사한 것 같아 일독강추.

2011년 8월 11일

이 설명을 하면서 정두언 의원은 파일을 꺼내 들었다. A4용지 여러 장에 복지에 대한 개념정리 등 공부한 내용이 자필로 빼곡히 정리돼 있었다. 정 의원의 말대로 근사한 담론이 중요한 게 아니다. 근사한 담론에는 가짜도 있고, 진짜도 있다. 옥석을 구분해야 하는데 결국은 재원마련대책이 있느냐 없느냐로 갈릴 수밖에 없다. 어쨌든 복지에는 돈이 들어가기 때문이다. 자연스럽게 이야기는 세금 문제로 이어졌다. 정두언 의원은 지난해 10월 말, 이명박정부의 트레이드 마크인 '소득세 · 법인세감세'의 부분 철회를 주장한 바 있다.

감세 철회도 복지에 대한 재원 문제 때문에 얘기한 것

필기도 하면서 공부를 열심히 한 것 같다. 복지 관련해서는 결국은 재원에 대한 대책이 있느냐 없느냐가 관건일 텐데.

"우린 세금 더 걷자는 얘기는 안 하지 않나. 그렇다면 다른 쓰임새를 줄여야 하는 거다. 문제는 그 계층이나 집단이 그걸 양보할 거냐는 거지. 이 이야기는 아무도 안 한다. 우리가 재원에 대해서도 같이 대책을 내놓으면서 (복지) 대안을 내놔야 하는데, 야당은 그걸 못하고 여당도 국민을 안심시켜주는 것은 아니다. 여야가 진정성을 가지고 모색을 해야 한다."

지난 연말에 감세 철회를 주장했었다.

"내가 감세를 왜 얘기했느냐면, 복지에 대한 재원 때문에 문제 제기를 한 거다. 감세는 이 정부가 정책기조로 잡아서 했고, 또 여야 간 절충이 있어서 중산층 서민이나 중소기업 부문에 대해서는 감세를 하고 있다. 나머지도(부유층) 하자는 거를 미뤄놨었다. 감세에 대해 여야가 합의했던 이유는 경제적 위기가 왔고, 위기를 돌파하기 위해서였다. 그런데 위기는 벗어났고, 복지수요가 엄청나게 늘어나고 있지 않느냐. 복지논쟁에서 재원 문제가 가장 중요한 과제인데, 이것을 어떻게 할 거냐? 유전이 터지는 것도 아니고 다른데 쓸 돈을 빼서 올 수 있는 것도 아니고, 감세하지 않으면 세금이 그만큼 더 걷힌다. 한 3~5조 원 정도 더 생긴다. 그럼 이 돈을 복지에 쓰면 되지 않느냐. 내가 공무원도 해봤고, 경제학 공부도 해봤다. 너무 쉬운 해결책이다. 이걸로 (당내에서) 논쟁이 벌어지는 것이 답답한 일이다. 감세하면 트리클 다운trickle down 효과가 생겨서 대기업이나 고소득층의 경제적 성과가 중소기업이나 저소득층에게도 돌아간다고 하는데 논란이 많지 않느냐. 장하준 교수 같은 경우는 그 효과를 본 적이 없다고 얘기한다. 오히려 '마이너스였다. 소득분배만 악화됐다'라는 거 아니냐. 노벨경제학상을 탄 폴 크루그먼 교수도 그렇게 얘기하는 거고. 내가 논쟁을 하면서 폴 크루그먼 교수가 그렇게 얘기하지 않았냐고 했더니, 상대방에서 하는 얘기가 "폴 크루그먼은 재정학 공부를 안 했다"고 말씀을 하시더라고.

그래서 내가 폴 크루그먼 교수 책을 다시 읽어봤다. 그랬더니 시종일관 미국경제에 대해 시계열 분석을 해서, 케인지안Keynesian 정책을 썼을 때는 성장도 됐고 소득구조도 좋아졌고, 그렇지 않았을 때는 성장도 낮아지고 분배도 악화했다는 걸 보여주고 있다. 그럼에도 우리가 굳이 안 좋은 면을 따라갈 필요가 뭐가 있느냐."

복지 공부도 하고 있고, 비정규직 문제에도 관심이 많다. 앞으로 문제의식을 드러내거나 공감대를 형성하기 위해 한나라당이나 국회에서 어떤 역할을 할 것인가?

"역할 이전에 문제 제기만 할 게 아니라 나도 대안을 내놔야 한다. 그래서 비정규직 문제나 복지에 대해 공부를 하는 게 급한 일이다. 알다시피 국회의원은 공부할 시간이 없다. 온갖 행사에 왔다 갔다 하고 지역관리도 해야 하고, 또 요새 선거 분위기가 안 좋으니까. 내가 늘 하는 얘기가 공부하는 국회의원은 말이 안 된다. 공부가 된 사람이 국회의원이 돼야 한다. 국회의원 되고 공부할 시간이 없다고 한다. 어쨌든 대안을 갖고 얘기를 해야겠다고 생각하고, 대안이 나오면 그걸 이슈화하고 법제화까지 끌고 가는 게 내가 할 일이다."

twitter

doorun 정두언

차제에 복지문제를 이렇게 정리했으면. 보편적 복지와 선택적 복지를 혼합해야 함. 주택, 의료와 같이 예측이 불가능하거나 도덕적 해이가 우려되는 분야는 선택적 복지로, 저출산고령화대책에 해당하는 보육, 교육, 노인대책은 보편적 복지로 하되

2011년 8월 25일

이와 아울러 소득의 누진성을 강화하는 조세개혁과 불요불급예산을 줄이고 복지예산을 늘리는 예산개혁을 강력추진할 것. 아울러 현재 경제적으로 가장 어려운 계층인 영세자영업자들과 비정규직노동자에 대한 대책을 시급히 마련할 것.

2011년 8월 25일

04 | 미완의 개혁, 외고개혁

외고개혁은 끝나지 않았다

2009년에 외고 등 특목고 입시제도를 개선한 결과, 올해 외고 입시 경쟁률이 급락했고, 입시학원들도 한산하다는 기사를 보았다. 중산층·서민들의 사교육비가 줄어들게 되어 다행이라고 생각한다. 하지만 작년의 외고개혁은 미완으로 끝난 개혁이었다. 외고는 처음부터 잘못 출발한 학교로서 불공정한 우리나라 교육의 상징이었다. 그런데 그런 외고가 아직도 본래 목적과 달리 운영되고 있다.

내가 개혁이 어려운 이유로 첫째, 기득권의 반발과 둘째, 상황에 대한 몰이해를 말씀드린 적이 있다. 외고개혁이 미완으로 끝난 것도 이것 때문이었다.

지금 와서 하는 얘기지만 이주호 교과부 장관은 작년에 차관이었을 때 외고 기득권의 반발을 피하려고 기교를 부렸다. 외고는 존치하되,

학급당 학생 수를 대폭 줄이는 안이 그것이다. 자립형 사립고나 자율형 사립고와 달리 학교에 재단전입금을 한 푼도 내지 않는 부당한 특혜를 누리던 외고는 이렇게 하면 견디기 어려울 것이라는 사실을 간파했던 것이다. 그러나 막판 이삼일 사이에 외고들은 이것을 뒤집어버렸다. 외고의 로비를 받은 관료, 정치인들이 백방으로 나선 결과다.

외고개혁 일지

- **2009. 3~4** | 사교육비를 줄이기 위한 문헌연구 및 전문가 간담회 개최
- **2009. 6** | 강남, 분당, 중계동, 목동 등 학원가 사교육 실태 취재
- **2009. 6. 29** | 〈중산·서민층 보호를 위한 '사교육과의 전쟁' 어떻게 이길 것인가?〉 토론회 개최 후, '외고개혁을 필두로 한 사교육비 7대 경감 방안' 마련
- **2009. 7** | 한나라당 사교육 대책 T/F팀 구성 및 활동 시작: 외고개혁의 당위성 공감대 형성
- **2009. 7. 7** | 외고개혁 및 사교육 대책 학원종사자 간담회 개최
- **2009. 7. 17** | 외고개혁 및 사교육 대책 교사 간담회 개최
- **2009. 7. 30** | 외고개혁 및 사교육 대책 학부모단체 간담회 개최
- **2009. 7. 31** | 외고개혁 및 사교육 대책 중고등학생 간담회 개최
- **2009. 10** | 국정감사를 통한 외고개혁 방안 마련
- **2009. 10** | 외고개혁 및 사교육비 줄이기 방안 대국민 여론조사 시행

- **2009.10.27** | 여의도연구소와 '외고 문제 해법 모색을 위한 긴급 간담회' 개최
- **2009.11.9** | 교육 · 사회 · 문화 대정부질문으로 외고개혁 주장
- **2009.11.27** | 교과부 특수목적고등학교 제도개선을 위한 공청회 개최
- **2009.12.10** | 교과부 외고 등 고교개편 방안 발표
  - 외국어고와 국제고, 중학교 2, 3학년 영어 내신만 반영
  - 특별전형을 폐지하고 전공 학과별로 학생 선발
- **2009.12.22** | 외고 개편안 발표에 따른 문제점과 개선방향 토론회 개최
- **2010.4~6** | 외고개혁에 따른 사교육경감 효과 및 추가대책 관련 학부모 · 교사 · 학생 간담회 여섯 차례 개최
- **2010.11** | 최고위원회의 "지난해 외고개혁은 미완에 그친 개혁으로 완성돼야 한다"며 계속적인 외고개혁 의지 천명
- **2010.12** | 외고 입시 경쟁률 급감
- 2011년 현재 외고 입시 경쟁률 40퍼센트 감소, 외고 대비반 학원생 수는 66.6퍼센트 감소, 특목고 희망 중학생의 1인당 사교육비 11.3퍼센트 감소 (교과부 발표)

외고개혁이 더 힘들었던 것은 기득권 반발보다도 일부 보수층의 상황에 대한 몰이해였다. 사람들이 '외고'라고 하면 평준화 이전의 일류학교를 생각한다. 하지만 터무니없는 얘기라 할 수 있다.

평준화 이전의 일류학교는 공정한 선발경쟁과 교육경쟁을 통해서 오랜 시간을 거쳐 일류학교가 된 것이다. 그러나 외고는 모든 학교의 발을 묶어둔 채 부당하고 불공정하게 선발권이라는 특혜를 주어 홀로

2009년 12월 22일 국회에서 개최된 「외고개편안」 발표에 따른 문제점과 개선방향 정책토론회에서 12월 10일 교과부에서 발표한 외고 개편방향에 대해 모두발언을 하고 있다.

뛰게 한 것이다. 이런 학교제도는 역사상 없었고 지구 상에도 없는 해괴망측한 제도이다. 공정하지도 않을 뿐 아니라 반드시 부작용을 수반할 수밖에 없는 제도인 것이다. 이 외고가 전국적으로 선행학습과 사교육 광풍을 불러일으켜 우리 아이들과 학부모들의 생돈을 쥐어짜고 생고생을 시키다가 결국 특수층의 전유물이 되고 말았다. 그런데 일부 보수층은 이런 외고를 규제하는 것은 자율과 경쟁을 저해하는 것이라고 비난했다. 아니 어떻게 외고와 같은 독과점체제가 자율과 경쟁을 위한다는 것인지, 상황에 대한 몰이해가 지나쳐도 너무 심했다.

외고개혁은 완성되어야 한다. 외고는 본래 목적대로 운영되든지 아니면 자립형 사립고나 자율형 사립고 또는 일반고로 가야 한다. 지금의 외고는 아직도 독점적 선발권이라는 불법특혜적 요소가 남아 있다.

한편, 한산해진 입시학원들이 전문 어학원으로 변신 중이라고 한다. 그렇다. 이게 또 다른 문제이다. 우리 사회의 양극화는 영어 등 외국어의 양극화로 바로 표출된다. 그리고 이 외국어의 양극화가 계층 간 양극화를 더욱 심화시킨다고 할 수 있다. 그래서 제안을 하고자 한다. 영어 실력의 격차 때문에 우리 아이들에게 나타나고 있는 영어 양극화를 막기 위해 방과 후 학교 등을 비롯해 다양한 방식으로 영어무상교육을 실시할 대책을 세우자는 것이다. 무상급식과 무상보육까지도 이야기되고 있는 오늘날 예산의 효율적 편성과 집행을 통해 저소득·서민층 자녀가 외국어로부터 소외당하지 않도록 하는 방안도 이에 못지않게 시급하다 생각하기 때문이다.

twitter

doorun 정두언

외국어고의 설립 근거인 특수목적고 규정을 없애는 초중등교육법개정안을 이달 중 발의 할 예정입니다. 특목고 문제를 바로잡지 않고서는 사교육 문제의 급한 불을 끌 수가 없습니다. 외고를 자율형사립고로 만들어서 원래 목적에 맞도록 운영하겠습니다.

2009년 10월 15일

박정희 전 대통령은 왜 평준화 조치를 취했을까

지금으로부터 40여 년 전 필자는 초등학교 6학년이었다. 중학교 입시를 위해서 한창 공부에 열을 올리고 있는데 청천벽력 같은 소식이

전해졌다. 중학교 입시를 없애고 추첨으로 학생을 선발한다는 것이었다. 한편으론 더 입시 공부를 안 해서 좋았지만, 또 한편으론 일류 중학교를 들어갈 수 없게 된 것이 못내 서운했다. 어쨌든 필자는 소위 평준화 조치가 왜 내려졌는지 당시로써는 이해할 수가 없었다. 그리고 그 후 장성해서도 어떻게 박정희 전 대통령이 그렇게 파격적인 조치를 취했을까라는 점이 늘 의문이었다. 그러나 요즘에 와서 어느 정도 이해가 가는 것 같다. 그만큼 상황이 심각했다는 얘기다. 얼마나 상황이 심각했으면 다른 사람도 아닌 박정희 전 대통령이 그런 결심을 했을까?

그런데 문제는 지금이 그때보다 상황이 더 심각하다는 거다. 그때와 지금을 비교해보자.

첫째, 당시는 모든 학교가 선발권을 가지고 있었고 지금은 외고 등 일부 학교만 선발권을 가지고 있다. 모든 학교가 선발권을 가지고 있음에도 불구하고 경기고, 서울고, 경복고 등 당시 명문학교가 인재를 싹쓸이하고 과외 공부 열풍을 불러일으킨다 해서 아예 입시를 없애버린 것이다. 이에 비해 외고는 외국어에 소질과 적성이 있는 학생을 뽑으라고 준 독점적인 선발권마저 남용하여(수학, 과학에 가중치를 주는 등) 전 과목 우수자를 싹쓸이하고 있다. 이것은 분명히 탈법특혜다.

둘째, 당시는 입시 준비를 초등학교 6학년, 중학교 3학년, 고등학교 3학년 때 집중적으로 했다. 평상시에는 비교적 잘 놀고 잘 쉬고 했다는 말이다. 그러나 지금은 초등학교 때부터 입시 준비를 시작한다. 심지어는 유치원 때부터 시작하는 집도 있다 한다.

셋째, 당시는 어찌 되었든 공교육이 우선이었다. 그러나 지금은 분명히 사교육이 우선이다. 그런데 한 가지 재미있는 것은 공교육을 살리기 위해서 계속 입시에 내신반영을 확대하는데, 효과를 보기는커녕 사교육이 더 팽창하고 있다는 사실이다. 생각해 보자. 과거에는 입시에 내신반영을 안 해도 공교육이 멀쩡했다. 학교 공부를 잘하면 입시도 잘 볼 수 있기 때문이었다. 지금은 학교 공부를 잘 해봐야 시험에 도움이 안 된다. 여러 가지 이유(여기서는 생략)로 공교육이 붕괴되었기 때문이다. 내신반영을 확대할수록 사교육만 배를 불리게 되어 있다. 이제 내신을 통해서 공교육을 살리겠다는 헛된 꿈은 깰 때가 되었다.

넷째, 그래도 당시에는 개천에 용 나는 게 가능했다. 그러나 지금은 불가능하다. 과거에는 정운찬 전 총리 같은 분도 경기고등학교를 갈 수 있었으나, 지금은 그런 분이 명문 외고에 들어갈 수가 없다. 외고는 초등학교 때부터 사교육비를 댈 능력이 없으면 꿈도 꾸지 못하기 때문이다. 사교육이 저출산 양극화의 주범으로 몰리는 것도 이 때문이다.

다섯째, 당시의 사교육시장은 몇몇 유명학원 외에는 대부분이 대학생 아르바이트였다. 그러나 지금은 시가총액 1조 원대에 달하는 사교육업체가 등장할 정도로 사교육시장이 번창하고 있다. 국가자원의 효율적 배분이라는 면에서 문제가 심각하다고 하지 않을 수 없다.

여섯째, 당시는 교육과 부동산에 별 상관관계가 없었다. 그러나 지금은 강남 8학군과 학원밀집지역에 부동산 가격이 폭등해왔다. 이로 인한 지역 간, 계층 간 위화감은 또 어떤가.

일곱째, 당시에는 대학생들이 뭐니뭐니해도 자기주도학습 능력은 갖추고 있었다. 그러나 지금은 그렇게 초등학교 때부터 밤늦게까지 공부를 했어도 대학에서 교수들의 학생 만족도는 형편이 없다. 쓸데없는 공부를 하느라 청춘 다 보낸 것이다.

여덟째, 당시에는 외국유학이 자유롭지 않아 비교하기 힘들겠지만, 어쨌든 조기유학은 극히 드문 현상이었다. 하지만 지금은 엄청난 사교육비 부담 때문에 조기유학이 급증하고 있다. 차라리 그 돈으로 외국으로 유학 보내자는 것 아닌가.

마지막으로, 수월성 교육이다. 당시에는 학교라는 게 (공·사립)일반학교, 그리고 실업계학교뿐이었다. 그러나 지금은 일반학교 외에 전문고, 특목고, 마이스터고, 특성화고, 자율학교, 자율형 사립고, 자립형 사립고, 개방형 자율학교 등 다양한 형태의 학교를 확대하여 교육경쟁을 통하여 수월성 교육을 지향하고 있다. 더구나 현행 영재교육진흥법에 의하면 영재고뿐만 아니라 학교별로 영재학급과 함께 교육청별로 영재교육프로그램을 운영할 수 있게 되어 있다. 그러나 외고 등 특목고가 우수 인재를 싹쓸이해가는 현 체제하에서는 학교별 영재교육 자체가 설 땅이 없는 것이다.

개혁이란 무엇인가. 어느 시스템이 현저하게 공정성을 상실했을 때 개혁의 대상이 되는 것이다. 지금의 외고제도는 이미 현저하게 공정성을 상실한 지 오래다. 자기가 중산층이라고 밝힌 어느 초등생 아빠의 얘기를 들어보자.

> 아이들이 엄마에게 '나 외고 갈 거야'라고 말하자 엄마는 혀를 쯧쯧 차면서 이렇게 대꾸합니다. '얘, 거기가 아무나 가는 데인 줄 아니? 아빠 월급을 다 써도 거기 갈 수 있는 학원비도 못 대줘……' 아이는 상심하는 눈치고 못난 아비는 주눅이 듭니다. 그리고 억울해지기 시작합니다. 아이들이 공부를 못하는 것도 아니고 머리가 나쁜 것도 아닌데 집안 사정상 외고를 갈 수 없는 그런 계층이 되어버린 것입니다. 그 옛날 어느 고등학교에 가려면 공부만 하면 되었습니다. 그러나 지금은 분명히 그렇지 않습니다. 능력만으로는 거의 넘을 수 없는 사회적 체제가 분명히 있습니다.

물론 이런 상황이 모두 외고만의 책임은 아니다. 하지만 외고 문제가 그 정점에 있는 것만은 사실이다. 수월성 교육 매우 중요하다. 그리고 현행 제도에서도 수월성 교육의 길은 얼마든지 있다. 다만 아직도 학벌주의와 연고주의 뿌리가 깊은 우리나라에서, 그래서 아직도 교육수요가 폭발적인 우리나라에서 단지 '뽑는 방식'만으로 수월성 교육을 추구하는 것은 너무도 위험한 하책이다. 교육은 잘 가르치는 것이지, 잘 뽑는 게 아니지 않은가. 다양한 학교에서 다양한 방식의 창조적인 '교육경쟁'으로 수월성을 추구하는 것이 현 단계에서의 상책이라고 본다.

이른바 '수월성 교육'에 관한 잘못된 고정관념

외고개혁을 반대하는 이유를 한마디로 줄이면 수월성 교육의 필요성이다. '수월성 교육'은 정말 중요하고 필요하다. 그런데 외고 방식은 정말 아니다.

평준화 조치 이전도 학생 선발제가 아니다. 학교 선택제였다

과거에 서울을 비롯하여 지방마다 명문고가 있었다. 이들 학교에 영재들이 몰려들었다. 그리고 그 이유는 많은 사람이 착각하고 있듯이, 이들 학교가 지금의 외고와 같은 학생 선발권을 가지고 있었기 때문이 아니다. 특정학교에 독점적으로 학생 선발권을 주는 지금과 달리 당시는 모든 학교가 선발권을 가지고 있었다. 모든 학교가 동등한 선발권을 가지고 있기 때문에 이것은 학생 선발제가 아니라 사실상 학교 선택제라 할 수 있다. 학생들이 자기 실력과 취향에 맞는 학교에 지원해서 시험을 보고 들어가는 것이다. 따라서 각 지역의 명문고들은 선발권을 가지고 우수 인재를 뽑은 게 아니라 교육경쟁을 통해서 일류고가 된 것이다. 물론 여기에는 역사와 전통이라는 변수가 크게 작용하기도 했지만, 일부 신설학교들은 참신하고 열성적인 교육경쟁을 통하여 신흥 명문고로 등장하기도 했다. 다 알다시피 교육은 잘 뽑는 게 아니라 잘 가르치는 것이다. 잘 가르치다 보면 좋은 학생들이 몰려오는 게 아닌가.

평준화 당시의 상황보다 지금이 훨씬 더 심각

그럼에도 박정희 전 대통령은 당시로써는 거의 혁명적인 평준화 조치를 단행했다. 명문고들 때문에 사교육이 번창하고, 사교육 부담 때문에 수월성보다는 경제력이 더 중요한 교육요소가 되고, 이것이 부의 대물림을 심화시켜 사회안정을 위협한다고 판단했기 때문이다. 그런데 지금은 어떤가. 그때보다 상황이 훨씬(이보다 더 강한 표현이 없을까) 더 심각하다. 그때는 그래도 개천에서 용이 나는 게 가능했지만 지금은 거의 불가능하지 않은가. 당시 전국 최고의 명문고를 나온 정운찬 전 총리도 지금 같아서는 명문 외고에 들어갈 자신이 없다고 토로했다. 얘기를 정리해보자.

과거에도, 즉 학교 선택제 시절에도 일부 명문고들 때문에 온 나라가 사교육 열풍으로 몸살을 앓았다. 지금은 설립 목적과 전혀 다르게 탈법적으로 선발권을 행사하고 있는 일부 '가짜 외고'들 때문에 온 나라가 사교육 광풍으로 신음하고 있다. 과거의 일반고는 명문고와 같이 기회균등이 있었으나 지금은 외고에만 아무런 정당한 근거도 없이 특혜를 주고 있다. 따라서 과거에는 잘 가르치는 교육경쟁이 있었으나 지금은 잘 뽑는 데만 열중하고 있다. 과거의 명문고는 각 지역에 비교적 널리 고르게 분포되어 있었으나 지금의 외고는 수도 적고 서울에 집중되어 있다. 한마디로 훨씬 더 병목이 좁아졌다고 할 수 있다.

우리나라 교육의 세계적인 특수성

다 알다시피 우리나라는 교육수요가 폭발적인 나라다. 고교생의 85 퍼센트 이상이 대학가는 나라가 대한민국이다. 세계에서 이런 나라가 없다. 학벌주의, 연고주의 뿌리가 깊고 신분상승의 통로가 교육으로 집중되어 있기 때문이다. 이런 나라에서 수월성 교육을, 선발권 그것도 외고제도와 같은 독점적인 선발권으로 추구하다 보면 반드시 사달이 나게 되어 있다. 위에서 보았듯이 학교 선택제 아래의 교육경쟁으로도 과열되어 평준화 조치가 내려질 정도가 아닌가. 이런 마당에 '가짜 외고'에 탈법특혜로 선발권을 계속 주어야겠는가.

외고가 공功이 있다고?

지금의 외고를 다시 보자. 잘 가르쳐서 우수 인재가 몰려드는 게 아니라 독점적인 선발권 때문에 명문고가 된 것이다. 외고가 학생들을 잘 가르치고 있다는 증거는 별로 없다. 오히려 외고생들의 사교육비가 일반고생보다 훨씬 높다. 지금 전국 최고의 인재들을 모아놓은 외고 중에서 자율형 사립학교로 전환할 수 있는 학교가 몇 안 된다고 한다. 그만큼 학교를 부실하게 운영하고 있다는 얘기다. 시설도 형편이 없는 학교가 많다. 이에 비해 전주 상산고와 같은 자립형 사립고는 어떤가. 설립자가 엄청난 사재를 털어 학교를 만들고 매년 상당한 액수의 돈을 투자한다. 이들 학교 학생들에게는 사교육이 거의 필요 없다. 따라서 이들 학교에 선발권을 주는 것은 어느 정도 수긍이 간다. 아무나 할 수 있는 일이 아니기 때문이다. 그러나 지금의 외고와 같은 학교 운영은 선발권만 주면 아무나 할 수 있다. 물론 자립형 사립고 때문에 유발되는 사교육 역시 선발방식 변경으로 개선되어야 할 것이다.

선발경쟁보다는 교육경쟁으로 수월성을 추구하는 것이 모든 면에 낫다

어쨌든 독점적인 선발권을 주어서 수월성을 추구하는 것은 공정하지도 않고 교육적이지도 않으며 특히 우리나라에서는 반드시 엄청난 부작용이 나게 되어 있다. 수월성은 선발경쟁이 아니라 교육경쟁으로 추구하는 것이 공정하고 교육적이며 우리나라 현실에 불가피하기도 하다.

서울 미아리에 있는 한 사립초등학교는 십여 년 전만 해도 입학미달 사태를 빚을 정도로 좋지 않은 학교였다. 그 후로 교육의 질을 높이는 노력을 꾸준히 한 결과 지금은 자타가 공인하는 전국 최고의 사립학교가 되었다. 학생 선발권 없이도 교육경쟁을 통해서 명문학교가 될 수 있음을 보여주고 있다. 한나라당 조전혁 의원이 공개한 전국수능평가 결과를 보면 광주광역시가 각 부문에서 전국 최고로 나왔다. 특목고, 자사고도 없고 사교육비율도 매우 낮은 광주광역시가 이런 결과를 낸 것은 결국 전국에서 처음 실시한 학교 선택제로 말미암은 교육경쟁 때문이었다. 여기에서 학교 선택제는 사립초등학교와 같이 강제배정이 아닌 선지원 후추첨으로 학생을 선발하는 것을 말하며, 평준화 조치

이전의 학교 선택제와는 선지원 후시험이라는 점에서 차이가 있다. 하여간 학교 선택제를 통한 교육경쟁으로 얼마든지 수월성을 추구할 수 있다는 것은 분명한 사실이다.

수월성 교육을 부르짖는 사람들이 외고와 같은 파행적인 제도는 옹호하면서 왜 강제 배정제 같은 전체주의적인 제도에 대해서는 침묵하고 있는지 잘 모르겠다. 마치 급한 불은 외면하면서 화재진압을 위해 공원에 분수를 많이 만들자는 격이다.

선지원 후시험보다는 선지원 후추첨이 더 좋은 이유

그런데 여기서 이런 문제 제기를 할 수 있다. 무슨 로또를 뽑는 것도 아니고 추첨이 말이 되냐고. 이게 무슨 교육이냐고. 그러면 이 말은 평준화 조치 이전의 선지원 후시험식의 학교 선택제로 가자는 것이다. 결국 고교 입시의 부활이다. 우리 여기서 잠시 수월성 추구의 본질적인 의미를 다시 생각해보자. 우리는 왜 수월성을 추구하는가?

어떤 개인의 능력과 자질을 최대한 고양해 개인의 발전과 함께 나라의 발전을 꾀하자는 것 아닌가. 동료 의원의 딸이 서울대 미대를 재수해서 들어갔다. 들어갔더니 학생 과반수가 명문 예술고등학교 출신이었다. 그런데 이 아이가 볼 때 그 애들은 결코 영재가 아니었다. 모두가 판에 박은 교육을 받고 판에 박은 생각을 하는 것 같다는 것이다. 게다가 세상 물정도 너무 모르는 것 같다고 했다. 나 역시 명문고 출신이다. 그런데 우리 학교 출신들에 대한 세평은 너무 이기적이고 자기밖에 모른다는 것이다. 동일한 구성원으로 이루어진 집단을 대상으로 교육하다 보면 이런 결과가 나오게 되어 있다.

조카 아이 하나는 평범한 아이였다. 강북의 한 학교에서 중간 정도의 실력이고 사교육도 거의 받지 않았다. 이 아이가 간신히 서울에 있는 대학을 들어갔는데 내리 1등을 하고 전액 장학금을 받아서 주변을 놀라게 했다. 아무리 생각해봐도 원인은 이거였다. 이 아이는 대학 전의 학교생활에 지쳐본 적이 없었다. 그래서 대학에 가서도 중고교 시절처럼 숙제 내주면 숙제하고 시험 때면 열심히 공부하고 했다. 대입에 찌든 아이들과 전혀 달리 대학생활을 하는 것이다. 이 아이는 친구들 간에 인기도 높아 늘 주변에 사람이 끌었다.

자 여기서 다시 생각해봅시다. 초등학교 때부터 국·영·수 달달 외우며 외고에 가는 것이 정말 개인이나 사회에 소망스러운 수월성 교육인가요? 여러 다양한 아이들과 어울리고 부딪히고 자라면서 받는 공부가 얼마나 소중한지 생각해보았나요? 외고 나와서 판검사 되고 의사 된답니다. 사교육에 찌들며 자란 판검사 의사가 과연 우리 사회에 소망스러운가요? 고작 그런 판검사, 의사 만들려고 외고에 탈법특혜의 선발권을 줘서 온 나라가 사교육비 부담으로 신음해야 합니까? 판검사, 의사는 어차피 외고가 없어도 생겨나는 것 아닙니까? 왜 대부분 고소득층 자녀인 외고 출신이 판검사, 의사를 독식해야 합니까? 이런 풍토에서 빌 게이츠나 스필버그가 나올 수 있다고 봅니까?

이처럼 선지원 후시험이 선지원 후추첨을 따라갈 수 없는 부분은 뜻밖에 많다고 할 수 있다.

교육선진국의 수월성 교육

선진 외국에서도 특정학교에만 선발권을 주어서 영재학교를 만드는 예는 거의 없다. 선진국들은 실정과 여건에 따라 영재학급, 지역공동 영재반, 영재교육센터, 방과 후 영재학급, 월반, 조기진학, 조기졸업 등의 다양한 형태로 영재교육을 하고 있다. 그리고 우리나라에서도 영재교육진흥법에 의하면 그런 교육을 할 수 있게끔 되어 있다. 그러나 외고가 성적 우수자들을 싹쓸이해가는 통에 그런 교육을 할 여지가 없는 실정이다.

획일화에서 다양화로

결론적으로 우리나라는 현실여건상 독점적으로 선발권을 주어서 수월성을 추구하는 것은 너무 위험하다. 그렇다고 지금처럼 강제 배정식의 평준화정책은 더이상 곤란하다. 그래서 다양한 학교를 만들어 다양한 교육경쟁을 통해 상향평준화식 수월성을 추구하자는 것이다. 이것이 기회균등에도 맞고 교육적으로도 옳은 길이며 대부분의 선진국이 궁극적으로 선택한 길이기도 하다.

미완으로 그친 외고개혁의 전망

2009년 10월 5일 국회 교육과학기술위원회 국정감사 첫날. 교과부를 상대로 한 오전 국정감사에서 한나라당 이철우 의원은 외고 등 특목고 문제에 대해서 집중적인 질의를 벌였다. 당시 안병만 장관은 외고 입시제도를 개선할 용의가 없느냐는 이 의원의 결론적 질문에 '검토해보겠다'라는 의례적인 답변을 했다. 오후에 질의 차례가 되자 나는 미리 준비했던 내용은 뒤로 미루고 이렇게 서두를 꺼냈다.

"오전에 있었던 이철우 의원의 외고 입시 관련 질의에 장관께서는 검토하겠다고 답변하셨죠?"

"네? 아아 네에. 그렇습니다."

"그러면 언제까지 검토를 하실 거죠?"

"네?"

"아니, 검토를 무한정 하실 거는 아니고. 검토를 하면 언젠가 그 결과가 나올 거 아닙니까?"

"네? 아아 네에."

"그럼 그 결과를 언제쯤 볼 수 있느냐 이거죠."

"네?"

"다시 말씀드리죠. 검토를 언제까지 하실 계획입니까?"

"아아. 연말쯤……."

"그러면 검토는 어떤 방식으로 하실 거죠?"

"네?"

"아 있잖아요. 용역이라든가 뭐 그런 거."

"아 네에. 용역으로 하겠습니다."

그로부터 반년 가까이 우리나라 교육계를 뒤흔든 외고개혁은 정말 이렇게 엉겁결에 시작되었다. 하지만 마냥 우연만은 아니었다. 2009년 초 나와 이주호 당시 교과부차관, 그리고 곽승준 미래기획위원장은 중산층 서민의 등골을 휘게 하는 사교육비문제의 심각성에 인식을 같이 하고 이 문제를 해결하는 데 함께 힘을 모으기로 했다. '사교육비 경감대책 7대 방안'은 이때 마련된 것으로서 당시 논쟁을 일으키며 언론의 주목을 받은 학원 심야교습제한 추진이 그 신호탄이었다. 그 이후 나는 한나라당 사교육대책 T/F팀을 주도하며 7대 방안을 하나씩 추진했으며, 외고 등 특목고 대책은 난제 중의 난제로 판단해서 제일 나중에 할 일로 미루어 놓았던 것이다.

그날 저녁 각 방송사의 국정감사 보도에서 외고 입시문제를 크게 다루면서 이후 몇 달간 외고개혁은 언론의 집중조명을 받으며 사회의 주요 이슈로 부각된다. 정치를 하면서 깨닫게 된 사실이 교육과 세금문제는 늘 뜨거운 이슈가 될 가능성이 크다는 것이다. 그만큼 국민적 관심이 크고 예민한 사안이라는 얘기다. 그래서 교육과 세금문제는 불이 붙으면 몇 달을 끄는 경향이 있다. 나는 외고문제와 감세문제로 이를 톡톡히 실감한 바 있다. 여기서 외고문제가 이슈로 떠오른 또 다른 이유가 있다. 실제 교육문제를 다루는 현장기자들이 외고문제를 자기문제로 인식하고 있었다는 사실이다. 왜냐면 그들의 아이들이 대체로 초중등생 정도여서 각 가정마다 이 문제로 골머리를 앓고 있기 때문이다. 그러니 이들이 열을 내며 취재를 하고 열심히 보도를 한 것이다.

그런데 아이러니하게도 외고문제가 사회적 쟁점이 되고 있는데 정작 주변의 반응은 몹시 냉담했다. 한나라당 사람들은 저자가 도대체 무슨 일을 벌이나 의심스러운 눈치였다. '아니 저자는 왜 노무현이 하려다 못한 일을 하겠다는거야'라고 말하는 사람도 많았다. 민주당은 더욱 떨떠름해했다. 민주당 내에서 '야, 민주당이 해야 할 일을 저자가 치고 나왔네. 도대체 민주당은 무얼 하고 있는거야'라는 자탄의 목소리가 많았다고 들었다. 정부는 늘 그렇듯이 현상유지 자세를 고수했고, 특히 용인외고 설립자인 안 장관의 입장은 매우 완고했다. 그러니 외고문제는 거의 정두언 혼자서 끌고 가는 형국이었다. 그럼에도 불구하고 이 일이 진척을 보였던 것은 내가 혼자서 발군의 기량을 보였기 때문이 아니었다. 그것은 결국 민심의 뒷받침이 있었기에 가능했다고 확신한다. 이것은 추가 감세 철회문제를 다룰 때도 또다시 절감하게 된다.

외고문제를 다루면서 개혁의 어려움을 몸소 체감할 수 있었다. 개혁이 어려운 것은 크게 두 가지 이유 때문이다. 하나는 기득권의 반발이고, 둘은 문제에 대한 사람들의 잘못된 선입견이나 편견이다. 외고개혁을 추진하자 당사자인 외고나 외고 주변, 그리고 외고생이나 외고 출신자를 자녀로 둔 계층에서 예상대로 강한 반발이 나왔다. 그런데 재미있는 사실은 사교육의 주체인 학원들이 외고보다 더 강하게 반발했다는 사실이다. 그 당시 외고개혁 관련 토론회에 나가면 외고 측에서는 특목고가 사교육비 폭등의 주범이라는 근거가 뭐냐고 추궁을 했다. 그런데 때마침 학원 측이 외고개혁에 반대하기 위해 전국에서 몇만 명을 여의도에 모아놓고 시위를 벌였다. 이처럼 살아 있는 근거가 또 어디 있겠느냐고 되묻기도 미안했다.

그런데 정작 더 힘들었던 것은 두 번째, 즉 잘못된 선입견 및 편견과의 싸움이었다. 사람들은 특히 소위 잘난 사람일수록 자기가 한 번 옳다고 믿는 것은 좀처럼 바꾸려 하질 않는다. 아니 바꾸기는커녕 자신과 다른 입장은 철저하게 배격하고 핍박한다. 특히 그 당시 보수언론의 자세가 그랬다. 사실은 전혀 그렇지 않은데도 불구하고 외고가 수월성 교육의 산실이라고 굳뚝같이 믿으며(여기에 대해서는 아래에서 상세하게 설명), 나를 보수에 섞여 들어온 불순한 좌파로 몰아붙였다. 한동안 관망하던 보수언론들이 도저히 이대로 두어서는 안 되겠다는 듯이 작심하고 나를 비판하고 나오자, 한나라당 의원 중에서도 슬슬 비판의 목소리가 나오기 시작했다. 좀 다른 얘기지만 보수언론의 논조는 대다수 한나라당 의원들에게는 일종의 지침으로 작용한다. 만약 한나라당 의원들이 젊은층과 중도층에 어필하지 못하는 논조인데도 불구하고 이를 마냥 그대로 따르기만 한다면, 한나라당 지지층의 축소는 불을 보듯 뻔한 일이 된다. 그리고 실제로 이렇게 진행되어온 측면이 많다. 외고개혁 당시 내가 보수언론을 상대로 벌인 치열한 논쟁과 설득 노력은 지금 생각해봐도 무모하리만치 지난한 일이었다.

그러나 개혁을 어렵게 하는 엉뚱한 또 다른 요인이 있었으니, 소위 '사촌이 땅을 사면 배가 아프다'는 시기와 질투다. 뭔 소린가 하면 내가 외고개혁을 주도하며 언론의 조명을 받게 되자 어쩔 수 없이 내 주변에서 '다 된 밥에 재나 뿌리자'는 일들이 벌어졌다. 그 한 일화를 소개하면 이렇다. 외고문제가 연일 기사화되고 사회문제로 뜨겁게 달아오르자 이제 청와대도 가만히 있을 수 없는 상황이 되어버렸다. 당시 외국출장 중이던 대통령도 문제의 심각성을 인식하고 외국에서 관련 보고를 받았다는 후문이다. 그리하여 귀국 직후 열린 수석비서관회의에서 대통령은 외고 등 특목고문제는 (밀려서 하지 말고) 정부가 주도적으로 대책을 마련하라는 지시를 내린다. 그런데 이 과정에서 청와대 고위 관계자 한 명이 대통령의 뜻을 엉뚱하게 왜곡하여 언론에 전달하는 일이 발생했다. 청와대 춘추관에서는 그날 오전 내내 소동이 벌어졌고 급기야는 문제의 당사자가 이를 해명하는 일까지 벌어졌다. 이 정부 들어서 그가 저지른 이런 일이 한두 번이 아니지만, 이날 일은 그야말로 재 뿌리자는 것밖에는 달리 해석이 안 되는 일이었다.

대통령까지 나서서 적극적인 대책을 주문하자 그때까지 요지부동의 자세를 고수하던 안 장관도 어쩔 수 없이 하는 시늉이라도 해야 할 판이 되었다. 당초 이 문제에 적극적이었던 이주호 차관이 총대를 맡았다. 하지만 문제는 매사에 분명한 입장이 없던 장관이 이 일만큼은 자기주장을 굽히지 않고 있다는 점이었다. 지금에야 밝히지만 차제에 외고를 정리하고 싶었던 이 차관은 여기서 장관을 우회하는 트릭을 시도했다. 요점만 말하면 외고를 존치하되 도저히 스스로 견딜 수 없도록 하는 안을 만드는 것이었다. 사실 외고는 선발권이라는 엄청난 특권을 가지고도 학교 운영은 선발권도 없는 자율형 사립고보다도 더 부실하게 하고 있다. 믿기 힘들지 모르지만 그 대단한 외고가 자립형 사립고나 자율형 사립고와 달리 재단에서 학교에 납입하는 돈이 전혀 없는 것이다. 이 차관의 안은 외고의 학급당 학생 수를 대폭 줄이는 것이었다. 등록금 수입이 대폭 감소하는 외고는 이를 견디든지, 아니면 일반고나 자율형 사립고로 전환하든지 택할 수밖에 없게 만든 것이다. 그런데 이러한 트릭이 장관을 속일 수 있을지는 몰라도 외고를 속일 수는 없는 법. 당장 외고에서 들고 일어났다. 그냥 들고 일어나기만 했겠는가. 온 동네에 치열한 로비를 벌인 건 당연한 일. 결국 이 차관의 안은 최종 발표 며칠을 앞두고 학급당 학생 수를 다시 늘리는 쪽으로 수정하게 된다. 당시 당정협의과정을 자세히 들여다보면 누구누구가 로비를 당했는지 아는 건 어렵지 않다. 이리하여 외고개혁은 입시제도만 대폭 손질하는 미완의 개혁으로 끝이 나게 된다. 물론 이것만으로도 외고 열풍과 외고 입시를 위한 사교육이 엄청나게 줄어들게 되었지만, 정말 아쉬움이 크다.

2011년도 외고 입시의 경쟁률이 현저히 떨어지고, 외고 입시학원의 문전이 한산해졌다는 언론보도를 보았다. 한편으로는 다행이다 싶었지만 한편으로는 새로운 의지가 끓어오른다. 미완의 개혁, 외고개혁은 아직 끝나지 않았다. 외고개혁은 계속될 것이다. 아니 진정한 교육 개혁은 이제 시작이다. 혼자 싸웠어도 이 정도인데, 여럿이 아니 모두가 함께 싸우면 그 무얼 못하겠는가.

| 편집자에게 |

외고 독점체제가 교육시장 왜곡

조선일보 2009. 12. 29

이명박정부가 자율과 경쟁을 지향하면서 외고를 규제하는 것은 모순이라는 주장이 있다. '하나는 알고 둘은 모른다'는 말이 이럴 때 쓰는 말이다. 자율과 경쟁의 적은 하나가 규제라면 둘은 독과점이다. 경제학의 기본이다. 규제가 분명한 적이라면 독과점은 불분명한 적이다. 그래서 후자가 더 폐해가 크고 시정이 어렵다. 외고가 딱 그런 꼴이다.

외고는 독점 중에서도 가장 악성이다. 탈법특혜성 독점이기 때문이다. 외고는 설립 목적과 전혀 다르게 운영되고 있는데도 이를 방치하고 있고, 일반고는 손발을 묶어놓고 외고 등에만 선발권을 주고 있다. 외고가 성적 우수자를 싹쓸이하다 보니 일반고들은 타의에 의해 대부분 삼류고로 전락하고 만다.

과거 평준화 이전의 명문고들은 교육경쟁으로 일류가 된 것인데, 우리는 마치 선발권을 주어서 일류가 된 걸로 착각하고 있다. 당시는 모든 학교가 선발권을 가지고 있었기 때문이다. 이렇듯 외고의 독점체제는 평준화 규제 이상으로 교육시장을 왜곡시켰고, 그 결과 온 나라가 사교육 광풍에 빠져버린 것이다. 하지만 교육시장의 왜곡을 바로잡기 위해서 지금 당장 평준화 조치를 풀고 모든 학교에 선발권을 주는 것은 너무 충격과 부담이 크다. 그래서 일반학교에 고교 선택제를 시행하고, 자율형 사립고 등 다양한 학교를 신설하는 등 단계적으로 규제를 풀 수밖에 없다. 그리고 앞서 얘기했듯이 이와 반드시 병행해야 하는 것이 외고의 독점체제를 깨는 것이다.

물론 독과점을 깨는 것도 단계적으로 가야 한다. 외고가 설립 목적대로 운영된다면 모든 문제가 해결된다. 이게 싫다면 민족사관고와 같은 자립형 사립고처럼 하면 된다. 재단이 매년 학생 납부금의 25퍼센트를 투자해서 사교육이 필요없는 우수한 교육경쟁을 하라는 말이다.

외고생의 사교육비는 일반고보다 두 배 이상이다. 그런데 지금 외고는 등록금은 일반고보다 세 배 많이 받으면서 재단이 아무런 투자를 안 하고 있다. 외고가 독점권을 남용하여 우수 학생만 뽑아놓았지 교육경쟁에서 우수하다는 증거는 그 어디에도 없다. 매년 학생 납부금의 3~5퍼센트를 투자하는 자율형 사립고도 내신 50퍼센트 이상에서 선지원 후추첨 방식으로 선발권을 제약하고 있다. 외고에 자율형 사립고 정도의 선발권을 주어도 아직도 특혜라 할 수 있다. 그런데 선행학습을 조장하여 사교육을 유발케 한 죄(?)가 있는 외고에 벌은커녕 자율형 사립고 이상의 이런 터무니없는 특권을 계속 주어야 하는 이유가 무엇인가. 공정하지 않은 자율과 경쟁으로는 사교육을 유발하는 교육시장의 왜곡 현상은 절대 시정되지 않을 것이다.

05 추가 감세 철회, 왜 중요한가?

증세 없이 서민복지예산 확보 가능

한나라당과 정부, 그리고 청와대가 정면으로 대립했던 추가 감세 철회문제가 지루한 줄다리기 끝에 지난 9월 7일 마침내 추가 감세를 철회하기로 결론이 났다. 내가 지난해 9월 30일 최고위원회의에서 2013년부터 시행 될 예정인 소득세 및 법인세의 추가 인하를 철회해야 한다고 주장한 뒤 약 10개월만의 일이었다. 그래서 나로서는 이날 감회가 남달랐다. 돌이켜보면 지난 10개월간 나는 바위에 계란을 던지는 식의 외로운 싸움을 벌여야 했다. 내가 추가 감세 철회를 처음 제기했을 때 당지도부와 청와대의 반응은 매우 싸늘했다. 또 왜 시끄럽게 하느냐는 표정이 역력했다. 내가 추가 감세 철회를 주장한 것은, 급증하는 복지수요를 감당하기 위해서는 재정의 확대가 불가피한 상황에서 감세의 확대는 앞뒤가 맞지 않다고 판단했기 때문이었다. 2011년 예산안이 나왔을 때 나는 이대로 가서는 큰일날 것 같다는 위기감이 들었다. 양극화 심화와 고령화 사회 진행 등으로 앞으로 복지수요는 대폭 늘어갈 전망이다. 그런데 우리는 지금 감세정책을 쓰고 있다. 그러면 급증하는 복지수요는 어떻게 대응할 수 있을까? 결국 세수를 늘리는 수밖에 없다. 하지만 중산층·서민에게 세금을 더 내라고 할 수는 없다. 대기업과 고소득층 등 여유 있는 계층에서 부담해야 할 것이다. 나는 경기부양과 투자촉진을 위해서 감세를 추진하고 있는 정부정책에 따르면서 대기업과 고소득층에 대한 추가적인 증세를 하지 않고도 세수를 늘릴 수 있는 대안이 있다고 본다.

추가 감세 철회 추진 일지

- **2010. 9. 30** | 최고위원회의, '소득세 · 법인세의 최고세율 2퍼센트 인하를 철회하면 2012년 귀속으로 약 4조 원의 세수증대 효과가 발생할 것으로 추정된다'며 추가감세철회를 통한 복지예산 확보 가능 주장
- **2010. 10월 초** | 청와대 정책실장, 경제수석, 기재부장관에게 발언 자료 송부, 의견제출 요구
- **2010. 10. 26** | '감세 철회의 필요성'이라는 제목으로 보도자료 배포
- **2010. 11. 15** | 최고위원회의, '감세논쟁은 상황에 대한 몰이해 및 오해에서 빚어진 일'이라며 추가 감세 철회가 필요한 이유에 대해 다시 한번 주장
- **2011.5.4** | 추가 감세 철회 '법인세법 일부개정법률안' 대표발의

주요 내용 2012년으로 예정된 과세표준 2억 원 초과 부분을 2억 원 초과 100억 원 이하 및 100억 원 초과로 세분하고, 각각의 과세표준에 해당하는 세율

을 10퍼센트, 20퍼센트, 22퍼센트로 조정.

- **2011.5.26** | 보도자료 배포, '정부는 추가 감세를 2013년으로 미뤄놓았다'라며 '정부와 여당 일부의 추가감세 고수는 다음 정부의 정책기조에 대해 이러쿵저러쿵하는 셈' 또한, '청와대와 정부 관계자들은 현 정부의 정책기조대로 하지 못하고 그것을 다음 정부로 떠넘긴 책임부터 져야 한다'고 주장
- **2011.6.16** | 한나라당 의총에서 사실상 당론으로 추가 감세 철회 결정
- **2011.6.23** | 2011년 6월 22일 자 조선일보 '소득세 감세 철회할 수 있지만, 법인세는 꼭 인하' 제하 박재완 기재부장관 인터뷰 내용 반박하며 기재부장관에게 추가 감세 철회문제에 관한 공개토론 제안
- **2011.9.7** | 고위 당정청 회의, 소득세 법인세 추가 감세 중단 합의

정부는 출범 뒤 전세계 금융위기로 촉발된 경기침체를 극복하기 위한 차원에서 감세정책의 하나로 작년에 소득세와 법인세의 최고세율을 2퍼센트 인하키로 했으나 논란 끝에 시행이 유보되어 2013년부터 적용하게 되었다. 바로 야당과 시민단체들로부터 부자감세라고 공격받고 있는 부분이다.

지금 우리는 일찍이 금융위기를 탈출하여 경제가 전반적으로 호전되고 있다. 전세계가 찬사를 보낼 정도로 신속하게 불황으로부터 탈출하는 등 감세의 정당성이 사실상 사라졌다고 할 수 있다. 따라서 서민복지예산수요가 급증하고 있는 지금 상황에서 여유 있는 최고 부유계층과 대기업에 돌아갈 감세를 철회함으로써 실질적인 증세 효과를 얻을 수 있다.

실제로 소득세와 법인세의 최고세율 2퍼센트 인하를 철회하면, 2012년에는 1.4조 원, 2013년에는 2.3조 원, 2014년에는 매년 3.7조 원의 세수증대 효과가 발생할 것으로 추정된다. 2012년부터 2014년까지 총 세수증대 규모는 7.4조 원이 된다.

따라서 2014년 재정수지균형 목표를 유지하면서도 현 정부 재임 기간에 매년 3조 원 내외의 추가지출 여력이 발생한다(2011~2012년 각 3조씩). 이 추가 여력분을 민생안정을 위한 지출에 집중한다면 친서민대책을 실현하고 부자감세, 부자정당 논란도 해결할 수 있는 것이다.

이러한 조치는 총 소득세 납부자의 상위 1.2퍼센트, 총 법인세 납부기업의 상위 10.4퍼센트에 해당하는, 경제적으로 여유가 있는 사람과 기업에 주는 감세혜택을 철회하는 것이다. 중산층과 서민, 그리고 웬만한 중소기업에는 전혀 부담되지 않는 정책이다. 결론적으로 당장 내년도 예산부터 3조 원의 여력분을 추가하여 서민복지예산 증액분으로 활용할 수 있는 것이다.

나는 개인적으로는 이 돈을 지금까지 성공적으로 수행하고 있다고 평가되고 있는 서민대책사업의 추가 재원으로 활용했으면 한다. 특히 양극화 현상의 가장 큰 피해자라고 할 수 있는 자영업자 대책으로 사용했으면 한다. 이를테면 신용보증기금에 대한 자본증여를 통해 자영업자만을 대상으로 하는 별도 계정을 만들어 이들에 대해 특별지원을 하자는 것이다.

그리고 조세정책과 관련 '친서민' '상생' '공정한 사회'의 목표를 달성하기 위해서 장기적으로 검토할 내용이 있다. 현재보다 소득세에 대한 누진성을 강화함으로써 다른 선진국들처럼 많이 버는 사람이 세금도 많이 내는 구조로 바뀌어야 한다. 또한, 국세에서 간접세가 차지하는 비중을 줄여야 한다. 간접세는 저소득층에게 부담되는 역진성이 큰 세금이기 때문이다(지난 3년간 부가가치세, 개별소비세 등 간접세가 차지하는 비중이 매년 늘었고, 작년에는 간접세 비중이 51.1퍼센트까지 차지).

twitter

doorun 정두언

김황식 총리와 백용호 대통령정책실장에게: 감세철회가 이 정부 정책기조에 안 맞다고 얘기합니다만, 이 정부는 감세를 역대 최고로 많이 했고 그 기조를 바꾸자는 게 아닙니다. 2013년부터 추가로 할 것을 말자는 거죠. 이 정부는 추가감세를 다음 정부로 미뤄놓았습니다.

2011년 6월 17일

이 정부에선 안하고 다음 정부에서 하자면서 이 정부의 정책기조라는 건 어불성설이죠. 정책기조라면 무슨 수를 써서라도 해야지요. 그걸 못하는 당국자들은 책임을 져야지요.

2011년 6월 17일

추가 감세 철회 관련 몇 가지 오해들

1. 추가 감세 철회지 감세 철회가 아니다

이명박정부는 소득세나 법인세를 역대 정부 중 가장 많이 감세했다. 그 감세를 철회하자는 게 아니라 앞으로 추가할 최고구간에 대한 감세를 철회하자는 것이다. 그런데 언론보도는 정부는 '감세 고수', 소장파는 '감세 반대'라는 식으로 제목을 단다. 소장파도 지금까지 한 감세는 고수하자는 태도다. 언론이 사실을 왜곡시켜 국민을 헷갈리게 하고 있다. 국민뿐 아니라 많은 국회의원 심지어는 청와대도 헷갈리는 것 같다.

2. 감세논쟁은 이 정부가 아니라 다음 정부의 정책기조에 관한 것이다

이 정부는 최고구간에 대한 추가 감세를 2013년, 즉 다음 정부로 미루어놓았다. 다시 말해 이 정부는 추가 감세를 유보해 놓은 정부라는 것이다. 정부 및 여당 일부의 감세 고수는 추가 감세 고수라는 얘기고 다음 정부의 정책기조를 이러쿵저러쿵하는 셈이다. 감세가 그렇게 중요하면 추가 감세도 이 정부에서 해야지 이 정부에서는 유보해놓고 다음 정부의 일을 놓고 이 정부의 정책기조라고 우기고 있는 것이다. 그래서 추가 감세가 이 정부의 정책기조라고 우기는 청와대와 정부 관계자들은 정책기조대로 하지 못하고 그것을 다음 정부로 떠넘긴 책임부터 져야 하는 게 아닌가.

3. 추가 감세 대상이 무엇인지를 잘 모른다

세금은 사람이나 기업에 부과하는 게 아니라 소득과 수익에 부과하는 것이다. 다시 말해 추가 감세를 안 해도 고소득층이나 대기업은 기존 감세구간에 해당하는 소득 또는 이익분에 대해서는 이미 감세를 받고 있다. 더구나 추가 감세에 해당하는 사람은 우리나라 인구 4천5백만 명 중 8만 명(0.9퍼센트)이고, 기업은 이익 1백 억대 초과구간을 신

설할 때 우리나라 기업 42만 개 중 1천5백 개(0.36퍼센트)다. 이래서 부자감세라는 말을 듣는 것이다. 내년도 총선에서 한나라당 후보들은 토론장에 나가 민주당 후보가 "8만 명의 부자와 1천5백 개 대기업에 대해서도 추가 감세를 해야 합니까?"하고 물으면 보수가치 운운하면서도 "그렇다"라고 답변할 자신이 있을까?

추가 감세 철회에 얽힌 뒷얘기

2010년 9월 30일 최고위원회의에서 추가 감세의 철회를 처음 제기했다. 그러자 당시 안상수 당 대표는 정책위에서 검토해보라고 의례적인 지시를 내렸다. 물론 정책위에서는 전혀 검토하지 않았다. 난 당시 최고위 발언 내용을 청와대 정책실장, 경제수석, 기재부장관 등에 보내며 의견을 달라고 했다. 그러나 아무런 반응이 없었다. 그로부터 한 달 후에 열린 최고위원회의에서 추가 감세 철회문제를 또다시 제기했다. 그 전날 저녁 자리에서 만난 고위 경제관료가 내게 '사실 추가 감세는 불필요하다. 정 의원 주장이 옳다'고 한 얘기에 고무되었기 때문이었다. 마침 그 전날 국회 본회의에서 행한 각 당 대표연설에서 안 대표는 작심한 듯 한나라당의 중도개혁노선을 공식적으로 표방했다. 최고위원회의 직후 안 대표를 따로 만나 한나라당의 중도개혁이 진정성을 얻으려면 추가 감세 철회가 반드시 필요하다고 역설했다. 안 대표는 나의 주장을 흔쾌히 받아들이며 배은희 대변인에게 공식적인 검토를 발표하라고 지시했다. 그런데 그날 오후 석간신문인 문화일보가 이를 대서특필하자 강만수 경제특보 등 외부인사와 나성린 의원 등 한나라당 내부인사들이 안 대표에게 강하게 이의를 제기했다. 그러자 놀랍게도 당 대표실에서는 진의가 잘못 전달되었다며 대변인의 발표를 부인하고 나섰다. 이렇게 해서 한나라당이 모처럼 민심을 수용하며 친서민정당으로 자리매김할 수 있는 절호의 기회가 무산되고 말았다.

그러나 나는 그때부터 구체적인 자료를 모으며 추가 감세 철회를 위한 법안을 준비했다. 그리고 한나라당 내부를 설득하는 작업을 시작했다. 대표적인 감세 철회론자인 김성식 의원을 비롯한 '민본 21' 회원들이 적극적으로 호응하고 나선 건 당연한 일이었다. 수차례의 토론회 및 간담회, 그리고 수많은 보도자료 배포와 문자 발송 등을 통해 집요하게 여론조성에 나섰다. 그 과정에서 강만수 전 기재부장관과 지상설전을 벌이며 다소 무례한 언사가 나오기도 했다. 대한민국에서 둘째가면 서러워할 고집불통인 강 전 장관은 끝내 소신을 굽히지 않으면서도 개인적으로는 나를 성원한다며 인간적인 면모를 보여줘 나를 부끄럽게 만들기도 했다. 난생처음으로 국회 본회의장에서 박근혜 전 대표에게 감세문제와 관련한 나의 입장을 설명하기도 했다. 당시 박 전 대표는 카메라 플래시 세례를 부담스러워하며 대신 자료를 달라고 했던 것으로 기억한다. 당시 한 언론과의 인터뷰 도중 어느 기자가 '한나라당에서 소득세는 몰라도 법인세 추가 감세 철회는 박 전 대표가 동의하지 않아 불가능할 것 같다'고 해, 내가 '그래도 내가 이긴다. 내기를 하자'고 하니 어이없어했던 적도 있었다(훗날 그는 내게 자신의 잘못된 판단을 인정했다).

twitter

doorun 정두언

오늘 의총에서 추가감세철회로 가닥이 잡혔네요. 근데 아직도 감세철회는 이 정부 기조에 안맞다고 얘기하는 사람들이 있어요. 이 정부는 감세를 많이 했고 그걸 바꾸자는 게 아니고 2013년부터 추가로 할 것을 말자는 얘기죠. 이미 이 정부는 추가감세를 안 하기로 한 것임.

2011년 6월 16일

연초에 기자들이 제방에 와서 추가감세문제를 얘기하다가 법인세는 어렵지 않겠느냐고 하기에 전 반드시 될 테니 내기하자고 했죠. 근데 그 기자가 누군지 생각 안 납니다. 이 글을 보시면 순순히 자수하여 광명 찾기를 바랍니다.

2011년 6월 16일

2011년 5월 4일 드디어 내가 대표발의한 법인세법 개정안이 제출되면서 감세논쟁은 다시 불이 붙었다. 게다가 4·27 재보선 직후 벌어진 원내대표 경선에서 예상을 뒤엎고 황우여 대표가 당선되면서 추가 감세 철회 움직임은 더 탄력을 받기 시작했다. 그러자 당내 주류 자리에서 밀려난 친이 구주류는 당의 정체성을 주장하며 추가 감세 철회에 제동을 걸고 나왔다. 그리고 여기에 이명박 대통령마저 가세하고 나섰다. 건전하고 생산적인 정책논쟁이 바야흐로 당의 헤게모니 쟁탈전으로 변질될 조짐마저 보였다. 이때 재보선 참패 후 새롭게 결성된 '새로운 한나라' 모임이 추가 감세 철회를 응원하며 반격에 나섰다. 이렇게 엎치락뒤치락하던 전세는 6월 16일 열린 의원총회에서 마침내 결판이

났다. 65퍼센트가 넘는 의원들이 추가 감세 철회에 찬성표를 던진 것이다. 실로 지리한 싸움에 마침표를 찍는 순간이었다.

그러나 이걸로 싸움이 끝이 난 게 아니었다. 정부 측에서 백용호 청와대정책실장, 박재완 기재부장관에 김황식 국무총리까지 잇달아 나서 정부의 추가 감세 고수 입장을 분명히 했다. 그러자 다시 당의 지도부 일부가 흔들리기 시작했다. 급기야 나는 정부 측을 맹비판하며 기재부장관과의 공개토론까지 요구했다. 정부 측과 몇 차례 비공식 만남을 가지며 정부 측을 압박하기도 했다. 그때 나의 주장의 요지는 이러했다.

정부 측은 추가 감세 철회가 이 정부의 정책기조에 안 맞는다고 주장한다. 그런데 이 정부는 감세를 역대 어느 정부보다 최고로 많이 했고, 지금 그 기조를 바꾸자는 게 아니다. 2013년부터 추가로 감세할 것을 하지 말자는 것이다. 이 정부는 추가 감세를 다음 정부로 미루어 놓았다. 그런데 이 정부는 안 하고 다음 정부에서 할 일을 가지고 이 정부의 정책기조라 하는 것은 어불성설이 아닌가? 이 정부의 정책기조라면 지금 무슨 수를 써서라도 하고 있어야지. 그걸 못하고 있는 당국자들은 책임을 져야 하는 게 아닌가. 행정부가 아니라 국회가 미룬 것이라고? 그렇다면 국민의 대표기관인 국회의 결정을 인정하지 않겠다는 것인가? 입법정책은 국회의 권한이다. 국회의 권한을 인정하지 않으면 민주정부라 할 수 없다.

이명박정부가 일방적이고 권위적이란 비판을 받는다. 지나친 비판이라고 하지만, 감세 철회 논쟁을 보면 왜 그런 비판을 받는지 그대로 드러난다. 위에서 보듯이 다음 정부 일을 가지고 이 정부에서 왜 그렇게 고집을 부려야 하는지. 여론도 안 좋고 당에서도 안 된다고 하는 데 말이다. 재정 건전성을 강조하면서도 추가 감세는 고수한다는 앞뒤가 안 맞는 그 경직된 자세는 도대체 누구로부터 비롯된 것이며, 누굴 위한 것인지 지금도 도무지 이해가 안 가는 대목이다. "대통령님 이제 이걸 바꾸어야겠습니다"라는 말을 아무도 하지 못해서 생긴 일이 제발 아니길 바랄 뿐이다.

어찌 되었든 9월 7일 고위 당정회의에서 정부는 비로소 기본적으로 추가 감세를 인정하고 나왔다. 어차피 이렇게 될 것을 참으로 멀고 험한 길로 힘들게 돌아온 셈이다. 민심을 제대로 읽고 정세를 제대로 판단한다면 굳이 이렇게까지 하지 않아도 되는 일을. 부자감세란 욕은 욕대로 듣고……. 정말 한탄스럽기 그지없다.

twitter

doorun 정두언

임태희 실장 왈 감세기조는 유지하되 시기는 조정해야. 정말 기가 막힌 얘기. 그래서 지금 현행법이 감세를 계속하되 추가감세는 2013년으로 미룬 것. 임 실장은 여태 내용도 모르고 있었던가? 아님 담 정권 후도 유훈통치를 하자는 건가? 세상에 이렇게 구질구질한 모습은 처음.

2011년 8월 20일

신마적, 구마적 밑에서 큰 김두한이 어느덧 성장해 구마적과 종로통에서 일전을 벌였죠. 결과는 김두한의 발차기 한방으로 끝났고요. 그때 구마적 왈 아우님 내가 졌소. 종로통을 떠나겠소. 근데 구마적이 이건 진 게 아니다. 결과는 담으로 미루자고 구질구질하게 군다면?

2011년 8월 20일

twitter

doorun 정두언

정부가 드디어 추가감세철회를 받아들였다네요. 작년 9월부터 1년여 투쟁 끝에 나온 결실. 그런데 정부여당이 이런 일을 선제적으로 적극적으로 해왔다면 지금같이 어려운 상황에 빠지진 않았을 텐데 정말 한이 맺히네요. 민심을 읽고 민심에 따르면 되는 것을 ㅉㅉ

2011년 9월 7일

"소득세 감세 철회할 수 있지만, 법인세는 꼭 인하"

조선일보 2011. 06. 22

박재완 기재부 장관 인터뷰
"부자는 미워할 수 있어도 기업은 미워할 필요 없어"

박재완 기획재정부 장관은 20일 "소득세 감세와 법인세 감세 모두 양보하기 어렵지만 굳이 둘 중 하나를 택하라고 한다면 소득세 감세는 양보할 수 있다"고 말했다. 지난 2일 취임한 박 장관은 이날 본지와 첫 인터뷰를 갖고 최근 논란이 되는 감세 논쟁에 대해 이같은 입장을 밝혔다.

박 장관은 "부자를 미워할 수 있을지는 몰라도 기업을 미워할 필요는 없다"며 "전 세계에서 법인세율을 올리는 나라는 하나도 없다"고 밝혔다. 또 법인세 감세에 대해 "법인세를 낮추면 주주와 근로자, 소비자 모두에게 혜택이 돌아가는 것은 물론이고 일자리를 늘리고 투자를 진작하는 효과가 있다"며 포기할 의사가 없음을 분명히 밝혔다.

반면 소득세에 대해선 "우리나라의 GDP(국내총생산) 대비 소득세 비중이 OECD(경제협력개발기구) 회원국 평균보다 낮다"며 "둘 다 익숙한 것이기 때문에 포기하기 어렵지만 논리적으로 보면 소득세 감세는 양보할 수 있다"고 말했다. 다른 선진국에 비해 소득세를 적게 걷고 있기 때문에 소득세 추가 감세는 철회할 수 있다는 뜻이다.

박 장관은 "앞으로 당에 대해서는 정부 정책의 일관성과 대외 신뢰성을 유지하는 것이 필요하다는 점을 설득할 것"이라고 말했다.

'조선일보 2011. 06. 22일자 소득세 감세 철회할 수 있지만, 법인세는 꼭 인하' 제하 기재부 장관의 인터뷰 내용에 대한 반박

기재부 장관은 조선일보와의 인터뷰에서 최근 감세논쟁과 관련하여 다음 근거를 들어 법인세 추가 감세에 반대 뜻을 밝혔으나 사실과 다르기에 다음과 같이 반박합니다.

법인세 추가 감세 관련

1. "부자를 미워할 수 있을지는 몰라도 기업을 미워할 필요는 없다."

반박 추가 감세 철회는 부자를 미워하고 기업을 미워하자는 것이 아니다. 부자와 기업 특히 대기업에 대한 과도한 편애를 중단하자는 것이다. 이미 부자와 기업에 대한 감세는 충분히 이루어졌고 추가 감세는 다음 정부의 일이다. 또한, 대기업은 임시투자세액공제와 같은 제도가 있기 때문에 실제 부담하는 실효세율은 10퍼센트대로 세계에서 가장 낮은 수준이다. 한나라당의 추가 감세 철회 결정은 부자를 배척하자는 것이 아니고 이명박 대통령이 얘기한 중산층과 서민의 고통을 덜자는 것이다. 장관의 발언은 한나라당의 쇄신에 대해 지나친 편견을 가지고 보는 것이고, 사실에 근거하지 않은 이런 주무장관의 발언 때문에 이명박정부가 부자정권이고 재벌정권이란 얘기를 듣는 것이다. 유감스럽다.

2. "전세계에서 법인세율을 올리는 나라는 하나도 없다."

반박 이번 추가 감세 철회 주장의 핵심은 법인세율을 올리자는 것이 아니다. 2013년부터 추가로 감세해주기로 한 것을 여러 가지 재정수요를 고려해 철회하자는 것이다. 우리나라 조세부담률은 2010년 기준 19.3퍼센트로서 OECD 평균 26.7퍼센트보다 훨씬 낮은 수준이며 법인세 최고세율 역시 경쟁국보다 높지 않은 수준이다.

* KPMG '2010 법인세와 간접세조사' 결과(2010.10) 우리나라 법인세율은(명목 최고세율 기준) 24.2퍼센트(법인세의 10퍼센트인 주민세포함)로 OECD 회원 34개국 평균치인 25.9퍼센트보다 1.7퍼센트 포인트 낮음.

특히 미국은 40.0퍼센트, 일본은 40.6퍼센트여서 우리나라보다 약 16퍼센트 포인트나 높음. 이를 선진국을 대표하는 주요 7개국(G7)과 비교하면 차이는 더욱 벌어지고, 국가별로 보더라도 선진 7개국 가운데 우리나라보다 법인세율이 낮은 나라는 한 나라도 없음. 또한, 우리나라 법인세율은 지난 3년간 3.2퍼센트 포인트 인하했지만, 같은 기간 OECD 평균 감세 폭은 0.3퍼센트 포인트에 불과함.

3. "법인세율을 낮추면 주주와 근로자, 소비자 모두에게 혜택이 돌아가는 것은 물론이고 일자리를 늘리고 투자를 북돋우는 효과가 있다."

반박 감세는 유럽 등 선진국에서 고용주나 기업의 조세와 사회보장기여금 부담이 너무 무거웠을 때 투자를 촉진하기 위해 취해진 조치이다. 반면 우리나라의 조세부담률은 1970년대 선진국 부담률보다 낮아 감세로 말미암은 낙수 효과trickle down를 기대하기 어렵다. 그동안 정부는 감세를 통해 소비와 투자를 촉진해 경제 성장을 이루기 위해 법인세의 세율을 낮추는 감세정책을 써왔으나 이는 지금까지 통계상으로 검증된 이론도 아니며, 특히 우리나라에서 지금까지 감세 덕분에 소비나 투자가 증가하였다는 객관적 입증자료도 없는 실정이다.

doorun 정두언

추가감세철회와 관련한 박재완 장관의 언론인터뷰기사를 보니 상당히 엉터리네요. 기재부장관이 저 정도면 우리 경제가 심히 우려스럽네요. 사실을 제대로 모르질 않나, 또 진실을 호도하질 않나. 이렇게 되면 관료나 언론들이 장관을 우습게 보지 않을까 걱정임.

2011년 6월 22일

06 행정고시 폐지를 반대하며

행정고시 폐지는 현대판 음서제도의 부활

2010년 8월에 행정안전부가 발표한 행정고시 개편안의 요지는 '행정고시'라는 명칭을 '5급 공채'로 변경하고, 내년부터 선발 정원의 30퍼센트(2011년)를 필기시험 없이 서류전형과 면접만으로 전문가를 채용하며, 이를 2015년까지 50퍼센트로 확대하는 것이다. 특히 전문가 채용 시 자격증, 학위, 전문분야 경력을 고려해서 선발하게 된다.

공직사회에 만연한 무사안일주의라는 고질적 병폐를 없애 새로운 바람을 불어넣고, 충원방식을 다원화함으로써 전문인력을 간부 공무원으로 충원하는 길을 열겠다는 것이 이 개선안의 취지이다.

하지만 서류전형과 면접만으로 정원의 절반을 선발하는 개선안은 약 50대 1이라는 치열한 경쟁을 통해 선발되는 일반공채 선발자들과 형평성 문제가 야기된다.

자격증, 학위, 전문분야 경력 등을 기준으로 전문가를 채용하면 외국학위 취득자, 변호사, 회계사, 변리사 등 일부 전문직종에서 공직의 독점 현상을 가져올 것이다. 더구나 이 같은 개인적 스펙은 경제적으로 여유 있는 부유층 출신들에게 유리하기 때문에 저소득 서민 출신의 공직 진출 문호를 축소하는 결과가 초래될 것이다. 또한, 무시험에 의한 전문가 채용은 선발 과정에서 투명성과 공정성을 담보하기 어려워 학벌, 집안 배경, 연줄 등이 개입할 가능성이 크기 때문에 소수 특권층을 위한 공무원 특채로 비추어질 수 있다.

사회적 양극화가 심화하면서 부익부 빈익빈 현상이 심화되고 부모의 경제적 능력의 차이로 자식의 사회적 지위가 결정되는 등 사회적 유동성social mobility이 점차 경직되어가는 상황에서 소수 상류층 자녀의 공직 진출에 유리하게 보이는 행정고시 개편안은 대다수 서민층에게 신분상승의 사다리를 치워버리는 정책으로 인식되고 있다. 따라서 한나라당이 추진하는 친서민정책은 이번 행시 개편안으로 진실성을 의심받을 수도 있으며, 이는 이명박 대통령이 8·15 경축사에서 밝힌 공정한 사회 구상과도 상치相馳되는 것이다. 실제로 이 같은 행정고시 폐지안이 발표된 이후 인터넷 누리방에서는 현대판 '음서제도'의 부활이며 계층 재생산구조의 완결판이라고 비난하는 목소리들이 분출하고 있다(음서제도는 조선시대에 실력이 없어 과거에 합격하지 못하는 고위 관리들의 자식들을 무시험으로 특별채용했던 방식이다).

더구나 한나라당의 친서민정책에 배치됨은 물론이고 공무원이 되려는 많은 젊은층을 분노케 하는 행정고시 폐지안을 당정협의와 공론화 과정도 생략한 채 졸속으로 시행하는 것은 곤란하다. 당에서는 행정고시뿐만 아니라 공직자 선발제도 전반을 전면 재검토한 개선안을 만들어 제시함으로써 친서민정책 정당으로서의 당의 위상을 확립할 수 있도록 노력해야 할 것이다.

* 이 내용은 2010년 8월 18일 최고위원회의에서 발언한 내용을 정리한 것입니다.

외교통상부 장관의 특채 파동

일찍이 행안부의 행정고시 개편안이 나왔을 때 이미 이렇게 지적을 했었다. 제도개편의 취지가 아무리 훌륭하다고 해도 막상 운용하다 보면 엉뚱한 결과를 가져올 수 있다고.

특채제도라는 것은 신뢰성과 투명성이 담보되어야 공정하게 운영될 수 있다. 만약 그렇지 않으면 특채제도는 특수계층의 전유물로 전락하게 될 가능성이 크다. 외교통상부 장관 딸의 특채 파동은 이러한 상식적인 우려를 현실로 보여준 것으로써, 사태의 악화를 사전에 예방케 해주고 있다는 점에서 다행스러운 면이 있다고 생각한다.

지금 행정 각 부처에서는 공직사회의 전문성과 시대적응성을 높이기 위해 다양한 특채제도를 시행하고 있다. 행안부의 개편안은 이러한 특채제도를 공채제도 전반으로까지 확대하겠다는 것이다.

우리는 늘 이런 식이다. 유명환 장관의 예에서 보듯이 현재 있는 특채제도도 제대로 운영하지 못하면서 무엇 때문에 또 다른 분란과 위험을 무릅쓰겠다는 것인지. 이것이야말로 무엇인가 새로운 것을 내놓겠다는 강박관념에서 나오는 한건주의 전시행정의 전형이 아닌가. 답은 간단하다. 새로운 행정고시 개편안은 원점에서 재검토하고, 현재 시행하고 있는 공채제도는 전반적으로 재점검해야 한다.

이명박 대통령께서 8·15 경축사에서 주창하신 '공정한 사회 실현'은 분명히 시의적절하다. 그런데 이것이 내각 인사청문회를 거쳐 유명환 장관 사태에 이르면서 오히려 현 정부의 굴레로 작용하는 측면이 있다. 실제로 야당은 앞으로 정기국회와 국정감사에서 '공정한 사회'라는 잣대를 전가의 보도처럼 휘두르며 정부와 여당을 공격할 것이다.

늘상 그렇듯이 어떠한 개혁도 철저한 자기개혁부터 시작해야 실패하지 않는다. 다소 늦은 감이 있지만, 공정한 사회를 위한 개혁은 우리 주변의 불공정함을 바로잡으면서 나아가야 설득력이 있다. 지금부터라도 우리 주변을 철저하게 돌아보며 솔선수범해야 할 일이다.

* 이 내용은 2010년 9월 8일 최고위원회의에서 발언한 내용을 정리한 것입니다.

‘공무원 특채비율 50% 확대’ 결국 백지화

경향신문 2010. 09. 09

행정고시 폐지 논란의 원인이 된 5급 공무원 특별 채용 비율을 50%로 확대하는 정부안이 한달여만에 백지화됐다. 대신 특채 비율은 최근 10년간 평균 비율인 37%선으로 현행 수준을 유지키로 했다.

정부와 한나라당은 9일 고흥길 당 정책위의장, 맹형규 행정안전부 장관 등이 참석한 가운데 국회에서 당·정회의를 갖고 이같은 내용의 ‘행정고시 개편제도 수정안’을 발표했다.

이는 5급 공무원의 특채 비율을 50%로 확대할 경우 유명환 외교통상부 장관의 딸 특채 파문과 같은 공직 대물림 등 현대판 음서제도가 될 수 있다는 비판 여론과 여당의 백지화 요구에 따른 것으로 보인다.

정부는 앞서 지난달 12일 향후 3~4년에 걸쳐 5급 신규 공무원의 절반을 특채로 선발하는 내용의 ‘공무원 채용제도 선진화 방안’을 공개했다.

당 · 정은 구체적으로 향후 5급 특채 비율은 10년간 평균 37%선에서 유지하고, 특정 년도의 비율도 40%를 넘지 않도록 조정키로 했다.

– 이하 생략–

07 비정규직 이대로는 안 된다

홍대 사태 현장을 다녀와서

2011년 2월 5일, 홍익대 비정규직 미화원노동자의 농성현장에 다녀왔다. 트위터에도 글을 남겼지만, 그분들은 우리가 동네를 오가며 서로 인사하고 마주치는 평범한 아저씨와 아주머니들이다. 그래서인지 농성장은 약간 어색한 감도 있었지만, 그분들의 절박한 눈빛만은 절대 어색하지 않았다. 그동안 최저 생계비에도 못 미치는 임금을 받아왔지만, 그것이 그분들에겐 절실한 생존의 문제였던 것이다.

이번 일의 핵심은 '파견직 비정규직 문제'이지만, 홍대 농성은 우리 사회의 다양한 복지문제와 맞물려 있다고 볼 수 있다. 우선 연세가 높으신 분들이 많다. 아울러 이분들은 대부분 기초생활보장 수급자이거나 그에 준하는 처지이다. 고령에 기초생활보장 수급자의 처지는 우리 사회에서 가장 취약한 계층이라고 볼 수 있다. 용돈을 벌어볼 요량으

비정규직대책 추진 일지

- **2011. 1. 31** | 최고위원회의, '복지 중에서 가장 시급한 복지가 비정규직 문제, 비정규직 문제를 외면하고 복지문제를 얘기하는 것은 위선', '비정규직이야말로 양극화의 최대 희생자이고 비정규직 때문에 정규직들의 양극화가 더욱 악순환되고 있다.'고 말하며 비정규직 대책마련 촉구

- **2011.2월** | 설날 책 선물 《권리를 상실한 노동자 비정규직》, 장귀연 지음

- **2011.2.5** | 홍익대학교 청소, 시설관리 등 비정규직 노동자 농성현장 방문

- **2011.2.14** | 최고위원회의, '비정규직은 515만 명으로 추산되며 평균임금은 123만 원밖에 안되는 열악한 상황', '한나라당이 친서민 중도실용정당으로서 어렵고 소외된 분들에게 관심 갖고 있다는 것을 국민들께 보여야 된다'고 주장하며 비정규직에 대한 관심촉구

- **2011.2.23** | 〈비정규직 문제 더 이상 미루어서는 안됩니다〉 비정규직문제의 원인과 해법 모색을 위한 전문가 토론회 개최

- **2011.6.2** | 한나라당 소장파 모임인 '민본 21', '사회 양극화를 심화시키는 비정규직 차별해소에 대해 당의 정책적 판단과 입장을 시의성 있게 마련해야 한다'고 의견을 모음

- **2011.6.20** | 한나라당 정책위원회, 〈비정규직 확산 금지와 차별시정, 어떻게 할 것인가?〉 토론회 개최

- **2011.7.22** | 한나라당 비정규직대책특별위원회 설치

- **2011.8.29** | 여의도연구소에서 개최된 당정청 정책협의회, 비정규직에 '4대 보험' 적용 추진 합의

- **2011.9.9** | 한나라당 비정규직 종합대책 발표

홍익대 미화원, 경비원 노조원들이 2011년 1월 21일 고용승계와 처우개선을 요구하며 홍대에서 거리 선전전을 하고있다. 노조는 용역업체의 입찰 포기로 170여명이 해고된 후 지난 1월 3일부터 무기한 농성을 벌이고 있다. © 연합뉴스

로 청소하는 분들이 아니라 그야말로 먹고사는 문제로 일하는 것이다. 법과 제도의 문제에 앞서 열심히 일하며 살아가겠다는 그분들을 비용 절감이라는 명분으로 하루아침에 해고할 정도로 우리 사회가 각박하다면 지난 수십 년간 우린 무엇을 위해 경제 발전을 말하며 숨 가쁘게 달려왔던 것일까?

twitter

doorun 정두언

비정규직이야말로 양극화의 최대 희생자입니다. 또 사회적 양극화의 원인이기도 합니다. 젊은이들도 비정규직으로 내몰리고 있습니다. 젊은층의 고통을 외면하고 나라가 바로 설 수 없습니다.
1/31 발언전문 http://bit.ly/gWKENm

2011년 1월 31일

이번 일은 성숙한 사회란 무엇인가에 대한 물음을 우리 사회에 던졌다고 본다. 기회균등을 보장하고 취약계층을 보호하는 일에 대한 사회 구성원의 합의가 바로 복지사회의 바탕이자 출발점이 되는 게 아닐까?

현재 정부기관(노동부나 통계청)의 공식통계는 우리나라 비정규직 비율이 3, 40퍼센트대이지만 일선 노동계 등의 통계를 보면 50퍼센트를 넘고 있는 현실이다. 세계에서 가장 높은 수치다. 웬만한 서민 가정에는 다 비정규직이 있다고 해도 과언이 아닐 정도이다. 따라서 이 문제를 해결하지 않고서는 앞으로 대한민국의 발전은 절대 쉽지 않을 것이다.

비정규직은 세계화와 외환위기, 그리고 최근의 금융위기를 거치며 심각하게 진행된 우리 사회 양극화의 가장 큰 피해자이다. 또한, 비정규직의 일상화 때문에 중산층이 급격히 감소함으로써 비정규직은 결국 양극화의 원인으로 또다시 작용하고 있는 셈이다.

진짜 심각한 것은 미래의 문제라 할 것이다. 비정규직이 일상화가 되고 굳어지면 우리 사회의 지속적인 도약과 발전에 적신호가 켜지게 된다. 기업의 목적은 이윤추구도 있지만, 기업 활동을 통해 벌어들인 이익을 또 다른 발전을 위해 투자를 하고, 많은 양질의 일자리를 만들어내고, 또한 다양한 사회적 활동을 통해 기업이익을 사회에 환원하는 등 사회적 책무를 수행해야 한다. 이러한 선순환을 통해 국가와 사회가 발전하고, 사회 구성원의 삶이 윤택해지며 부의 분배가 이루어지는 것이다. 하지만 요즘처럼 비정규직이 일상화하게 되면 기업은 신기술개발과 설비투자, 시장개척, 그리고 인재양성을 통해 경쟁에서 이기기 보다는 손쉽게 비용을 줄여 이익을 극대화하는 방안, 즉 비정규직 채용을 통해 임금을 줄이는 방식으로 당장 눈앞의 이익에만 집착하게 될 것이다. 유능한 인재들은 안정된 삶을 찾아 외국으로 나가게 될 것이고, 저임금으로 불안정한 생활을 해야 하는 가정의 소비는 점차 위축되어 경기선순환구조의 붕괴가 초래된다. 결국 국가 전체의 성장 잠재력을 떨어뜨리게 되어 지속적인 경제 성장과 발전은 힘들어지게 된다.

지난 2006년 11월 비정규직을 보호한다는 취지에서 '기간제근로자법' '파견근로자법' '노동위원회법' 등 비정규직 관련 법안 세 개가 국회를 통과되었지만, 아직도 비정규직 문제는 좀처럼 해소되지 않고 있다. 우리는 이러한 현실에 언제까지나 눈을 감고 있을 수 없다. 이제 큰 틀에서 사회 구성원이 합의해서 비정규직 문제 해결에 나서야 할 때라고 생각한다.

* 이 내용은 2011년 2월 14일 최고위원회의에서 발언한 내용을 정리한 것입니다.

doorun 정두언

홍대 비정규직 미화원노조의 농성현장을 다녀왔습니다. 엊그제까지 평범했던 동네 아줌마, 아저씨들이 벌이는 파업은 매우 어색했습니다. 하지만 시간이 흐를수록 이들은 생존하기 위해 어쩔 수 없이 투사로 변해갈 것입니다.

2011년 2월 5일

twitter

doorun 정두언

15일 자 국민일보에 정두언 말이 옳다는 제목의 칼럼이 실렸습니다. 비정규직관련 글인데 필자는 제가 한 번도 본 적이 없는 분입니다. 솔직히 기분이 상당히 좋습니다만, 한편으로는 책임감으로 부담도 큽니다. 하지만 전 한번 물면 여간해선 안 놓습니다.

2011년 2월 16일

doorun 정두언

홍대 미화원 비정규직노조문제가 해결되었다는 소식입니다. 개학을 앞두고 가까스로 타결되어 정말 다행입니다. 어려운 결정을 내려준 학교 측도 고맙고 난생첨 힘든 투쟁을 한 노조 측도 애썼습니다. 그리고 보이지 않는 데서 고생한 여러 관계자들 특히 수고하셨습니다.

2011년 2월 20일

젊은 시나리오 작가의 죽음에 부쳐

촉망받던 젊은 시나리오 작가 최고은씨가 굶주림과 병마에 시달리다 월세방에서 쓸쓸히 세상을 떠났다. 최고은씨는 유서도 남기지 못했고, 다만 "남는 밥이 있으면 좀 달라"는 쪽지를 옆방에 붙여 놓아 이를 본 옆방 세입자에 의해 주검으로 발견되었다고 한다. 이 얼마나 안타깝고 서글픈 일인가?

지난해에도 '달빛요정역전만루홈런'으로 알려진 홍대 앞 원맨밴드 이진원씨도 지하 전세방에서 뇌출혈로 쓰러진 채 발견돼 병원으로 옮겨졌으나 결국 숨지고 말았다.

예로부터 문화예술인들은 가난과 그에따른 삶의 고통을 창작 과정으로 여기고 기꺼이 받아들였다. 자신의 고통과 좌절의 경험을 작품

doorun 정두언

날씨가 다시 추워지고 있습니다. 병마와 굶주림으로 죽어간 최고은 작가의 안타까운 죽음이 아직껏 긴 여운을 남기고 있네요. 달빛요정에 이어 이 땅의 문화전사들이 보여준 처절한 삶의 현장이 둔해진 우리의 양심을 때립니다.

2011년 2월 9일

doorun 정두언

고 최고은 작가 사례로 제기된 '한국영화인 창작환경 개선을 위한 전문가 좌담회'를 한나라당 문화예술체육특별위원회 주최로 2월 15일(화) 10시에 국회의원회관 128호에서 열립니다. 많은 관심 바랍니다.

2011년 2월 14일

속에 녹여내 진정 인생의 백미를 느끼게 해주는 작품을 만들어 내는 게 이들이기 때문이다. 그래서 국내외 유명 문화예술인들의 삶은 매우 치열하고, 굴곡이 많다.

따라서 문화예술인들은 세상이 자신을 알아주는 그날까지 몇 번의 실패쯤이야 언제든지 맞이하고 또 극복할 준비가 되어 있다 할 것이다. 그래서 '최 작가'도 '달빛요정'도 기꺼이 꿈을 잃지 않고 힘든 길을 걸어간 것이리라.

하지만 이들을 죽음보다 더 고통스럽게 했던 건 자신의 꿈과 자존심을 팔아도 연명할 수 없는 문화산업의 현실이었을 것이다. 따라서 이 두 사건은 우리나라 문화산업계의 화려한 겉모습에 감추어진 이면의 모습을 적나라하게 보여주고 있다고 할 수 있다.

오늘날과 같이 젊은 문화예술인들의 꿈과 열정을 담보로 부당하게 이득을 취하는 구조가 계속되면 우리의 문화산업의 장래는 어두울 것이다. 문화예술계에도 자본과 이익의 논리만 통용된다면 우리의 문화산업은 미래가 없다. 우리 문화계는 많은 젊은 문화예술인들의 희생을 강요하는 고질적 관행을 바꾸고 정당한 보상시스템을 정착시켜야 한다.

아울러 국가 정책적 차원에서 젊은 문화예술인의 창작의욕을 고취하고, 그들의 어려움을 덜어줄 수 있는 다양한 지원책을 모색해야 한다.

* 이 내용은 2011년 2월 16일 최고위원회의에서 발언한 내용을 정리한 것입니다.

twitter

doorun 정두언

비정규직관련 토론회 잘 끝났습니다. 하지만 제게는 이제 시작입니다. 시대적 과제라 할 수 있는 사회통합은 비정규직 해결 없이는 공염불이라고 믿습니다. 끊임없는 토론과 이해와 절충을 거쳐 반드시 대안을 만들겠습니다. 저는 한번 물면 웬간해선 안놓습니다.

2011년 2월 23일

doorun 정두언

당분간은 비정규직이 더 확대될 것입니다. 이럴 때 발상의 전환이 필요합니다. 이제 정규직 노조는 잊어버리고 노동정책의 우선순위를 비정규직에 맞추는 겁니다. 그럴 경우 4대보험의 보장부터 시작해야 할 것입니다. 관련법안을 준비하고 있습니다.

2011년 6월 19일

doorun 정두언

올 초 2월 23일 국회에서 비정규직 대책토론회를 열 때만 해도 축사해줄 사람이 없어 썰렁했었죠. 근데 이 정부 들어서 가장 발 빠른 대응이 나왔네요. 그만큼 비정규직문제가 시급하다는 얘기겠죠. 다음 과제는 재벌대책과 영세자영업대책입니다. 중도개혁보수혁신만이 살길.

2011년 10월 9일

08 왜 국민경선 공천제인가: 진정한 민주주의의 완성을 위하여

지금 한나라당은 국민경선공천제 채택을 눈앞에 두고 있다. 최근 한나라당 의원들을 대상으로 한 설문조사 결과 90퍼센트 이상이 찬성하는 것으로 나왔다. 조만간 의총을 열어 당론으로 결정되면 당장 내년 총선부터 이 제도가 적용된다.

우리 정치사에 커다란 한 획이 그어지는 것이다. 그런데 정작 한나라당 의원들은 이 제도가 뜻하는 엄청난 의미를 잘 모르는 것 같다. 한나라당 의원뿐 아니라 국민은 물론 언론조차 그런 것 같다.

국민경선공천제는 한마디로 공천권을 특정인 또는 특정세력의 손에서 당원과 국민의 손으로 넘겨준다는 것이다. 그렇게 되면 국회의원들은 특정인 또는 특정세력의 눈치를 안 봐도 된다. 즉, 위를 보는 정치가 아니라 밑을 보는 정치가 가능하게 된다는 말이다. 이렇게 되면 자동으로 계파가 해체된다. 친이·친박이란 무엇인가. 공천권의 뿌리가 이명박, 박근혜에 있다는 것 아닌가.

그런데 아직도 언론에서는 기사를 쓰면서 '내년도 총선에서 공천을 의식하지 않을 수 없는 한나라당 의원들은…'이라는 표현을 쓴다. 그리고 많은 의원은 아직도 공천권을 가진 듯한 특정인들을 의식한 행동과 발언들을 하면서 국민의 눈살을 찌푸리게 하고 있다. '공천학살' 따위의 짙은 트라우마 또는 타성에서 벗어나지 못하고 있는 것이다.

twitter

doorun 정두언

요즘 한나라당에 대한 기사를 보면 '내년 총선의 공천을 의식한 의원들'이라는 표현이 자주 나와서 한마디. 지금 국민경선제는 95프로 의원들의 찬성으로 당론채택을 눈앞에 두고 있어 이젠 누구 눈치 보며 정치하는 시대는 곧 끝난다는 것을 모르고 하는 얘기. 의원들조차 잘 모르고 있음.

2011년 4월 30일

국민경선공천제가 시행되면 지금까지의 정치문화가 확 바뀌게 된다. 먼저 한나라당이 이것을 확정하면 야당들도 따라가지 않을 수 없다. 내년도 총선과 대선에서 단일화를 이루어내야 하는 야당의 처지에서는 무척 껄끄러운 사안이지만 명분에 못 이겨 따라가는 시늉이라도 해야 할 것이다.

여야를 막론하고 국민경선을 통해 당선되는 국회의원들은 과거와 달리 그놈의 '당론'에 크게 얽매이지 않아도 된다. 즉, 각자의 소신에 따른 정치를 할 수 있다. '국회의원 각자는 독립된 헌법기관이다'라는 말이 제 의미를 찾게 되는 것이다. 당론에 얽매이는 것은 다음 공천을 의식한다는 얘기인데 그럴 필요가 없어진다는 말이다. 이렇게 되면 국회에서 그 지긋지긋한 몸싸움도 없어지고, 다수결이라는 초등학교 민주주의가 다시 살아나게 된다. 이러면서 본격적으로 국회가 제 기능을 하게 된다.

우리나라는 민주주의의 기본요소인 삼권분립조차 사실상 안 되어 있는 나라다. 국회는 행정부를 견제해야 하는데, 대체로 다수당인 여당은 주로 대통령의 거수기 역할을 하고 있다. 그놈의 공천권 때문에. 우리나라에서 국회의장은 사실상 대통령이 지명한다. 그 국회의장도 여권 내에서 권력서열이 한참 아래다. 이러니 국회가 제 기능을 못해온 것이다. 국민경선공천제가 시행되면 우리 국회도 비로소 헌법상의 제자리를 찾게 된다.

우리 정치가 여야를 막론하고 헤매고 있는 이유는 과거 3김시대의 권위적인 리더십이 사라졌기 때문이다. 3김은 사라졌는데 새로운 리더십은 안 나타나고 과거의 권위주의적인 정치문화가 그대로 남아 있기 때문이다. 이제는 새로운 리더십이 나타나 자리를 잡아야 우리 정치가 안정된다. 그 역할은 누가 할 것인가. 그게 바로 국민경선공천제이다. 다시 말해 당원과 국민이 그 역할을 한다는 것이다. 이것이야말로 진정한 민주주의요, 선진화된 민주정치라 할 수 있다. 우리도 이제 그 길로 접어드는 놀라운 순간에 와 있는데 그걸 잘 모르고 있는 것 같다.

이런 새 시대의 리더는 과거와는 엄청나게 다른 모습일 것이다. 어떤 모습일까? 상상이 잘 안 되면 토니 블레어, 버락 오바마, 데이비드 캐머런을 커닝(?)해도 된다. 공천권 없는 지도자는 우리에게 너무 낯설고 생소하기 때문이다. 정말 이제는 누가 공천권을 갖느냐가 아니라 누가 우리 당의 지지를 올려주고, 누가 우리 당의 지지를 깎아 먹느냐에 눈을 부릅뜰 때이다.

twitter

doorun 정두언

전당대회에서 전 당원 투표제가 공감대를 이뤄가고 있네요. 과거에 최병렬대표 뽑을 때 이미 했었지요. 이러면 줄세우기가 불가능해집니다. 수십억의 돈을 썼다는 후문도 있었죠. 여기다 총선에 국민경선공천제까지 실시하면 줄세우기 돈 뿌리기는 설 땅이 없어지겠지요.

2011년 5월 2일

doorun 정두언

이렇게 되면 한나라당도 앞으론 공천을 의식해서 본의와 달리 실력자의 뜻을 따르는 조폭문화가 점차 사라질 듯. 이게 진정한 민주정당의 모습이며, 위를 보는 정치가 아니라 밑을 보는 정치가 가능해짐. 이런 의미에서도 국민경선공천제는 하루빨리 당론으로 확정돼야.

2011년 6월 10일

09 왜 또다시 재벌개혁인가: 선진경제진입의 최대 장애물

대기업은 다시 몸집을 키우며 어느샌가 과거의 재벌 이상이 되어 또다시 국가발전의 발목을 잡고 있다. © 화백 이시혁

개발독재시대에 재벌은 세계적으로 유례가 없는 한국경제의 압축성장에 크게 기여를 했다. 그러나 군사정권 말기에 재벌은 너무 비대한 공룡으로 커져 오히려 국가발전의 큰 걸림돌이 되어버렸다. 그리하여 민주화 시기에는 재벌에 대한 각종 규제와 견제가 이루어졌다. 그 후부터 우리는 재벌을 대기업이라 부르고 있다. 그런데 외환위기 후 신자유주의의 무분별한 도입으로 대기업은 다시 몸집을 키우며 어느샌가 과거의 재벌 이상이 되어 또다시 국가발전의 발목을 잡고 있다.

주지하다시피 과거 아시아의 경제 선진국이었던 필리핀이 장기침체의 늪에 빠져 개발도상국을 면치 못하는 이유는 몇몇 거대 지주가문이 국가경제를 좌지우지하고 있기 때문이다. 경제대국의 대열에 들어선 우리 경제가 선진국의 문턱에서 한 발짝도 나가지 못하는 가장 큰 이유 중 하나가 재벌의 비대화에 있다고 본다.

twitter

doorun 정두언

필리핀이 잘 나가다가 헤매고 있는 이유가 몇몇의 거대 지주 가문이 나라를 좌지우지하기 때문인데요, 우리 재벌이 지금 그 상황에 와 있는 게 아닌지 걱정입니다. 나라뿐 아니라 재벌 자신을 위해서도 이건 아니죠. 특히 재벌 속의 재벌관료주의 폐해가 극심합니다. 큰일!

2011년 4월 27일

지금 우리나라에서의 재벌은 무소불위의 절대권력을 행사한다. 북한의 세습체제를 능가하는 세습지배구조, 조카며느리까지 기업을 확장하는 문어발식 족벌경영, 족벌기업 일감 몰아주기 및 주가 띄우기, 비정규직 양산의 주범인 중소기업 쥐어짜기, 영세자영업자의 영역까지 파고드는 소위 '통 큰' 사업 등 절대권력을 행사하는 재벌은 서민경제를 파탄 내면서 양극화를 심화시키는 데 큰 역할을 하고 있다. 여기다가 재벌관료주의의 폐해와 이건희 회장도 치를 떠는 뿌리 깊은 재벌의 부정부패문화는 재벌 자체뿐 아니라 우리 경제 전체의 경쟁력을 갈수록 떨어뜨리고 있다.

이런 재벌이 이젠 정치권에까지 절대권력의 힘을 미치려 하고 있다. 재벌회장이 청와대를 비아냥거리는가 하면, 일본 외에 다른 나라에는 없는 전경련이라는 친재벌 이익단체를 앞세워 정부정책뿐 아니라 국회의 입법정책까지 시비를 걸고 있다. 특히 법인세 문제에는 이기적인 주장을 되풀이하고 있다.

2010년 일본 경제산업성이 발표한 자료에 의하면 2006~2008년 평균 법인세 실효세율은 아래와 같다.

일 본	샤프	35.8퍼센트
	파나소닉	35.3퍼센트
한 국	LG전자	19.2퍼센트
	삼성전자	15.7퍼센트

또한, 경제개혁연구소가 발표한 자료에 의하면 2009년 대기업 법인세 평균 실효세율은 17.0퍼센트로 이 정부 들어와서 대기업에 대한 법인세는 25퍼센트에서 22퍼센트로 감세했다. 또 투자세액공제 등 각종 세제혜택 덕분에 실제로 내는 실효세율은 매우 낮은 수준이다. 이처럼 법인세율은 OECD 국가 중에서도 거의 최저수준이며 우리보다 낮은 나라인 아일랜드와 아이슬란드는 잘 알다시피 국가재정이 부도났고, 폴란드와 헝가리 등은 지금 경제위기를 겪고 있다.

이에 반해서 경실련 자료에 의하면 이 정부 3년간 15대 대기업의 사내유보금은 32조 2천억에서 56조 9천억으로 76.4퍼센트 증가했다. 게다가 지난 10년간 대기업의 고용은 늘기는커녕 오히려 줄어들었다. 이러니 대기업은 법인세 감세에 따라 신규투자와 고용을 늘린 게 아니라 사내유보금과 중소기업영역에 대한 사업확장만 늘린 것이다.

이런데도 기획재정부 장관은 "부자는 미워하되 기업은 미워하지 말자"며 진실을 호도하고 있다. 장관이 무지한 건지 아니면 친재벌인 건지 알 수가 없다. 이런 마당에 기재부 장관이 깔아 드린 자리에서 전경련회장은 정말 염치도 없이 미래발전 운운하며 법인세 추가 감세를 압박하고 있다.

결론적으로 재벌을 이대로 두고서 선진국 진입을 얘기하는 것은 어불성설이다. 다시 말해 재벌개혁 없는 선진화란 불가능하다는 말이다. 그런데 정부는 지금 그런 재벌에 휘둘리고 있다. 정치권이 재벌개혁에 나서야 할 이유다. 한나라당이 부자정당이라는 오명을 씻을 수 있는 절호의 기회다.

twitter

doorun 정두언

우리 재벌은 개발독재과정에서 압축성장에 크게 기여했으나, 군사정권 말기에 너무 비대해져 민주화 과정에서 많은 견제와 제약이 있었죠. 근데 신자유주의의 물결 속에서 재벌은 다시 옛날 이상의 공룡이 되어 있네요. 이건 우리나라의 발전과 통합에 엄청난 장애요인이죠.

2011년 4월 27일

10 다시 '공정한 사회'를 생각한다

'정의론' 관심 폭발

지난해 출간돼 1백만 부 이상 팔린 미국 하버드대학교 마이클 샌델 교수의《정의란 무엇인가》는 한국사회에 '정의'라는 담론을 던졌다. 읽기도 쉽지 않고 정의라는 무거운 주제를 다룬 이 책이 이토록 폭발적 관심을 끈 것은 한국사회에서 정의에 대한 갈증이 그만큼 심했기 때문이었을 것이다. 실제로 주요 일간지 등에서 한 여론조사에서 약 70퍼센트에 달하는 사람들이 한국사회가 공정하지 않다고 생각하고 있는 것으로 나타났다. 출판계에 따르면《정의란 무엇인가》의 주요 독자층은 3, 40대 젊은층이라고 한다. 이는 우리 사회의 중추적 세대라고 할 수 있는 3, 40대의 가치관이 정신적 가치를 중시하는 쪽으로 이동하고 있음을 뜻한다. 물질만능시대에서 젊은세대가 정의 같은 사회적 가치 문제에 대해 높은 관심을 가지고 고민하고 있다는 사실은 앞으로 한국

사회가 어떤 방향으로 진행될지를 예고하는 바로미터이다. 이명박 대통령이 지난해 국정지표로서 '공정한 사회'를 제시한 것도 이러한 새로운 흐름에서 영향을 받았다고 할 수 있다.

지난해 일어났던 유명환 외교통상부 장관의 딸 특채 사건은 한국사회가 얼마나 불공정한지를 상징적으로 보여주었다. 장관이 자기 자식을 자기가 수장으로 있는 부처의 관료로 채용하려고 온갖 편법을 동원했다는 사실이 국민적 분노를 촉발시켰다. 이 사건이 터지기 직전에 '공정한 사회구현'을 천명했던 이명박 대통령은 매우 곤혹스런 처지에 빠졌다. 공정사회 비전이 유 장관의 딸 특채 사건으로 희화화됐기 때문이다.

이 대통령은 유 장관을 공개적으로 질책한 뒤 해임했다. 이 사건은 공교롭게도 정부의 행정고시 폐지방침이 발표된 직후에 터져 나왔다. 맹형규 행정안전부 장관은 행정고시제도가 시대 흐름에 맞지 않는다면서 이 제도를 폐지하고 특채제도를 확대하는 내용의 5급 공채제도를 새로 도입하겠다고 발표했다.

나는 이에 강력히 반대했다. 현행 행정고시제도의 문제점이 있기는 하지만 모든 응시자에게 공정한 기회를 보장한다는 장점이 크기 때문에 폐지보다는 보완이 바람직하다고 판단했기 때문이다. 나는 특채제도의 확대 취지는 수긍이 가지만 유 장관 딸 특채 사건에서 보듯이 특권층 자제들의 뒷문 채용으로 악용될 소지가 크기 때문에 시기상조라고 판단했다. 어쨌든 이 일은 행정고시 폐지방침에 찬물을 끼얹었고,

행정안전부는 결국 이 방침을 백지화할 수밖에 없었다.

유장관 딸 특채 사건에서 보듯이 한국사회에서는 형식적으로는 공정한 절차를 거쳐 경쟁이 이루어지는 것처럼 보이지만, 실제로는 불공정하게 이루어지는 경우가 허다하다. 한 언론사 여론조사에도 60퍼센트에 달하는 사람들이 취업 기회가 불공정하게 이루어진다고 생각하는 것으로 나타났다. 공직사회의 인사뿐만 아니라 국영기업의 인사도 기준이 매우 불투명하고 연줄이 작용하는 정실인사情實人事가 난무한다. 정권이 출범할 때마다, 진보정권이든 보수정권이든 예외 없이 특정 지역이나 특정학교 출신, 실세와 가까운 인사들이 정부의 요직은 물론이고 공기업 기관장과 임원 자리를 독차지했다. 공기업 인사를 둘러싸고 금품수수를 포함한 온갖 악성 루머가 나돌 정도로 난맥상을 보인 것은 어제 오늘의 일이 아니다. 민간기업의 취업도 정도의 차이는 있지만 연줄이 큰 힘을 발휘한다. 그동안 이명박정부 인사의 난맥상에 대해서 많은 지적이 있었다. 안타까운 것은 이 대통령이 노무현정권의 잔재를 모두 청산하면서도 유독 청와대 인사기획관제도는 그대로 계승하고 있는 점이다. 인사기획관은 노무현정권이 출범한 뒤 행정 경험이 없는 좌파인사들을 정부 요직에 배치하기 위해 청와대 비서실에 신설한 것이다. 그러고는 인사기획관이 정부 고위직 인사는 말할 것도 없고 인사권이 없는 국영기업체 및 금융기관 인사까지도 개입함으로써 물의를 빚어 왔다. 청와대가 거의 모든 인사에 개입하다 보니 각 부처 장관의 인사권이 무력해지고 이는 장관의 업무장악에 걸림돌이 되고 있다. 이 대통령이 천명한 공정한 사회를 실현하기 위해서도 인사가 투명하고 공정한 절차에 따라 진행돼야 한다. 이를 위해서는 청와대 인사기획관 제도를 폐지하고 인사권을 각 부처와 해당 기관에 돌려주어야 한다.

doorun 정두언

공정사회를 들고 나올 때 민간인 사찰 사건이 터졌죠. 총리실 담당자만 처벌하고 누구나 아는 윗선은 수사조차 안 했죠. 심부름하던 담당행정관은 모처에서 특별 대우받으며 조사를 마쳤구요. 총리실 압수수색은 충분히 대비할 시간을 준 다음 실시했지요. 이걸로 공정사회는 종쳤죠.

2011년 8월 16일

공정한 사회는 어떤 사회인가?

그렇다면 '공정한 사회'란 어떤 사회를 말하는가? 공정公正이란 공평하고 올바르다는 뜻이다. 따라서 사회의 기본규칙이 특정집단이나 한 개인의 입장에 치우치지 않고 항상 공평하고 올바르게 작동하는 사회이다. 다시 말하면 정의로운 사회이다. 그러면 정의는 무엇인가? 오래전부터 인류는 '정의란 무엇인가'에 대한 답을 구해왔다. 그리고 '정의'가 구현된 '공정한 사회'를 이룰 수 있는 방법론을 끊임없이 고민하며 그 속에서 국가와 개인의 역할과 의무를 찾았다.

그리스 철학자 플라톤은 정의를 국가에 이익이 되는 것으로 해석했다. 플라톤은 사회계급을 지배계급, 노동자계급, 노예계급으로 엄격하게 구분했다. 그리고 각 계급의 구성원은 자신에게 주어진 기능을 수행하고 다른 사람을 간섭하지 않는 것이 국가이익에 부합하면, 이것이 곧 정의라고 주장했다. 플라톤의 정의는 국가론적이고 계급적 정의였다. 아리스토텔레스는 정의를 시민에게 전리품과 명예를 분배할 때 적용되는 평등을 의미한다고 전제한 뒤 평등을 '수학적 평등'과 '비례적 평등'으로 구분했다. 수학적 평등은 기계적 평등을 의미하며 비례적 평등은 그 인물의 덕, 자손, 재산 등을 고려한 것으로 이를 통해 정치적 정의가 형성된다고 설파했다.

현대에 들어 정의론은 하버드대학교 교수였던 존 롤스John Rawls에 의해 체계적으로 정립됐다. 롤스는 정의를 공정성fairness로서의 정의justice로 규정하고 크게 두 가지 원칙으로 구성했다.

정의의 제1원칙은 정치적 자유, 언론의 자유, 신체의 자유 등을 포함하는 자유들을 사회 구성원 전원에게 평등하게 분배하는 것으로 침해돼서는 안 되는 기본적 자유이다.

정의의 제2원칙은 합리적 불평등 또는 차등의 원칙으로서 사회적 경제적 불평등을 허용하되 그것이 모든 사람, 특히 최소수혜자에게 그 불평등을 보상할 만한 이익을 가져올 때에 정당하다는 것이다. 소외되기 쉬운 사회적 최약자의 불운한 처지를 조금이라도 향상할 수 있는 불평등은 정당하다는 것이 롤스가 말한 정의론의 요지라고 할 수 있다. 이 원칙에 따르면 불평등이 허용되기 위해서는 전체에도 이익이 되고 최소수혜자에게도 평등상태보다 조금이라도 더 이익이 돼야 한다. 롤스의 정의론은 1960~1970년대 미국에서 흑인민권운동, 베트남

전쟁, 반전학생운동 등 사회정의에 대한 관심이 고조되던 격동의 시대를 배경으로 하고 있다.

《정의란 무엇인가》의 저자로서 역시 하버드대 교수이자, 롤스의 정의론을 비판한 마이클 샌델은 '정의란, 공동체의 미덕이며 정의로운 사회를 이루기 위해 공동의 선을 추구해야 한다'고 주장한다. 공동체주의자인 샌델의 정의론은 한국인들이 이해하기에는 그 개념이 추상적이며 보기에 따라서는 미국 신자유주의자들의 정의관을 연상시키는 측면도 있다. 하지만 공동체의 기반이 무너지고 공동의 선조차도 홀대당하는 한국적 현실에서 공동의 선에 대한 관심과 이를 구현하기 위한 정치의 역할을 주문한 샌델의 정의론은 그 나름대로 의미가 있다고 본다.

doorun 정두언

'공생자 행성'이란 책을 보면 50억 년 지구의 역사는 곧 공생의 역사라는 걸 쉽고도 재밌게 알 수 있어요. 인간 역시 만물의 영장이 아니라 그 공생에 참여하고 있는 한 생물에 불과하죠. 그 거대하고 위대한 조화는 결국 공생의 결과라는 거죠. 공존공생공영

2011년 8월 2일

공존공생공영: 같이 존재한다는 공존은 서로를 인정한다는 거고요. 서로의 존재를 인정하면서 조화를 이루며 사는게 공생이고요. 조화를 이루며 함께 살다 보면 같이 풍요로워져서 공영을 이루죠. 우리의 시대정신은 '공생'이 될 거라고 봐요. 그게 공생자행성에서 살아갈 도리죠.

2011년 8월 2일

공정한 사회는 기회균등에서 출발

짧은 시간에 정치적 민주화와 경제적 성장을 이룩하다 보니 한국사회는 각종 불공정한 제도와 관행들이 곳곳에서 똬리를 틀고 있다. 공정사회의 기초라고 할 수 있는 공정한 기회는 대부분 유명무실하다. 공정한 경쟁은 말뿐이다. 자본주의 시장경제의 기본인 공정한 거래도 제대로 지켜지지 않는다. 대기업과 중소기업의 관계는 '삼성동물원'이라는 말이 상징하듯이 자유경쟁시장에서 약탈적인 약육강식논리가 지배한다. 법치주의의 기본인 법 앞의 평등도 지켜지지 않는다. 사회지도층의 병역미필 논란에서 보듯이 노블레스 오블리주가 한국에는 거의 보기 힘들다.

'공정한 사회'는 모든 구성원에게 공정한 기회를 부여함으로써 출발점이 같은 사회를 의미한다. 이를 위해 구성원들에게 균등한 교육의 기회를 주어야 한다. 부모의 경제력에 의해 교육의 기회가 좌우되어서는 곤란하다.

교육의 기회는 외형적으로는 균등한 것처럼 보이지만 실제로는 본인의 능력과 노력보다는 부모의 배경이나 경제력에 의해서 결정되는 경우가 많다. 특히 공교육이 부실화되고 사교육이 판을 치는 사회에서는 출발점 자체가 차이가 있다. 소득의 격차가 교육의 격차로 이어지는 것이다. 그래서 공정한 기회만으로는 불충분하다. 실질적으로 교육의 기회를 보다 공정하게 부여하기 위해서는 더욱 공정한 부의 분배가 이뤄져야 한다.

상위 10퍼센트가 전체 부의 80퍼센트 이상을 차지하는 사회는 부의 획득이 정당한 절차에 따라 이루어졌다고 해도 공정한 분배라고는 할 수 없다. 롤스가 말한 합리적 불평등과는 거리가 멀다. 합리적 불평등이 어떤 배분비율이냐의 여부는 사회적 합의가 필요하다. 사회적 합의에 이르기까지 상충하는 이해관계를 조정하는 것은 정치의 몫이라고 할 수 있다. 그래서 정치적 리더십은 막중하다.

어느 사회에서나 구성원 간의 경쟁은 불가피하다. 경쟁이 공정하게 이루어지지 않으면 결과에 대한 승복이 이루어지지 않는다. 공정한 경쟁이 이루어지기 위해서는 일차적으로 기회의 평등이 선행돼야 한다. 한국이 전쟁의 폐허 위에서 급속하게 경제 발전의 기적을 이룰 수 있었던 비결은 자신의 능력만 있으면 성공할 기회의 문이 모든 사람에게 열려 있었던 데 있었다. 개천에서 용 난다는 성공신화가 가능했다. 그러나 오늘날 한국사회에서 개천에서 용은커녕 미꾸라지도 나기 어렵다. 사회적 유동성이 경직되고 있는 것이다. 자신의 능력과 노력만으로는 사회적 신분상승을 이루기 어려운 폐쇄적 사회로 변했다. 사회적 양극화로 불리는 경제적 불평등구조가 고착화된 탓이다. 같은 사업장에서 같은 노동을 하면서도 비정규직이라는 이유만으로 극심한 차별대우에 시달린다. 대기업과 중소 하청기업의 관계도 극히 불공정한 거래관계다. 대기업들은 중소 하청기업에 대해 원가공개를 요구한 뒤 납품가격을 제멋대로 깎아내리기를 다반사로 한다. 대기업들은 사상 최대의 수익을 올려도 중소 하청기업들은 만성적인 자금난에 시달린다.

이런 상황에서 중소기업의 기술개발이 이루어지지 않고 부품산업도 발전하지 않는 것은 너무 당연하다. 이러한 불공정 거래를 바로잡기 위해서는 공정거래위원회를 비롯한 정부 관련 부처가 무명무실한 기능을 제대로 발휘해야 한다.

doorun 정두언

공정한 사회의 출발점은 공정한 기회보장으로 가장 중요한 게 교육이 아닐까요? 공정한 교육기회 차원에서 입학사정관제 확대실시는 재검토되어야 할 것입니다. 감사원이 문제점을 지적하고 시정조치를 요구했는데도 교과부의 내년도 예산안을 보면 이 제도를 중고교까지 확대

2010년 9월 6일

구호보다 실천, 특히 지도층의 솔선수범

부富가 게임의 규칙을 위반하는 소수에게 독점되고 빈부격차가 날로 벌어지는 사회에서는 정의가 뿌리내리기 어렵다. 부의 획득이 공정한 경쟁에 의해서가 아니라 탈법과 특혜에 의해서 이루어졌다면 정당성을 갖지 못한다. 한국에서 기업인들이 존경받지 못하는 풍토가 쉽게 해소되지 않는 것은 그러한 정당성이 결여돼 있기 때문이다. 한국의 기업인들은 서구선진국의 기업인들에 비해 사회적 책임감이 희박하다. 또 한국의 기업인들은 기부에 대해서도 극히 인색하다.

한국에 빌 게이츠나 워런 버핏 같은 '기부천사' 기업인이 나온다면 기업의 이미지는 크게 달라질 것이다. 기부에 대해서는 인색한 한국의

재벌기업들은 전경련 같은 단체를 만들어 자신들의 이익은 열심히 도모한다. 사회적 강자인 대기업들이 이익단체를 만들어 집단행동을 하는 나라는 아마도 전세계에서 한국을 제외하면 찾기 어려울 것이다. 전경련을 비롯한 대기업 단체들은 지금부터라도 한국형 복지나 경제적 불균형개선, 기업의 사회적 책임실천 방안 등을 제시함으로써 사회적 갈등의 해소에 앞장서야 한다고 생각한다. 복지나 사회적 양극화 같은 문제는 사회적 강자가 양보할 때 대타협의 실마리를 찾을 수 있으며, 길게 보면 이러한 양보와 타협이야말로 강자가 우월한 사회적 지위를 장기간 유지할 수 있는 현명한 방안이기도 하다.

공정한 사회는 결코 구호만으로는 실현되지 않는다. 공정한 기회, 공정한 경쟁, 공정한 분배, 공정한 법과 질서, 공정한 거래 등을 구체적으로 담은 종합적 실천 방안이 마련돼야 한다. 아울러 지도층의 솔선수범이 강력히 요구된다. 솔선수범보다 더 확실한 메시지는 없기 때문이다. 이는 또 정치적 민주주의와 경제적 민주주의를 시대 흐름에 맞추어 업그레이드하는 것이기도 하다. 디지털시대에 1970년대의 아날로그 방식으로는 불가능하다. 인터넷 발전에 의한 정보혁명으로 사회경제적 불평등구조와 소수 특권층의 특혜와 탈법행위 등의 실상이 대중 앞에 그대로 드러날 수밖에 없는 21세기에서 정의롭고 공정한 사회에 대한 갈망은 시간이 흐를수록 더욱 강렬해질 것이다. 시대적 요구인 공정한 사회를 어떻게 실현하느냐는 지금 우리에게 주어진 시급한 최대의 과제라고 할 수 있다.

twitter

doorun 정두언

대학 시절 군대문제로 고민타가 깨달았음. 그 당시 우리나란 대체로 군대 가는 계급과 안가는 계급으로 나뉘어 있다는 사실. 우리 부몬 가는 계급이었음. 근데 더 의아스러웠던 건 부잣집 아들들은 대부분 디스크를 앓고 있다는 사실임. 부잣집 아들과 디스크의 상관관계는?

2011년 7월 19일

doorun 정두언

두 주 전 트윗에서 우리의 시대정신은 공생이 될 거라 했죠. 8·15경축사도 강조했네요. 언론들의 지적이 행동이 중요하다는데 더 정확히는 솔선수범이죠. 장개석은 부패척결을 선언하며 며느리부터 처단했죠. 그러자 모든 게 정리됐지요. 솔선수범보다 확실한 메시지는 없죠.

2011년 8월 16일

3장

상식이 통하는 정치

01 변화의 최대의 적, 고정관념

고정관념은 사고의 감옥

거의 10년이 다 돼가는 지금도 나는 지난 2002년 대선 결과가 준 충격의 의미를 잊지 않고 항상 되새기며 살아가고 있다. 그 당시 내가 받은 충격의 핵심은 변화였다. 우리 사회가 나도 모르는 사이에 엄청나게 변해 있었다는 것, 정신을 차려보니 내가 사회의 큰 물결에서 상당히 빗겨나 있었다는 것이 내가 당한 충격의 본질적 내용이었다.

21세기 새천년 어쩌고 하면서 겉으로는 줄곧 변화를 외쳐오면서도 내적으로는 나 자신 크게 달라진 게 없었다는 사실을 인정할 수밖에 없었다. 그러면서 이제야말로 변화해야겠다는 필요성을 절감하게 되었다. 이후 나는 한순간도 시대변화와 흐름을 이해하고 이에 발맞추려 노력하는 자세를 잃지 않았다.

그렇다면 우린 왜 변화를 주저하고 쉽사리 변화의 물결을 따르지 못하는가 살펴보고자 한다.

북한의 김일성이 살아 있을 때 여름이면 항상 찾아오는 손님이 있었다. 우리가 잘 아는 독일의 여류소설가 '루이제 린저Luise Rinser' 여사다. 지난 2002년 세상을 떴는데, 연말 어느 신문에 올해 사라진 큰 별 중의 하나로 보도가 되었던 기억이 난다. 우리나라에서는 비운의 천재 여류작가로 알려진 전혜린이 가장 좋아하면서 또한 가장 영향을 많이 받은 작가가 루이제 린저였다고 한다. 어쨌든 한동안 루이제 린저는 여름이면 휴가차 평양을 방문해 김일성과 많은 시간을 보내곤 했다. 그만큼 북한과 김일성을 좋아했다는 얘긴데, 훗날 김일성과 지낸 이야기를 책으로 쓰기도 했다. 한참 오래전에 어느 월간지에서 그 책의 일부분을 인용한 글을 읽은 기억이 나는데, 대충 이런 내용이었다.

> 어느 날 김일성이 린저 여사에게 이렇게 말을 했다.
>
> "누님, 이제 우리 북한도 개혁개방을 해야겠습니다." 그러자 깜짝 놀란 루이제 린저가 물었다.
>
> "아니, 무슨 소리냐? 북한이 개혁개방을 하다니. 그렇다면 너희도 결국 서구사회가 잘못 간 길을 고스란히 되밟겠다는 얘기냐? 나는 반대다. 나는 북한이 주체사상을 끝까지 고집해서 인류에게 새로운 이정표를 제시해 주기를 기대했는데. 너무 실망스럽다. 다시 생각해보기 바란다." 그럼에도 김일성이 자신의 주장을 굽히지 않자, 린저 여사는 이렇게 다시 물었다.

"그렇다면 북한이 개혁개방에 성공할 자신이 있는가?" 그러자 김일성은 뜻밖에 자신이 없다고 대답을 하면서, 그 이유를 묻는 린저 여사에게 말했다.

"북한이 개혁개방하는데 최대의 적은 인민입니다. 이제 개혁개방을 하자고 해도 인민이 그것을 받아들이지 않습니다."

이 얘기에서 알 수 있듯이 언제 어디서나 변화의 최대의 적은 고정관념이라 할 수 있다. 수십 년 동안 개혁개방을 막아온 김일성이 이제 자기가 만들어낸 고정관념의 벽에 부딪혀 한 발짝도 나가지 못하는 것이다. 그리고 이런 예는 비단 북한에서만이 아니라 우리 사회 곳곳에서 쉽사리 발견할 수가 있다. 그 작은 한 예를 들어보자.

우리는 글에서 특정종교를 거론하는 것을 극히 조심스러워한다. 잘못하다가는 필화筆禍를 겪게 되기 때문이다. 그럼에도 나는 여기서 우리 기독교의 명백히 잘못된 부분을 한 예로 들어보겠다.

우리는 교회에 갈 때 성경책을 들고 간다. 기독교의 생명은 하느님의 말씀이요, 말씀의 기록이 성경책이기 때문이다. 그리하여 수시로 성경을 읽고, 성경을 가르치며, 성경을 배운다. 그런데 정말 짜증이 난다. 성경책이 이상한 말로 되어 있기 때문이다. 우리말은 우리말인데 언제 누가 쓰던 말인지 읽기도 어렵고 이해도 잘 안 된다. 그런데 더 이해가 안 가는 것은 최고 학력의 나도 이해가 잘 안 되니 다른 사람들도 그럴 텐데 아무도 그런 사실을 지적하지 않는다는 점이다.

아이들을 생각하면 더 답답해진다. 교회선생이, 목사님이 가르쳐 주는 대로 따라 읽기는 하지만, 과연 무슨 뜻인지 알고 앵무새처럼 따라 읽는 것일까. 의문이 아닐 수 없다. 그런데도 아무도 문제 제기를 하지 않는다. 참으로 괴이한 일이다. 교회에 가면 예배시간 중에 성경봉독시간이 있다. 고백하건대, 나는 그 성경 구절이 단번에 머릿속에 들어와 본 적이 거의 없다. 내가 무식해서인가. 아무리 양보해도 그렇지는 않은 것 같다. 그렇다면 성경 공부를 안 해서 그런가. 그렇다고 치자. 그러면 성경 공부를 해야 알아먹는 성경책은 도대체 무어란 말인가. 공부를 안 해도 알아먹게 하면 안 되는가. 분명히 말해서 성경책은 공부를 안 해서 못 알아먹는 게 아니라, 그 내용이 구한말 때의 번역투 문장을 고스란히 답습하고 있는 1930년대에 번역한 글 그대로이기 때문이다. 설마 하겠지만 그건 움직일 수 없는 사실이다. 우리는 21세기 개명천지에 구한 말 선교사들과 선각자들이 어렵사리 번역해 쓰던 성경 말씀을 지금도 그대로 가르치고 배우고 있는 것이다. 이건 어쩌면 기적에 가까운 일이라고 할 수도 있겠다.

연세대학교 뒷문 쪽에 있는 작은 교회를 다닌 적이 있다. 당시 목사님과 일부 신도들은 상당히 래디칼(이 말은 원래 어원을 따져보면 급진적이라는 의미보다는 근본적, 원칙적이라는 의미에 가깝다)한 편이어서 위에서 말한 '개역성경'의 문제점을 깊이 인식하고 '새 번역성경'을 쓰기로 했다. 물론 많은 신도들의 반발이 있었지만, 목사님의 간곡한 설득으로 무마가 되었다. 그러나 '새 번역성경'의 채택은 결국 1년을 못 넘기고 다시 원점으로 돌아가고 말았다.

가장 중요한 원인은 신도들이 줄어든다는 점이었다. 작은 교회이기 때문에 신도가 늘어도 시원찮은데 줄어들고 있으니 문제가 아닐 수 없으며, 더군다나 그 이유가 교회에서 이상한 성경책을 본다는 것이었다. 새벽기도 때 인근 주민이 왔다가 이상한 성경책을 읽는 것을 보고는 이 교회는 이단이라고 동네방네 소문까지 내고 다닌 일도 있었다. 그리하여 결국은 목사님 이하 모두가 손을 들고 만 것이다. 개역성경보다는 새 번역성경이 훨씬 더 오역을 줄이고, 이해하기 쉽고 아름다운 현대 글로 번역을 했는데도 무지한 신도들의 오해가 이를 용납하지 않는 것이다. 고정관념이 합리적인 변화를 얼마나 무섭게 가로막고 있는지를 극명하게 보여주는 사례라고 할 수 있겠다.

덧붙여 얘기하면, 목사 대부분이 개역으로 공부했기 때문에 새 번역을 오히려 더 불편해한다는 점과 개역성경의 판권을 가지고 있는 출판사의 집요하고도 막강한 방해공작 등이 새 번역성경의 채택을 가로막고 있는 또 다른 원인이라는 것도 밝히고 지나간다.

지금까지 살펴보았듯이 우리에게 변화의 최대의 적은 우리가 가지고 있는 고정관념이라고 할 수 있다. 2002년 대선 후 내가 나에게 스스로 답을 준 내 변화의 실패 중 가장 큰 이유도 고정관념이었다. 내가 사회의 메인 스트림이라는 고정관념, 적어도 사회가 어느 정도 변화하고 있는지는 알고 있다는 고정관념, 우리 사회의 변화 욕구는 어느 정도 조절이 가능하다는 고정관념 등에 나 스스로 갇혀 있었던 것이다.

고정관념은 사고의 감옥이다. 우리가 자유를 빼앗기고 감옥에 갇히면 몸이 괴롭고 힘들듯이 사고의 자유를 제어하는 틀에 갇혀 있으면 세상을 넓게 볼 수 없고 결국 인생이 힘들어진다. 근세 경험론의 시조인 베이컨도 '종족의 우상, 동굴의 우상, 시장의 우상, 극장의 우상'이라는 네 가지 비유를 통해 인간이 각각의 상황에 의해 빠질 수 있는 고정관념을 우상에 비유하며, 이로 인해 있지도 않은 사실을 믿게 되거나 자신의 지식이 절대적인 진리라고 착각하는 일들이 벌어질 수 있다고 경고했다. 그래서 베이컨은 세계의 참된 모습을 알기 위해선 이를 극복해야 한다고 주장했던 것이다.

우리 모두 세상을 더욱 넓게 바라보며 살고 진정한 진리를 찾기 위해선 자신이 빠져 있을지도 모를 고정관념에서 우선 벗어나야 할 것이다. 그런 의미에서 나는 누군가 내 생각이 잘못됐다고 지적하면 정말 즐겁게 그 사람의 말에 귀를 기울인다. 정말 내가 틀렸다면 이를 통해 내 고정관념이 또 하나 깨지는 계기가 되기 때문이다.

twitter

doorun 정두언

어디세요?

2011년 3월 19일

@kissdaskynow 내가 어디있냐고 철학적인 질문을…내가 젤 행복할 때는 나 자신의 고정관념이 깨질 때, 세상의 우상을 깰 때, 그리고 남을 도울 수 있을 때죠. 벌거숭이 임금님을 외치면서 힘들고 어려운 편에서 가다보면 큰 바위얼굴을 볼라나.

2011년 3월 19일

'운동장 없는 학교' 이야기

오래전 서울과 파리의 두 명문고등학교를 비교하면서 입시지옥에 시달리는 우리 교육의 문제점을 다룬 TV 프로그램을 본 적이 있다. 서울의 이른 새벽, 학생들이 등교하는 모습으로 시작된다. 무거운 책가방을 짊어지고 도시락 가방까지 멘 학생들은 졸음이 가득한 얼굴이다. 그리고 이른바 0교시 수업을 보여준다. 반 이상의 학생들이 엎드려 자고 있고 선생님은 학생들을 깨울 생각도 안 한다. 자는 아이들의 모습은 조금씩 줄어들긴 하지만 학교 수업이 끝날 때까지 계속된다.

파리는 오전 10시부터 등교가 시작된다. 등교 시간은 학생마다 달랐다. 수업도 대학처럼 적은 수의 학생들이 둘러앉아 세미나 식으로 진행된다. 물론 자는 학생들은 전혀 없었고, 피곤함에 찌든 우리 학생들과 달리 모두가 밝은 모습이었다. 이 프로그램에서 눈길을 끈 것은 명문고교라고 소개한 파리의 학교에 운동장이 없다는 것이다. 그러면서 미국 유학시절에 본 뉴욕 맨해튼의 운동장 없는 학교들과 필자가 사는 서울 서대문구가 생각났다.

지금 남가좌동은 뉴타운개발 탓에 인구가 많이 줄었지만, 과거 서대문구 남 · 북가좌동은 인구가 10만 명에 달하는 매우 큰 동네였다. 여기에 초등학교 둘, 중학교 둘, 고등학교는 하나가 있었는데 특히 초등학교가 절대 부족했었다. 여전히 과대학교 · 과밀학급으로 남아 있었던 것이다. 여기를 다니면 그나마 다행이었다. 많은 어린이는 인근 마포구와 은평구에 있는 학교로 가는데 커다란 간선도로를 건너 한참을 걸어 다녀야 했다. 하지만 이 동네 학부모들의 소원이었던 학교를 지으려면 1천여 가구의 집을 매입해야 하는데 그 돈이 어디서 나오겠는가.

서울 강북에는 가좌동 지역과 유사한 사례들이 많은 것으로 알고 있다. 서울뿐만 아니라 지방 큰 도시에도 이런 사례가 적지 않을 것이다. 그렇다면 이 문제를 어떻게 할 것인가? 그 해답은 '운동장 없는 학교'에 있다고 본다.

운동장이 없는 학교라니 하고 펄쩍 뛸 사람이 많을 것이다. 하지만 그것은 고정관념임이 틀림없다. 앞에 얘기한 파리의 명문학교가 그것을 웅변해 주고 있지 않은가. 우리나라도 법령을 고쳐 이것을 허용하고 있다. 법으로 가능한데도 우리의 고정관념이 이를 허락하지 않는 것이다. 그렇다면 '운동장 없는 학교'의 체육 활동은 어떻게 되나? 그것은 통학버스를 이용해 구청마다 있는 문화체육회관이나 공원시설, 그리고 둔치 등을 활용하면 된다. 지역의 체육시설을 학교에 우선 제공하자는데 반대할 사람은 아무도 없을 것이다. 각 교육구청이 구청과 협의해 프로그램을 짜면 충분히 할 수 있다.

'운동장 없는 학교'는 의외의 파급 효과를 몰고 올 수 있다. 일단 '운동장 없는 학교'는 소규모학교가 될 것이다. 소규모학교는 교사와 학부모가 한마음이 된다면 얼마든지 특성화학교로, 또 명문학교로 성장할 가능성이 크다. 이렇게 되면 학교 간 치열한 선의의 경쟁이 벌어진다. 경쟁력이 없는 학교는 위기에 봉착하게 된다. 어쩌면 머지않아 폐교나 분교라는 상황이 벌어질 수도 있다.

뉴욕의 학교들처럼 한 학교가 한 건물 안에서 여러 학교로 쪼개지는 일도 상상할 수 있다. 이렇게 되다 보면 강북에도 많은 명문학교가 생겨날 것이다. 그러면 학교를 옮기려 강남으로 이동하는 현상도 작아 들고, 궁극적으로 강남 · 북 집값의 차이도 크게 줄 것이다.

세상을 바꾸려면 엄청난 종합대책이 필요하다는 것이 많은 사람의 상식이다. 하지만 세상은 작지만 결정적인 일로 바뀌는 경우가 더 많다. 한국의 밤문화가 종합대책이 아닌 야간통금해제 하나로 바뀌었듯이……. 필자는 그것을 '뇌관'으로 부르고 싶다. 줄리어스 시저는 1년 내내 전쟁터에서 지내다가 어쩌다 한 번 로마에 돌아와서는 이러한 뇌관 몇 개만 건드려 세상을 바꾸어 놓는 일에 천재였다. '운동장 없는 학교'는 난마처럼 얽힌 우리의 교육 문제를 푸는 이런 뇌관 중의 하나가 아닐까?

좌·우 이념논쟁의 허구성

죽어라 공부해서 서울대학교에 들어갔다. 그러고는 죽어라 놀았다. 그러다 보니 학점은 학사경고 수준에 육박하고 있었다. 이래서는 안 되겠다 싶어서 공부하는 동아리에 들어갔다. 훗날 학생운동의 기지 역할을 하던 대학문화연구회였다. 이영희 교수의《전환시대의 논리》를 여기서 만났다.

《전환시대의 논리》는 이전까지의 내 생각을 180도 바꾸어 놓았다. 베트남 민족의 자유를 위해서 싸운 것으로 알고 있었던 베트남전쟁이 미 제국주의의 이익을 위해 베트남 민족의 자유를 억압한 조작된 전쟁이었다니! 이것은 미국 국방성의 백서를 통해서 밝혀진 움직일 수 없는 진실이었다.

그 이후 나는 그때까지 내가 알고 있었던 모든 지식과 생각을 의심하기 시작했다. 그리고 사회가 내게 줄곧 거짓을 가르쳐 왔다는 사실에 분노했다. 그것도 지배계급의 기득권을 지키기 위해서 그랬다는 사실에 치를 떨었다. 나는 점점 싸움꾼이 되어갔다. 부모님과 싸우고, 형제들과 싸우고, 친구들과 싸우며 나는 세상을 미워했다.

돌이켜보면 당시 내 생각의 시계추는 3시에서 9시 방향으로 확 바뀌어 있었다. 그러다가 군대를 갔다 오고 사회생활을 하며 내 생각의 시계추는 다시 내려오기 시작했다. 혹자는 세상과 타협한 게 아니냐, 배부르고 등 따시면 다 그렇게 되는 게 아니냐 할 것이다. 그런 면이 있을 수 있다고 생각한다. 하지만 그보다는 생각의 시계추가 균형을 잡았다고 하는 것이 옳을 것이다.

어쨌든 나는 이제 과거의 싸움꾼은 아니다. 헌데 이 사회는 아직도 과거의 나 같은 싸움꾼들이 너무 많은 것 같다. 이들을 보면 나이를 먹어도 생각이 전혀 변하지 않는다는 게 대단하고, 반면에 두 눈으로 보아도 알기 어려운 세상을 한 눈으로만 바라보고 산다는 게 한심하다는 생각이 든다. 내 말은 좌·우 모두를 지칭해서 하는 말이다. 흔히들 '수구우파니 꼴통우파니' 하는 사람도 있지만, 그에 못지않게 '수구좌파 꼴통좌파'라 불러도 될 사람도 많다는 것이다.

예를 들어 대북관계에서 일방적 퍼주기가 아니라 상호주의를 주장하면 한편에선 무슨 전쟁을 부추기는 민족의 원수취급을 당한다. 또 한미 FTA를 얘기하면 대미종속을 말하며 식민지 사대주의자로 몰아간다. 마찬가지로 노동자 서민들의 삶이나 인권 또는 복지를 이야기하면 무조건 빨갱이 취급을 하며 어디로 떠나라느니 욕을 해대며 대화조차 안 하려고 하는 사람들이 있는 게 우리 현실이다. 이러니 어떻게 상호절충과 타협이 있을 수 있겠는가.

그 사람들은 어떻게 생각의 추가 그렇게 양극단으로 갔다가 다시 내려오지 못할까? 나는 늘 그것이 궁금했다. 솔직히 말해 나는 아직도 그 현상을 잘 이해하지 못한다. 세상일이란 다 원인과 이유가 있는 법인데 과연 그게 무얼까?

혹시 이런 건 아닐까? 유신독재시절이었다. '유정회'라는 웃기는 국회조직이 있었다. 대통령이 임명하는 국회의원들이 모여서 만든 교섭

단체였다. 이 단체의 대변인으로 J라는 사람이 있었다. 이 사람의 성명이나 논평은 곡학아세曲學阿世의 표본이었다. 당시 한참 혈기왕성했던 나는 TV에서 이 사람만 보면 마구 때려주고 싶었다. 10·26이 나고 이 사람은 정치무대에서 사라졌지만, 나중까지 잘 먹고 잘 살다가 돌아가신 것으로 알고 있다. 5·6공 군사독재시절이었다. C일보의 청와대 출입기자가 있었다. 이 사람의 기사는 한마디로 독재권력의 논리 그대로였다. 나는 신문에서 이 사람의 글을 보면 몸이 부르르 떨렸다. 그러나 이 사람은 훗날 세상이 바뀌었어도 그 신문사의 부장이 되고 중역도 되었다.

이 두 사람을 생각하면 지금도 용서가 안 된다. 더욱이 짜증 나는 것은 이들이 훗날 자신들의 잘못을 참회했다는 얘기를 들어본 적이 없다. 과거의 잘못을 이유로 자리를 내놓았다는 얘기는 더더욱 들어본 적이 없다. 바로 이것이 극단으로 간 생각의 추를 다시 내려오지 못하게 만드는 원인 중 하나가 아닐까? 만약 이것이 어느 정도 옳다면 나는 그들을 약간 이해하겠다. 극단적인 생각이 번성하는 것은 그것이 뿌리 내릴 수 있는 토양이 있기 때문이다. 그러니 먼저 이런 그들을 탓하기에 앞서 이런 토양부터 바꾸거나 없애야 하는 게 아닌가? 그러면서 우리 한나라당을 되돌아본다. 우리에게 그런 토양이 없는가 하고. 우리에게 아직도 유정회의 J 의원과 C일보의 아무개 기자가 있는 것은 아닌가 하고.

그러면서 대한민국 역사와 정통성마저 부정하고 대한민국을 태어나서는 안 될 나라라 말하며, 세계에서 가장 야만적인 3대 세습 독재국가인 북한을 지상낙원으로 여기며 추종하고 있는 또 다른 한 편을 바라본다. 그들 역시 세상을 객관적으로 바라보고 자신들의 극단적 생각을 바로잡아야 하는 것 아닌가.

생각의 극단이라는 것은 방향은 달라도 해악은 똑같은 법이다. 훗날 우리의 후배들에게 이러한 독선과 갈등의 역사를 되풀이하지 않도록 그 토양을 지금부터라도 만들 일이다.

우리 사회의 고질병: 흑백논리

우리가 흑백논리라는 말은 자주 쓰지만, 그 뜻을 정확히 아는 사람은 그리 많지 않은 것 같다. 그렇기 때문에 자기자신은 흑백논리와 무관하다고들 생각한다. 하지만 우리는 부지불식간에 흑백논리에 빠져있기가 쉽다. 고정관념이 생각의 감옥에 갇혀 세상의 한쪽 면만 바라보는 것이라면, 흑백논리는 여기서 더 나가 이분법적 사고의 틀에 갇혀 내가 생각하고 바라보는 것 이외에는 모두 잘못되었다고 여기며 적대적인 태도를 보이는 것이다.

대학생 기독교 모임에 연사로 초대를 받아 강연한 적이 있다. 강연 도중에 어쩌다 통일교 얘기가 나왔고, 문선명 목사는 일본에서 돈을 벌어 미국에서 쓰면서 국위를 선양하고 있으니 애국자로 본다고 했다. 그랬더니 앞줄에 앉아 있던 여학생이 숨을 제대로 못 쉴 정도로 곤혹스러운 모습이었다. 자기 생각에 문선명과 같은 천하의 이단을 애국자라고 하는 것을 도저히 받아들일 수 없다는 눈치였다. 강의 끝 무렵에 이점이 못내 마음에 걸린 나는 그 여학생에게 이런 얘기를 해주었다.

> "기독교인의 처지에서는 비록 이단이라 할지라도 세속적으로 얼마든지 애국자일 수 있습니다. 이것은 설령 이단 신앙을 가졌다 해도 좋은 부모일 수 있고, 좋은 자식일 수 있고, 좋은 형제일 수 있는 것과 같습니다. 잘못된 신앙을 가진 사람은 반드시 자식에게도 나쁜 아빠고, 부모에게도 나쁜 자식이고, 형제에게도 나쁜 형제여야 하겠습니까? 이런 것을 흑백논리라고 합니다. 흑백논리야말로 야만적이라 할 수 있습니다. 지성인이라면 이런 흑백논리를 배격해야 합니다."

아직도 대한민국의 이 땅에는 흑백논리가 판을 치고 있다. 자기와 조금만 생각이 다르면 무조건 나쁜 사람으로 치부하는 세상에서 우리는 살고 있다. 그리고 이러한 양상이 가장 극명하게 드러나는 장소가 바로 인터넷 공간이다. 아직도 인터넷 공간에선 말 한마디 잘못했고, 자기와 다른 논리를 폈다는 이유만으로 무조건적인 인신공격과 온갖 욕설이 난무한다. 게다가 당사자뿐만 아니라 주변 사람들, 심지어 그와 관련된 모든 것에 대해 증오심을 표출한다. 오죽하면 자살하는 사람도 나오겠는가.

나 역시 지난 2009년 초 다음 아고라 게시판에 소통과 개혁에 관한 글을 썼다가 네티즌들로부터 뭇매를 맞은 적이 있었다. 나야 이런 인터넷 환경을 알고 각오를 하고 글을 올렸지만, 상식과 도를 넘어선 악의적인 댓글이 너무 많았다. 소통을 안 한다고 욕하면서 소통을 하겠다고 나선 나에게 온갖 저주와 욕설만 퍼붓고, 생산적인 논의는 아예 거부하는 그들의 태도 역시 소통과는 거리가 먼 태도인 건 분명한 것이다.

지역감정이라는 것도 흑백논리의 한 가지 모습이다. 애향심과 지역감정은 자기 지역을 사랑한다는 점에서는 같다. 그런데 지역감정이 애향심과 다른 점은 다른 지역을 미워한다는 것이다. 전에 영남 출신의 언론인을 만났는데 나에게 말하기를, 자기 동향 후배가 나를 나쁜 놈이라 욕하기에 왜 그러냐 했더니 "그자식 전라도잖아요."라고 했단다. 이건 실화다. 나와 다른 지역 출신은 나쁜 놈이라는 생각. 이처럼 허무맹랑한 흑백논리가 어디 있겠는가. 그런데 우리는 수십 년 동안 이런 감정 속에서 서로 증오하며 살아왔다.

더욱 큰 문제는 이 같은 흑백논리가 판을 치는 야만적인 풍토가 편가르기에 이용될 수 있다는 사실이다. 자고로 편가르기는 독재자들이 지지자들을 동원할 때 쓰는 가장 고전적인 수법이다. 그리고 흑백논리를 이용한 편가르기가 횡횡하던 시대는 어느 나라 어느 민족을 막론하고 모두가 암흑기였다. 서구의 중세가 그랬고, 히틀러의 나치제국이 그랬고, 중국의 문화대혁명이 그랬고, 폴 포트Pol Pot의 킬링필드가 그랬고, 미국에서도 매카시즘이 맹위를 떨칠 때가 그랬다.

몇년전 한나라당과 중국공산당과의 친선 축구경기차 방문한 베이징에서 만난 인민대학의 어느 교수는 이렇게 말했다.

> "제2차 세계대전이 끝나고 각각 한국전쟁과 국공내전을 치른 상태에서 한국과 중국은 비슷한 상태였다. 그러다 문화대혁명을 보내며 한국과 중국은 엄청나게 벌어졌다. 이제 중국은 한국을 뒤쫓느라 맹렬히 뛰고 있다."

그런데 지금 한국은 과연 어느 지점에 서 있는 것인가.

twitter

doorun 정두언

@minenjun 흑백논리와 같은 이분법적인 사고야말로 야만적인 사고의 전형이죠. 한나라당이 맘에 안 든다고 거기의 모든 사람이 맘에 안 들어야 하는 강박관념. 거기에는 좋은 친구도 좋은 아빠도 좋은 이웃도 있을 수 없다는 건 넘 유아적인 것 같아요.

2011년 6월 22일

망국적인 편가르기 정치

오래전에 어느 방송국에서 '대한민국 1퍼센트'라는 주제로 100분 토론이 있었다. 거기에 나가서 이렇게 얘기했다.

"대한민국 1퍼센트라는 말은 생소한 말이다. 언제부터 이 말이 나왔

나. 누가 얘기하기 시작했나. 갑자기 이 말을 쓰는 저의가 무엇인가?"

'대한민국 1퍼센트'라는 말은 지난 노무현정부의 부동산정책이 실패하면서 갑자기 등장한 말이다. 전국적으로 비판 여론이 비등한 시점에 이 말이 나온 것이다. 당시 행정자치부(현 행정안전부)에서는 느닷없이 대한민국 1퍼센트가 전국의 부동산 51.5퍼센트를 소유하고 있다는 통계까지 발표했었다. 문제는 그 수치가 조작적이고 자의적이어서 국민을 헷갈리게 하였다는 것이다.

이를테면 국민 28.7퍼센트만이 부동산을 소유하고 있다고 했다. 그러면 국민 71.3퍼센트가 땅 한 평 안 가지고 있다는 얘긴데, 이 71.3퍼센트란 갓 태어난 어린아이까지 포함된 수치다. 아버지는 땅을 가지고 있지만 엄마, 아들, 딸을 못 가지고 있어서 문제란 식이다. 부동산 소유현황은 가구별로 따져야지 개인별로 따지다 보니 이런 해괴한 통계를 국민에게 내민 것이다.

우리나라에선 부동산 하면 쉽게 투기, 부도덕, 불로소득, 일확천금, 탈세, 위장전입 등 좋지 않은 내용과 연관된다. 여기다 일부 몇 퍼센트만이 부동산을 소유했다느니 하는 발표는 국민에게 커다란 박탈감을 느끼게 했을 것이다. 분명히 국민은 잘사는 사람들을 부동산 투기나 일삼으며 부도덕한 방법으로 돈을 벌었다고 치부해버리고 그들을 향해 강한 분노를 표출할 것이다. 이는 전형적인 편가르기 방식으로, 국민을 동원하고 서로 증오하게 하여 자신들의 정치적 목적에 이용하려 한 것이다. 그들이 그렇게 욕했던 군사독재시절 독재자의 통치기반을 공고히 하기 위해 북한의 남침가능성을 이용하여 준전시상황을 조성하고, 영호남 지역감정을 조장하여 정권유지에 이용한 행태와 다를 게 없는 것이다.

가까운 나라 중국을 한 번 살펴보자. 소위 국가를 혼란에 빠뜨린 '10년간의 대재앙'이라고 불리는 문화혁명 때의 중국을 자세히 보면 국민의 증오심과 분노를 동원하는 정치가 국가발전에 얼마나 해로운 것인가 알 수 있다.

- 마오쩌둥이 당, 당의 엘리트, 국가구조와 기관 등을 공개적으로 공격하고 실질적으로 파괴할 것을 촉구했다.
- 문화혁명이 한때 '주변집단의 반란'으로 불린 것은 사회적으로 불이익을 당하거나 실망한 사람들이 마오쩌둥과 그 추종자들에 의해 우대받고 새로운 혁명에 열광한 배경에 기인한다.
- 마오쩌둥은 경제 발전과 국민의 생활여건을 우선시하는 대신에 계급투쟁에 집착하면서 자신의 권력을 공고히 하기 위한 새로운 정치적 운동을 구상하게 되었다.
- 문화혁명의 주역들은 신질서와 정치를 경제 문제에 연계시키려는 모든 시도에 반발했었다.
- 문화혁명은 경제적 측면에서 볼 때 1950년대 말 대약진운동 이래로 가장 심각한 경제위기를 만들었다.
- 인류역사에서 인간이 만들어낸 파국이 이렇게 엄청난 영향을 미친 적은 아직도 한 번도 없었다.

이상은 문화혁명에 대한 탁월한 비평가인 독일의 토마스 헤베러 Thomas Heberer의 논문에서 인용한 글들이다.

나는 그동안 우리 정치의 가장 큰 잘못 중 하나가 국민을 편가르기 하고 분열과 갈등을 조장하여 이를 이용한 것으로 생각한다. 해방 이후 우리나라 정치인 혹은 정치세력 중 이념, 지역, 계층, 세대 등 갈등의 원인이 무엇이든 거기로부터 자유로울 사람은 몇 안 될 것이다. 정치는 국민의 갈등을 조정하고 화합과 통합을 통해 국가의 미래비전과 발전을 이끌어내는 것이지 분열과 갈등의 조장이 아니다. 이제 우리 정치도 한 단계 업그레이드가 필요한 시대다.

doorun 정두언

@MAXNSR 이분법적인 사고의 극치가 흑백논리죠. 우리나라에서의 극치가 지역감정이고요. 저 동네 사는 놈들은 다 나쁜 놈들이라는 식의 흑백논리야말로 가장 야만적이면서 유치한 사고방식이죠. 남들이 나를 그렇게 본다고 생각하면 끔찍하면서도 나는 그렇게

2011년 7월 19일

02 최고의 족집게는 상식

황우석 파동을 되돌아보며

세월이 많이 지났다고는 하지만 아직도 우리에게 황우석 파동이 할퀴고 간 상처는 너무도 크다. 우리나라 최초의 과학분야 노벨상을 염원했던 순진한 사람들부터, 정상인으로 복귀를 꿈꾸었던 수많은 지체장애인들은 물론, 바이오산업의 혁명을 통해 대한민국의 경제적 도약을 기대했던 국민들 모두의 허탈감은 아직도 가시지 않고 있다. 여기다 국제적인 망신살로 말미암은 대한민국의 국가적 위신과 이미지 추락은 어찌할 것인가? 그 일이 있는 직후《사이언스》지에 제출한 논문이 검토도 되지 않고 돌아왔다거나 이미 허가서를 받은 미국의 포스트닥postdoc(박사 후 연구원) 자리가 새삼 보류 통지를 받았다는 얘기들도 심심찮게 들려오곤 했었다.

이러한 모든 손실을 금액으로 따지면 얼마나 될까? 수십조? 수백조? 그러나 세상살이에는 늘 명암이 있는 법으로 이번 파동으로 우리

과학계가 제자리를 잡는 결정적인 계기가 된다면 결코 손해가 아니라는 주장도 설득력이 있다.

내 개인적으로 황우석 파동을 보면서 크게 깨달은 사실이 하나 있다. 최고의 족집게는 상식이라는 것. 무슨 얘긴가 하면 일이 이렇게 되어서가 아니라 사실 나는 벌써 오래전부터 황우석 씨에 대해서 의심을 하고 있었다. 과학자라는 사람이 어떻게 정치인 후원회는 다 쫓아다닐까? 저렇게 강연과 인터뷰에 바빠서 언제 연구를 할까?

그러다 의사 친구들을 만나면 물어보았다.

"솔직히 말해봐라. 황우석이가 말이 되나?"

웬만한 의사들은 고개를 갸우뚱했다. 그중에서 특히 비타민C 박사로 유명한 내 친구 이왕재는 몹시 부정적이었다.

"그러면 당신들은 왜 문제 제기를 안 하느냐?"

이 질문에는 모두가 난처한 표정이었다. 어쨌든 나는 속으로 '황우석은 가짜다'라는 결론을 내버렸다. 그리고는 이것을 혼자 담고 있기가 어려웠다. 그래서 가까운 지기들을 만나면 이렇게 속삭였다.

"황우석은 수년 안에 사고를 치고 말 거야." 그때마다 그들은 눈을 동그랗게 뜨고 나의 말에 황당해했다. 그러다가 황우석 파동이 났다. 서울대 조사위의 중간발표가 나자 내가 속삭였던 지기들로부터 전화가 왔다.

"니 우째 알았노? 니 족집게 아이가."

"야 내가 과학을 아니, 뭘 아니. 상식적으로 안 맞는 건 사기야."

이렇게 대답을 하다가 문득 깨달은 것이 그것이다.

'최고의 족집게는 상식'이라는 것이다.

우리가 상식이라는 게 있다고 할 때 상식에 안 맞는 것은 가짜라 할 수 있다. 그런데 우리는 때로는 제 욕심에, 때로는 고정관념에, 때로는 대세에 사로잡혀 상식을 흐리는 것이다. 우리가 상식을 가리고 있는 이런 안개들을 걷을 수만 있다면, 다시 말해서 정확하게 상식적인 판단만을 내릴 수 있다면 우리는 누구나 족집게 무당이 될 수 있다.

한 가지만 복기를 해보자. MBC 〈PD수첩〉이 나가자 황우석 씨는 모든 공직을 사퇴한다며 사과성명을 발표했다. 이후 국민은 "황우석 힘내라"고 하며 난자 기증자까지 줄을 섰다. 여기서 잠깐! 난자를 기증하겠다고 나섰던 사람 중에 난자를 채취하려면 적어도 부분마취 또는 전신마취까지 해야 한다는 사실을 안 사람이 얼마나 될까.

아무튼 나는 그때 황우석 씨의 사과가 조금은 과하다고 생각했다. 쉽게 말해서 둘 정도를 잘못했는데 열 정도를 잘못했다고 사과해 버린 것이다. 이처럼 세게 사과를 해버리니 오히려 국민에게서 동정심이 확 일어났다. 황우석은 이래서 프로라고 할 수 있다. 가짜 세계에서의 프로이긴 하지만……. 어쨌든 황우석 씨의 도에 넘는 사과는 상식에 안 맞는 일이었다. 결과적으로 모든 것이 다 드러났지만, 그 이후에 진전될 사태를 미리 덮어 버리기 위해서 그렇게 했던 것 같다. 정치 쪽에서는 이런 수법들이 왕왕 사용되곤 한다. 이렇듯 상식적으로 판단할 때 아닌 것은 언제나 아닌 것이다.

사실 국민의정부 때도 황우석 파동과 비슷한 것이 있었다. 이른바 신지식인 소동이다. 정권 출범 전부터 신지식인 어쩌고 하더니 한 사람을 신지식인으로 띄웠다. 사람들은 뭐가 뭔지도 모르면서 신지식인이라 하니까 그런가 보다 했다.

당시로 다시 돌아가면 그 사람이 왜 갑자기 신지식이 되었는지 상식적으로 이해가 가지 않는다. 하지만 이 글의 주제처럼 우리는 그 당시 그 일에 대해 상식적으로 판단하지 않았다.

한편, 황우석 파동도 그렇지만 신지식인 소동에도 언론 역할이 매우 컸다. 늘 그렇듯이 권력이 시동을 걸면 언론은 액셀러레이터를 밟아준다. 그런데 더 큰 문제는 일이 다 드러나고 난 후에도 그에 대해 아무도 책임을 지는 사람이 없다는 것이다. 신지식인의 영화가 어떻게 끝났는지는 다 알고 있다. 그런데 그 영화를 마구 띄워 준 사람 중에, 권력이든 언론이든, 그에 책임을 지고 뭘 어떻게 했다는 소리를 들어본 적이 없다. 황우석 파동의 끝도 이와 마찬가지였다는 것이 이 해프닝이 던지는 진짜 의미 아닐까.

03 우리가 본받아야 할 링컨의 리더십

지난 2009년은 링컨 출생 200주년이 되던 해였다. 당시 링컨을 재조명하는 작업이 활발했었다. 링컨과 관련된 학술발표회를 비롯하여 다양한 행사가 개최되기도 했고, 많은 연구서가 발표되었는데 대부분 링컨이 미국의 위기상황에서 발휘했던 리더십에 대해 재조명한 내용이 많았던 것 같다. 링컨과 같은 사람이 등장해 우리를 이끌어간다면 오늘날 우리가 처한 많은 국가적 어려움을 잘 극복하고 대한민국을 한 단계 더 도약시키지 않을까 하는 생각이 든다.

링컨의 생애에 대해서 수많은 평가가 있었지만, 그중에서 러시아 대문호인 톨스토이의 글이 단연 압권이다.

> 역사상 위대한 영웅들과 위인들이 많이 있었지만
> 진정한 거인은 링컨 한 사람밖에 없습니다.

왜냐하면 링컨은 자기를 미워하고 죽이려던 원수들까지도
용서하고 형제처럼 대하며 사랑의 손을 내밀었기 때문입니다.
링컨은 마치 예수 그리스도의 축소판이라고 할 수 있습니다.
링컨의 미소는 따사로운 햇살같이 빛났으며,
링컨의 행동은 바위처럼 단단했고,
링컨의 인품은 친절과 관용으로 넘쳤습니다.
우리는 모두 링컨을 인류 역사상 가장 위대한 성자로
영원히 기억할 것입니다.

— 톨스토이

링컨의 리더십은 '통합의 리더십' '겸손의 리더십' '관용의 리더십'으로 분석된다. 내란으로 갈기갈기 찢어진 나라를 하나로 묶어낸 위대성이 통합의 리더십이요, 실패를 거듭할 때마다 늘 자신의 부족함을 깨닫는 낮은 자세가 겸손의 리더십이요, 원수를 친구로 만드는 인간적 크기가 관용의 리더십이라고 본다.

나는 이 중에서 관용의 리더십이 제일 멋있다. 링컨 대통령 사후 유품 중에 편지가 많았고, 그 편지 중에 이런 게 있었다. 남북전쟁 중 북군의 미드George Gordon Meade 장군이 링컨의 명령을 어기고 결정적인 실수를 했다. 화가 머리끝까지 난 링컨이 미드 장군을 심하게 질책하는 내용의 편지가 있었는데, 이 편지는 보내지 않은 편지였다. 링컨의 상투적인 수법이다. 누가 미우면 그를 비난하는 편지를 쓰고는 태워

버린다. 증오를 삭이는 방법이다. 미드 장군에게 쓴 편지는 미처 태우지 못한 편지였던 것이다.

대통령이 된 링컨은 자신을 평생 괴롭힌 정적 스탠턴Edwin M. Stanton을 국방장관에 임명한다. 주위에서 반대가 심하자, 이렇게 말했다.

> "원수는 죽여서 없애는 게 아니라 마음속에서 없애야지요. 이제 그 사람은 나의 적이 아닙니다. 나는 적이 없어져서 좋고, 그처럼 능력 있는 사람의 도움을 받아서 좋고 일석이조 아닙니까?"

링컨에 관한 이런 예화는 너무도 많다. 가히 관용의 달인이라고 할 수 있지 않나.

미국 16대 대통령 에이브러햄 링컨 대통령 © 연합뉴스

설마, 나라가 망하랴? 지도자의 중요성

광화문 정부중앙청사 맞은편에 같은 모양의 건물 두 개가 나란히 서 있었다. 미국대사관과 문화체육관광부 청사이다. 이 건물들을 누가 지었는지 알면 모두 놀랄 것이다. 필리핀 건설회사가 지은 것이다. 당시에는 건립비용도 외국 원조자금으로 충당한 것으로 알고 있다. 그때만 해도 필리핀은 우리나라보다 선진국이었다는 얘기다. 그런데 그 필리핀이 지금은 어떻게 되었나? 설명 자체가 구차스런 일이 아닌가?

남미의 아르헨티나와 브라질은 또 어떻게 되었나? 아르헨티나의 수도 부에노스아이레스는 이미 1백년 전에 지하철을 건설한 도시다. 그러던 아르헨티나가 이제는 외채와 인플레, 만성파업에 시달리는 국가가 되었다. 한국전쟁으로 우리의 전 국토가 잿더미가 되어 있을 때 브라질의 옛 수도 리우데자네이루에서는 월드컵이 화려하게 열렸다. 지금도 리오에 가보면 그 당시의 영화가 그대로 남아 있다. 물론 엄청난 자원부국인 브라질은 2000년대 들어와 신흥경제강국으로 부상하고 있는 4개국을 일컫는 '브릭스BRICs(브라질, 러시아, 인도, 중국)'라 칭해지며 화려한 비상의 날개를 펼치고 있다. 하지만 다시 여기까지 오기 위해 참으로 먼 길과 오랜 세월을 돌아와야만 했었다.

왜 이렇게 되었을까? 나는 몇 번의 말레이시아와 인도네시아의 출장길에서 이 의문에 대한 답을 얻었다. 말레이시아와 인도네시아는 원래 한 나라였다. 인종도 같고, 언어도 같고, 기후도 같고, 자원도 같은 한 나라였다. 그러다가 제2차 세계대전이 끝나고 영국으로부터 독립되면서 둘로 나뉘었다. 그런데 지금 말레이시아의 수도 쿠알라룸푸르에 가면 '유럽의 어느 도시에 와 있나?' 하는 착각이 들 정도로 선진도시의 모습을 갖추고 있다. 이에 비해 자카르타는 우리의 1960~1970년대를 연상시키는 모습을 보여주고 있다. 이 두 나라가 왜 이렇게 차이가 나게 되었을까?

말레이시아는 1980년대 초에 마하티르라는 걸출한 지도자를 만나서 비약적인 발전을 거듭했는데 비해, 인도네시아는 무능하고 부패한 지도자들이 엎치락뒤치락하면서 정체를 거듭해 왔다. 아울러 우리는 최근 브라질이 다시 화려하게 비상하고 있는 데는 '룰라'라는 걸출한 대통령이 훌륭한 리더십으로 브라질을 이끌었다는 사실을 간과해선 안 된다. 한마디로 말해서 위의 국가들의 예는 지도자를 누굴 만나느냐에 따라서 나라와 민족의 운명이 달라진다는 것을 보여주는 좋은 사례라 할 것이다.

이처럼 과거 브라질, 아르헨티나, 필리핀, 모두 잘못된 지도자들을 만나 나라가 거꾸로 간 것이다. 이런 나라가 어디 이뿐이랴. 그리고 과거의 이집트, 그리스, 로마, 스페인, 터키 등은 지금 어떻게 되었는가. 역사는 이렇게 나라가 망한 사례들을 분명히 보여주고 있는데, 사람들은 관성의 법칙에 착각하여 "설마, 나라가 망하랴?" 하고 있다.

04 우리는 왜 소통이 안 되는가

* 한나라당 국민소통위원장으로 취임한 후 2009년 1~2월
포털사이트 다음daum 아고라에 올린 글들이다.

한나라당 국민소통위원장을 맡게 되자 집사람으로부터 첫 반응이 나왔다.

"가족부터 소통합시다!"

그리고 또 곤혹스러웠던 것이 기자들로부터 문자 메시지가 쇄도했다. 소통위원장이 왜 이렇게 소통이 안 되느냐고. 사실 그동안 이러저러한 일 때문에 기자들과 접촉을 하지 않고 있던 터였다. 그 후로 어쩔 수 없이 소통에 대해서 많은 생각을 하게 되었다.

지난 2008년은 특히 소통이 큰 화두로 대두한 한 해였다. 청와대가 소통 부재를 자인하며 소통을 위한 노력을 강조했을 정도였으니. 그러나 해가 바뀐 지금까지 우리 사회에서 소통이 잘 이루어지고 있다는 징후는 별로 발견되지 못하고 있다. 정부와 국민 간, 여야 간, 그리고 은행과 기업 간 소통 등이 원활해지기는커녕 오히려 더 막혀가는 분위기다.

우리는 왜 소통이 안 되는가. 서로 남 탓만 하지 말고 각자 솔직하게 생각을 해봤으면 좋겠다. 이글은 그런 뜻에서 내놓는 발제다.

나는 정치권에 들어와서 비교적 발제를 많이 한 편이다. 하지만 발제는 늘 고통을 수반하게 된다. 그 고통이 무엇을 의미하는지 여기서 굳이 얘기할 필요도 없을 것이다. 그러기에 발제는 용기가 필요하다. 그렇다고 내가 용기가 있는 사람이란 말은 아니다. 오히려 나는 겁이 많은 편이다. 악성 댓글이 무서워 내 홈페이지도 잘 안 들어가는 사람이다. 그러나 한편으로 나는 나의 비겁함에 스스로 못 견딘다. 이러고 살아야 하나 하는 자괴감에 빠져 있느니 차라리 욕먹는 길을 택한다. 세상의 비난보다는 내면의 비난이 더 무섭다고 해야 하나.

소통이 안 되는 이유를 여기서 체계적으로 총괄적으로 논할 자신은 없다. 다만 일상생활에서 흔히 우리의 소통을 가로막는 몇 가지 명백한 요인들을 살펴보고자 한다. 편견과 선입견과 같은 고정관념, 이분법적 사고 특히 흑백논리, 오만과 독선, 무지 특히 상대방에 대한 관심과 배려 부족 등이 그것이다. 물론 이것들은 상호배타적인 것이 아니라 서로 영향을 미치며 맞물려 있다. 여기서는 논의의 편의상 이것들을 구분해서 얘기해보자.

편견과 선입견 같은 고정관념

내가 대학을 다닐 때는 유신독재가 기승을 부리던 시절이다. 부모들은 늘 자식들이 반정부시위에 가담할까 봐 전전긍긍했다. 그 당시 우리 사회의 기성세대들은 이렇게 얘기하곤 했다.

"자식들, 공부하기 싫으니까 데모나 하고 말이야."

당시 데모는 거의 서울대에서 주동했다. 그렇다면 서울대생들이 제일 공부하기 싫어했다는 말이다. 그때의 기성세대들은 젊은세대를 그런 고정관념으로 바라보고 있었다. 나는 학내 동아리에서 소위 이념서적을 읽으며 의식화를 경험했다. 특히 《전환시대의 논리》 등 이영희 교수의 책을 읽으며 충격을 받았다. 그때까지 내가 가지고 있던 모든 지식과 논리는 모두 지배계급이 강요한 허위였다는 자각에 치를 떨었다. 그 후부터는 세상이 모두 거꾸로 보였다. 내 의식의 시계추는 기성세대가 평균적으로 보였던 3시 방향에서 9시 방향으로 급격히 바뀌었다. 그러나 9시 방향 역시 또 다른 고정관념의 틀이라는 사실을 깨달은 것은 먼 훗날이었다. 역사교육의 편향성이 논란이 되고 있다. 단순화시켜 얘기하면 너무 9시 방향에서만 서술되고 있다는 말이다. 그런데 놀라운 사실은 그것을 바로잡겠다는 현 정부에서 시도한 현대사 특강에 등장하는 강사들 다수가 3시 방향의 인사들이라는 점이다. 참 어이가 없었다. 나는 이 정부가 다시 3시 방향으로 돌아가기 위해서 등장했다고 생각하지는 않는다. 그런데 도대체 이게 무슨 일인가. 영혼이 없는 관료들의 과잉충성 탓으로만 돌릴 수 있는 것인지…….

어쨌든 3시 방향이든 9시 방향이든 고정관념에 사로잡혀 있다 보면 서로 소통이 불가능해진다. 한쪽은 빨간색 렌즈, 다른 한쪽은 파란색 렌즈의 안경을 쓰고 세상을 보면서 대화를 하니 무슨 대화가 되겠는가.

"뭐라고 저게 빨갛다고! 이거 미친놈 아니야?" 이런 식이다. 이 얘기는 하나의 예일 뿐이다. 우리 모두는 각자가 엄청난 편견과 선입견을 가지고 살아간다. 그리고 그것은 살면서 우연히 갖게 된 것도 있지만, 대부분 선의든 악의든 외부에서 의도적으로 주입된 것이 많다. 그런데 우리는 그것을 절대불변의 진리라고 믿고 목숨을 걸기까지 한다. 그래서 거의 죽일듯한 증오심을 가지고 악성 댓글을 다는 것이다. 사랑하며 살기에도 아까운 인생인데 이따위 관념의 노예가 되어 남뿐만 아니라 자기의 삶을 증오의 칼로 깎아 먹으며 살아야 하겠는가.

twitter

doorun 정두언

세상이 화목해지려면 서로가 역지사지 하는 게 중요한 것 같아요. 상대방 입장에서 생각해보는 것 말이죠. 내가 저 입장에서도 그럴 수 있는 일을 가지고 상대방을 비난하면 안 되겠지요. 그러려면 인간을 이해하려는 마음이 필요하겠지요. 근데 나부터도 잘 안 돼요.

2011년 3월 16일

@mymelon1 노무현 대통령이 국회연설을 위해 입장할 때 저도 일어나지 않았어요. 근데 이명박대통령 입장할 때 민주당의원들이 앉아 있는 걸 보니 정말 반성이 되더라구요. 개인이 비호감이더라도 대통령은 대통령인데 말이죠. 절로 역지사지가 되더라구요…….

2011년 3월 16일

이분법적 사고 특히 흑백논리

기독교 대학생 모임에 가서 강의한 적이 있다. 강의 도중 우리나라의 모 종교단체가 일본을 위시한 세계 각지에서 많은 돈을 끌어모아 미국의 수도에서 유력 신문을 운영하는 등 나름대로 국위를 선양하고 있다는 얘기를 어쩌다가 하게 되었다. 순간 앞줄에 앉아 있던 여학생 하나가 얼굴이 사색이 되어 곧 옆으로 쓰러질듯했다. '아니 어떻게 그런 지독한 이단을 애국자라고 할 수 있단 말인가!'

눈치를 보니 도저히 내 얘기를 받아들일 수 없다는 표정이었다. 이대로 넘어가서는 안 되겠다 싶어 할 수 없이 사족을 달아야 했다.

> "자기가 생각할 때 이단이라고 해서 그 사람이 애국자면 안 된다는 법은 없습니다. 설령 이단이라 해도 좋은 친구일 수 있고, 좋은 선생일 수 있으며, 좋은 상사일 수 있습니다. 저 사람이 이단이면 종교적으로 문제이지 그 나머지도 모든 게 나쁘다는 그런 생각은 너무 터무니가 없습니다. 우리는 이런 걸 흑백논리라고 합니다. 지성인이라고 할 수 있는 대학생들은 이런 흑백논리를 항상 경계해야 합니다. 최첨단 문명이 발달한 21세기에도 때때로 우리는 이런 야만적인 생각에 빠지곤 합니다. 제 말이 지나쳤다면 용서해주기 바랍니다."

용서를 빌기는 했지만 실은 그나마 말을 많이 완화시킨 것이었다. 사실 21세기인 지금에도 이런 야만적인 흑백논리는 아직도 곳곳에서 판을 치고 있다. 그리고 그 중의 대표적인 곳이 인터넷 공간이다. 이에 대해서는 새삼 설명이 필요 없을 것이다.

참고로 우리 사회의 대표적인 흑백논리를 들라 하면 지역감정을 들 수 있다. 지역감정과 애향심은 자기가 태어나서 자란 고장과 그곳 사람들을 사랑하는 것이 같다. 그런데 지역감정은 자기가 태어나서 자라지 않은 저곳과 그곳 사람들을 미워하는 것이 애향심과 다르다. 저곳 사람들은 다 나쁘다는 터무니없는 생각. 그래서 좋은 이웃도 좋은 제자도 좋은 부하도 될 수 없다는 이 야만적인 생각들이 아직도 우리 사회에 깊이 남아 있다. 그러니 망국적인 지역감정이라 하지 않는가. 얼마 전 영남 출신의 어느 언론인이 말하기를, 자기 동향 후배가 나를 나쁜 놈이라 욕하기에 왜 그러냐고 했더니, '전라도잖아요!'라고 했단다. 이건 실화다.

흔히 유치하고 천박한 수준의 사람들은 이 복잡하고 오묘한 세상의 모든 면을 단순하게도 이거 아니면 저거란 식으로 보는 이분법적 사고에 빠지기 쉽다. 그리고 이런 이분법적 사고가 흑백논리로 발전하면 지극히 위험해진다. 이런 생각들이 우리 사회를 조화와 균형보다는 반목과 극단으로 몰고 가는 것이다. 어쨌든 이분법적 사고와 흑백논리에 빠진 사람과 더욱이 그런 사람들 간에 소통이란 불가능하다. 알아보지도 않고 서로가 저놈은 그런 놈이야 라고 규정지어 놓고 무슨 소통이 되겠는가. 누구든 자기 자신이 그런 이분법 또는 흑백논리로 규정지어지는 것을 흔쾌히 받아들이지 않을 것이다. 그러면서도 남에 대해서는 계속 이분법과 흑백논리로 재단한다? 이런 자들이 많으면 세상은 살기가 너무 힘들어진다.

twitter

doorun 정두언

우리 인간이 모두 부족한 존재이고 갈등하는 존재이고 모순된 존재라는 것을 받아들인다면 서로에게 연민을 가지고 소통할 수 있지 않을까요? 애정을 느끼면 행복하고 증오를 느끼면 고통받으면서 우리는 왜 상대방을 적개심을 가지고 보려고만 하는지…

2011년 4월 8일

오만과 독선

17대 국회는 대통령 탄핵이라는 사상 초유의 사태를 치르고 탄생한 국회였다. 한나라당은 선거 기간 중 국민들로부터 거의 몰매를 맞다시피 했다. 17대 초반 국회에서 마주치는 여당의원 대부분은 한나라당 의원들을 마치 버러지를 보는 양 경멸하는 눈초리로 쳐다보았다. 그들은 국회 내 회의장에서 '야, 이 살인마들아!'라는 말을 서슴지 않았고, 심지어 총리는 대정부질문에 대한 답변을 통해 야당 의원들을 마음껏 조롱했다. 당시 여권은 탄핵사태를 거치며 이내 오만과 독선에 빠져버린 것이다.

지금 생각해보면 그때 국민이 한나라당을 혼내준 것인데, 여당은 마치 자기들을 사랑해서 지지해준 것으로 착각했던 것이다. 그 결과 17대 국회 내내 여야 간 소통이 거의 단절되었다. 그리고 여야 간 소통만 단절된 게 아니라 정부와 국민 간 소통도 마비되었다. 정치가 오만과 독선에 빠지면 국민은 바로 등을 돌려버린다는 사실은 우리 현대정치사가 줄기차게 웅변해주고 있다. 민주당이 17대 대선에서 참패를 한 것은 결국 오만과 독선의 대가를 치른 것이라 할 수 있다. 지금의 여권도 이 사실을 간과하면 결국 같은 길을 가게 될 공산이 크다.

나는 세상을 살면서 제일 하기 어려운 것이 겸손하기라고 생각한다. 우리는 흔히 '겸손해야 한다, 겸손해야 한다'는 말을 수시로 듣고 또 하고 그러지만 나 자신부터 조금만 잘나가면 이내 우쭐해져서 오만해지고 독선적으로 되어 버린다. 한편, 누구나 나름대로 자존심을 가지고 살아가는데 대부분의 사람들이 세상을 살면서 제일 참지 못하는 것이 지위고하를 막론하고 상대방의 오만과 독선을 보는 것이다. 그것은 소리도 없고, 냄새도 없고, 눈에 보이지도 않는 참으로 고약한 폭력이기 때문이다. 앞에서는 차마 내색을 못하는 경우라도 누구나 속으로 진절머리를 치는 게 바로 그것이 아닐까. 그럴진대 오만과 독선이 행해질 때 무슨 소통이 되겠는가. 귀를 닫아버리든가, 반발하든가, 듣는 시늉만 하든가, 아니면 돌아서 욕을 하든가만 있을 뿐이다.

무지 특히 상대방에 대한 관심과 배려 부족

지난 연말 여당 의원들끼리 전방부대를 방문했었다. 시찰을 끝내고 부대 내 식당에서 장병과 점심을 함께 했다. 옆자리에서 선배 의원과 사병 하나가 대화를 하는데 도무지 소통이 안 되고 있었다. 가만히 보니까 선배 의원은 1960년대 초에 갔다 온 군대를 기준으로 질문하고, 사병은 지금 군대를 기준으로 대답하니 서로가 동문서답을 하는 꼴이었다. 상대방에 대해서 서로 무지하니 소통이 될 리가 없다. 상대방에 대한 무지는 흔히 앞서 말한 고정관념, 이분법적 사고, 오만과 독선으로부터도 나오지만 상대방에 대한 배려와 관심 부족에서도 나온다. 한마디로 역지사지라고 할 수 있다. 내가 '저 상황이라면…' 하고 수시로 생각하면 우리는 서로에 대해서 그렇게 오해할 일이 많지 않을 것이다.

그런데 역지사지는 힘이 있는 쪽에서 주로 해야 한다. 선배 의원과 사병이 소통이 안 된다면 그건 선배 의원의 책임이 크다.

같은 이치로 정치인과 국민이 소통이 안 된다면 정치인의 책임이 크다. 그런데 흔히 정치인들은 고객 위주의 사고를 안 한다. 정치인들이 하는 출판기념회 같은 데를 가보면 와 있는 고객들 생각은 안 하고 재미가 하나도 없는 뻔하디뻔한 축사들을 지루하게 늘어놓는 광경을 보게 된다. 특히 젊은이들이 볼 때 정치인들은 자기네 관심사와는 별로 관계가 없는 얘기를 그것도 위선적으로 요령부득하게 얘기를 하니 정말 재수 없다고 생각한다. 그러니 아예 소통의 문을 걸어 잠가 버린다. 상대방과 소통을 하려면 상대방의 생각은 몰라도 상대방 문화와 언어는 어느 정도 이해를 하려고 노력해야 한다. 한나라당은 특히 이 점에 약한 것 같다. 인생을 주로 대접받으며 살아온 사람들은 남들에 대한 관심과 배려가 부족하다. 이렇게 얘기하면 다들 나는 아니라고 우기겠지만, 이렇게 말하는 나도 가까운 친지들에게 그런 지적을 자주 받는다. 우리 집에 시츄 모녀가 살고 있다. 이름은 호리와 연이. 얘네들은 매일 보는 나보다도 방학 때만 집에 오는 딸아이를 무척 따른다.

"그대 진정 소통을 원하는가? 먼저 상대방을 이해하도록 노력할지어다."

— 호리, 연이 생각

지금까지 우리는 왜 소통이 안 되는가를 나 나름대로 풀어 보았다. 물론 이 얘기에는 나 자신도 예외가 아니라고 생각한다. 정말이지 이제부터는 함께 진지하게 고민해 보았으면 좋겠다.

한나라당 국민소통위원장 정두언 올림

* 이 글은 2009년 1월 8일 다음 아고라 자유토론방에
국민소통위원장 정두언으로 올려져 있습니다.

twitter

doorun 정두언

소통이란? 한마디로 얘기하면 역지사지 아닐까요? 상대방 입장에 서서 생각하면 소통이 안될 리가 없죠. 근데 나를 포함해서 우리들은 부지불식간에 자기 생각을 앞세우고 관철시키려 합니다. 특히 우월한 지위에 있는 사람들일수록 역지사지하는 노력이 더 필요하지요.

2011년 4월 21일

정말 소통하기 어렵더군요. 하지만…

지난번에 제 글 '우리는 왜 소통이 안 되는가'에 실로 많은 분이 관심

을 보내주셨습니다. 단 하루 만에 11만 건이 넘는 조회 수를 기록했고, 댓글이 6천 개 가까이 달리기도 했습니다. 물론 찬반에서는 압도적으로 깨졌죠.

하지만 저는 정말 좋은 경험을 했습니다. 아고라가 무섭긴 하지만 그렇다고 뿔 달린 괴물은 아니더군요. 많은 비난 글이 쏟아졌지만, 꾹 참고 읽어보니 일리가 있는 말과 제게 도움이 되는 얘기도 꽤 많았습니다. "너라는 인간에게 찬동은 못하나, 네 말에 수긍은 간다"라는 취지의 글도 적지 않았습니다.

제게 호의적인 어떤 분은 "어때요? 후회되시죠? 여기는 이성이 통하지 않는 곳입니다. 이제 기대는 금물!"이라며 충고하시더군요. 하지만 그것보다는 "정의원님, 화나고 답답하시죠? 하지만 그들도 우리의 이웃입니다. 그들을 끌어안고 함께 가야 합니다"라는 글이 제게는 더욱 좋았습니다.

지난번 글에서 저는 이런 얘기를 했습니다. 사랑하면서 살기에도 아까운 인생인데, 우리가 터무니없는 편견과 선입견 같은 고정관념 따위에 목숨을 걸면서, 자신의 삶을 증오의 칼로 깎아 먹으며 살아야겠는가 하고. 실제로 우리는 누군가를 사랑할 때 가장 행복하고, 누군가를 증오할 때 가장 불행합니다. 영화 〈밀양〉을 보면 아들을 살해당한 전도연이 고통의 극한에서 몸부림치는 모습이 나옵니다. 그리고 그 고통이 아들을 잃은 상실감보다는 아들을 죽인 범인에 대한 증오심에서 나온다는 것을 깨닫고 용서를 시도하지요. 결국 실패하지만 말이죠.

저 자신도 내가 제일 사랑하는 우리 가족과 함께 있을 때가 가장 행복한 순간이고, 제일 미워하는 누군가를 떠올릴 때 혈압도 오르고 숨도 가빠지면서 가장 심한 고통을 겪습니다.

저는 우리의 삶을 편하고 이롭게 바꾸어주는 인터넷이 제공하는 공간이 오히려 증오심을 부추기며 각자의 삶을 불행으로 몰고 가는 현실에 절망할 때가 많습니다. 이건 아닌데 하면서 말입니다. 저는 아고라에서 좌절도 겪었습니다만 한편으로 희망도 보았습니다. 저는 늘 희망이 절망을 이긴다고 믿는 사람입니다. 그래서 저는 저에게 호의적이지 않더라도 계속 소통을 시도할 것입니다. 다음에는 '우리의 일그러진 개혁'이라는 글로 욕먹으러 가겠습니다. 제발 살살 패주세요.

한나라당 국민소통위원장 정두언 올림

* 이 글은 2009년 1월 19일 다음 아고라 자유토론방에 국민소통위원장 정두언으로 올려져 있습니다.

doorun 정두언

트윗의 매력이 뭔지 아세요? 트윗을 올리고 멘션을 기다리다가 잡히는 그 맛! 낚시꾼의 손맛이라고나 할까 아님 대리운전알바들이 잡아채는 손님콜 맛이라고나 할까. 이 맛에 고개떨구고 있다가 목디스크가 재발할 조짐을 보이네요. 우린 정말 소통에 목말라 하는 것 같아요. 오빠.

2011년 4월 21일

우리들의 일그러진 개혁

설날 전에 호남에 있는 한 대학을 다녀왔습니다. 광주전남지역 대학생들과 일종의 간담회를 하는 자리였지요. 그런데 간담회는 행사 자체를 저지하려는 한 무리의 학생들에 의한 소란행위로 인해 초반부터 우여곡절을 겪어야 했습니다. 물론 충분히 예상할 수 있는 일이었지만, 그 당시 오간 거친 대화들은 나를 매우 슬프게 했습니다. 대학 및 학생회 측과 사전에 충분히 협의가 된 자리임에도 그 학생들은 막무가내로 행사를 방해하면서 즉각 행사를 중단할 것과 심지어는 무릎 꿇고 사과할 것을 지시(?)하기도 했습니다. 그 학생들은 마치 이 사회에서 자신들은 멋대로 해도 되는 특권을 가진 것처럼 행동했습니다. 나는 이들을 이렇게 만들고 내버려둔 기성세대로서 심한 부끄러움을 느꼈습니다. 그러면서 이들의 서슬이 퍼런 얼굴에서 '나는 개혁가야, 이 더러운 반동들아!'라는 표정을 읽었습니다.

내가 이런 일을 겪는 게 한두 번이 아니지만, 그럴 때마다 나는 의아스러웠습니다. 이 사회의 정의와 기본적인 권리의 보장을 주장하면서, 한편으로는 결코 정의롭지 못한 폭력을 사용하고 또 남의 권리는 안중에도 두지 않는 것은 도대체 무슨 경우인가요. 그리고 이런 경우는 비단 일부 학생들만 보여주는 것이 아닙니다. 소위 진보를 자처하는 사람들로부터 흔히 볼 수 있는 장면들입니다. 최근에는 국회에서 어떤 수염을 기른 분이 이런 모습을 적나라하게 보여주기도 했지요. 이들이 이렇게 터무니없는 행동을 서슴없이 하는 배경에는 도덕적인 우월감이 깔린 것 같습니다. 그리고 그런 우월감은 이 모순된 사회를 바로잡아야 할 개혁진영에 내가 속해 있다는 선민의식에서 나온다고 보입니다. 설령 그들이 선민이고 도덕적으로 우월하다고 칩시다. 그렇다고 남의 권리를 무시하고 인격을 짓밟으며 사회의 기본질서를 모독하는 그들의 행위는 도대체 정당한 것인가요. 상대방의 독선과 오만을 비난하면서 자신들은 그것을 몸소 실천하는 격입니다.

그러면 이들이 자신들의 독선과 오만까지도 정당화시키는 근거로 삼는 소위 '개혁'이라는 것의 실체가 무엇인지 한 번 봅시다. 이 시대에 가장 많이 사용되고 있는 말 중의 하나가 개혁이라는 말일 것입니다. 그러나 이 땅에서 개혁처럼 잘못 사용되는 말도 없을 것입니다.

흔히 남한은 민주주의인데 북한은 공산주의라 합니다. 잘못된 대비입니다. 남한은 민주주의이고 북한은 독재 혹은 전제주의입니다. 남한은 자본주의이고 북한은 공산주의입니다. 민주 대 독재는 정치체제를 말하고, 자본주의 대 사회주의는 경제체제를 말합니다. 그런데 일반인뿐 아니라 학자들도 이를 혼동해서 쓰는 경우가 많습니다.

진보와 보수도 혼란스러운 부분입니다. 먼저 진보와 보수는 상대적인 개념입니다. 기존의 가치를 중시하는 것이 보수고, 새로운 가치를 추구하는 것이 진보입니다. 지금 중국에서 자본주의는 진보이나 한국에서 자본주의는 보수입니다. 전세계적으로 볼 때 공산주의는 퇴조하거나 용도 폐기되고 있습니다. 따라서 전 지구적인 관점에서 볼 때 북한의 공산주의는 수구꼴통입니다. 그 수구꼴통인 가치가 우스꽝스럽게도 지금 남한에서는 진보가 되고 있습니다.

그렇다면 좌는 뭐고 우는 무엇일까요. 진보와 보수가 상대적인 개념인 데 비해 좌우는 절대적인 개념입니다. 성장을 우선하면 우파고, 분배를 우선하면 좌파입니다. 시장의 역할을 중시하면 우파고, 정부의 역할을 중시하면 좌파입니다. 민주주의 체제의 4대요소가 있습니다. ①법치주의의 확립 ②자유경쟁의 실현 ③기회균등의 보장 ④취약계층의 보호가 그것입니다. 국정의 우선순위가 이 순서대로이면 우파고 그 반대면 좌파입니다. 그런데 우리나라에서는 상대적인 개념인 보수, 진보와 절대적인 개념인 좌우를 혼동하는 경우가 너무 많습니다. 흔히 좌는 진보고 우는 보수로 잘못 인식됩니다. 중국의 경우를 다시 한 번 볼 필요가 있습니다.

그리고 더 잘못된 것은 '개혁'과 '진보'를 혼용하는 것입니다. 특히 우리 언론이 그렇습니다. '개혁 대 보수'라는 용어를 아무 생각 없이 쓰고 있습니다. 개혁은 틀 자체는 유지하면서 문제점에 대한 개선을 추구하는 것을 말합니다. 따라서 '개혁'과 대비되는 개념은 '현상유지' 또는 '혁명'입니다. 현상유지는 말 그대로 개선도 추구하지 않겠다는 것이고, 혁명은 개선보다는 틀 자체를 바꾸는 것입니다. 따라서 개혁이 없는 보수는 보수가 아니라 수구고, 혁명을 지향하는 진보는 진보가 아니라 급진입니다. 즉, 보수와 진보는 방향성이 다를 뿐 모두 개혁을 내포하고 있다는 말입니다. 그런데 '개혁 대 보수'와 같은 잘못된 용어를 계속 쓰다 보면, 보수는 반개혁이 되어버려 개혁의 이미지를 몽땅 진보진영이 차지하게 됩니다. 이 땅에서 보수라는 개념이 마치 수구처럼 온통 부정적으로 받아들여지고 있는 이유가 여기에 있습니다. 좌파세력에 비판적이라는 신문들, 그리고 심지어는 한나라당 사람들도 아무 생각 없이 개혁 대 보수라는 말을 씁니다.

그런데 더더욱 잘못된 일은 친북과 반북이 좌우, 보수, 진보의 개념에 끼어들어 혼란을 부추기고 있습니다. 우리나라에서 친북은 진보고 좌파로 분류됩니다. 반대로 반북은 보수고 우파로 분류됩니다. 여기서 분명히 할 게 있습니다. 친북, 반북 할 때의 '북'은 북한주민이 아니라 북한정권이라는 것입니다. 따라서 우리나라에서는 주민의 생존권과 인권을 짓밟는, 절대왕조를 능가하는, 시대착오적인 3대세습 독재정권을 두둔하면 진보좌파로서 개혁이고, 비난하면 보수우파로서 반개혁이 됩니다. 얼마 전에 북한정권을 비판하는 글을 썼더니 나를 좋아하는 어느 후배가 "나는 형이 개혁적인 줄 알았더니 되게 보수네!"라고 해 어안이 벙벙한 적이 있었습니다.

정리하자면 진보나 좌파나 친북이라 해서 개혁이 아닙니다. 마찬가지로 보수나 우파나 반북이라 해서 반개혁도 아닙니다. 개혁은 말 그대로 잘못된 것을 바로잡는 것입니다. 한나라당에도 다소 좌파적이고 친북한정권적인 성향의 사람이 있습니다. 그런 사람이 당내에서 누가 봐도 잘못된 일에 대해 외면하거나 심지어는 옹호하는 때도 있습니다. 그렇다면 그 사람은 개혁이 아니고 반개혁이라고 해야 할 것입니다. 과격노조가 국가경쟁력을 떨어뜨리고 비정규직을 양산하는 주범이라는 비판이 옳다면, 그 과격노조를 바로 잡는 게 개혁일 것입니다. 그런데 우리나라에서는 그 과격노조가 진보좌파, 친북이라 해서 개혁세력이라 합니다. 한편, 잘못된 것을 바로잡기 위해 나 자신은 잘못되어도 좋다는 개혁은 결코 개혁이라고 할 수 없습니다. 그런 개혁은 세상을 바로잡기는커녕 더욱 잘못되게 하기 때문입니다.

공자는 "정치가 무엇이냐?"라는 질문에 "정치는 이름을 바로 하는 것"이라고 답하셨습니다. 맞는 말입니다. 지금 우리나라가 정치가 몹시 어지러운데 이름, 즉 개념들이 너무 어지럽습니다. 정치를 바로잡기 위해서는 이름부터 바로잡을 일입니다.

* 이 글은 2009년 2월 2일 다음 아고라 자유토론방에
국민소통위원장 정두언으로 올려져 있습니다.

05 우리 사회의 소수자를 생각하며

《금지옥엽》 등 동성애 소재 영화

미국의 신임 대통령이 취임 첫날에 첫 번째로 결재하는 문서는 굉장히 중요한 의미를 갖는다. 왜냐하면 그 문서가 새 정부의 색깔을 확실하게 드러내 주기 때문이다. 다시 말해서 공무원을 비롯한 정치 · 경제 · 사회 · 문화 등 각계각층의 국민에게 새 정부가 가고자 하는 길에 대한 메시지를 상징적으로 보여주기 때문이다.

부시 전 대통령은 취임 첫날 무엇을 결재했을까? 한편으론 놀랍지만 한편으론 당연하게도 이라크에 대한 제한적 폭격명령이었다. 역시 부시의 강경보수노선을 적나라하게 보여주고 있다. 그렇다면 클린턴 전 대통령은 무엇이었나. '군대 내의 동성애 허용'이었다. 이 역시 클린턴의 진보적인 성향을 상징적으로 보여주고 있다.

동성애 문제는 이처럼 20세기 말경에 신임 대통령의 첫 번째 결재대상이 될 정도로 이미 커다란 사회적 이슈로 자라 있었다. 그리고 그에 발맞춰 동성애 문제는 많은 영화의 중요한 소재로 자리 잡아 가고 있었다.

연도순으로 보면 1992년의 〈크라잉 게임The Crying Game〉, 1993년의 〈결혼피로연The Wedding Banquet〉, 〈패왕별희覇王別姬〉, 〈필라델피아Philadelphia〉, 1994년의 〈금지옥엽金枝玉葉〉, 1997년의 〈해피 투게더Happy Together〉, 2001년의 〈헤드윅Hedwig and the Angry Inch〉 등이 국내에서 상영된 동성애 소재 외국영화들이며, 2002년에는 드디어 한국영화에서도 〈로드무비〉라는 동성애 소재 영화가 나왔다.

그런데 이런 영화들을 섭렵하다 보면 여기에서도 동서양의 차이가 존재한다는 것을 깨닫게 된다. 즉, 같은 동성애 소재 영화임에도 서양의 그것은 대체로 사회적 의미 분석에 초점을 맞추지만, 동양의 그것은 대부분 본질적 의미 분석에 중점을 두고 있다는 것이다.

에이즈 환자에 대한 사회적 편견과 차별을 고발한 조나단 드미Jonathan Demme 감독의 〈필라델피아〉에서 동성애 문제는 '인권이 무엇인지를 명확하게 보여주려는' 감독에게 단지 매우 흥미롭고 참신한 소재일 뿐이다. 여기에는 그들이 왜 서로 사랑해야 하는지에 대한 아무런 의문의 추구도 없다. 이에 비해서 닐 조든Neil Jordan 감독의 〈크라잉 게임〉은 동성을 사랑하는 개인에 대한 관심이 다소 이루어지고는 있으나, 역시 본질적 의미를 추구한다기보다는 당시 아일랜드 상황의 절망적이고 비참한 분위기를 고조시키는 장치나 수법 이상은 아닌 것 같다. 뮤지컬을 영화화한 존 카메론 미첼John Cameron Mitchell 감독의 〈헤드워〉 역시 동성애 문제를 지금까지 볼 수 없었던 독특한 플롯과 포스트모더니즘의 분위기를 만들어내기 위한 기발한 소재로 사용하고 있을 뿐이다.

여기서 의문이 생긴다. 서양 감독들은 동성애의 의미에 대해서 아무런 호기심도 없는가? 아니면 이미 그 의미를 다 깨우치고 있는 것인가? 글쎄… 적어도 영화감독 정도가 호기심이 없을 리는 없고. 그렇다면 동성애는 그들에게 이미 기본상식에 속한 것이란 말인가. 동성애는 왜 허용되어야 하는가. 그것은 도덕적으로 용인될 수 있는 것인가. 아니 그것보다도 더 어떻게 동성을 사랑할 수 있을까. 그것은 선천적인가 아니면 후천적인가. 그것이 혹시 내게도 가능한 것인가 등에 대해서 그들은 이미 다 결론이 나 있다는 말인가.

어쨌든 이에 비해서 동양의 감독들은 영화에서 동성애 문제를 정면으로 천착해 들어간다. 즉, 동성애 문제를 단지 소재로서만이 아니라 주제로까지 깊이 끌고 들어간다. 그리하여 관객이 그에 대한 해답을 얻는데 도움을 주고자 한다. 이런 면에서 나는 동양의, 더 정확히 얘기하면 중국의 동성애 영화가 오히려 더 사회적인 메시지가 강하다고 본다. 그리고 이렇기 때문에 그들이 한 단계 더 고수라고 본다. 그 이유를 보자.

〈필라델피아〉에서는 잘 나가는 변호사 톰 행크스가 갑자기 해고당한 이유가 능력 부족이 아니라 에이즈 때문이며, 질병으로 인한 해고는 차별이며 위법이라는 것을 보여줌으로써 동성애자 인권 문제를 사회적 이슈로 부각한다. 우리는 이 영화를 보며 미국의 정의를 동성애자에게까지 확대시키고자 하는 감독의 의도에 충분히 설득당한다. 하지만 그 설득은 어디까지나 머리에서의 설득이지 가슴에서의 설득은 아니다. 다시 말해서 톰 행크스가 억울할 수도 있겠구나 하면서도 '내가 그의 상관이라면…' 하고 가정할 때 갑자기 자신이 없어지는 것이다.

나 개인적으로는 동성애 문제에 대해서 매우 전향적前向的이라 자부한다. 인간의 삶에서 의식주 이상으로 소중한 것이 사랑이라는 데에 반대할 사람은 없을 것이다. 그러므로 만약 어느 인간에게서 사랑할 자유나 권리를 빼앗아 버린다면 그것은 거의 살인행위나 마찬가지일 것이다. 동성애자들은 동성에게서 사랑을 느낀다. 그런데 그것을 터부시하고 금지한다면 그들은 어떻게 되는가. 멀쩡한 당신에게서 이성을 사랑할 자유나 권리를 박탈한다면 당신은 어떻겠는가. 하지만 이것은 어디까지나 내 머릿속에서의 얘기다. 나의 가슴은 여전히 그들을 마치 외계인처럼 이질시하고 있다는 것을 숨길 수 없다. 그들을 내 마음속으로 받아들이지 않는 한 나의 전향적 자세는 위선이거나 공허한 자기합리화일 수밖에 없다.

그런데 첸 카이거陳凱歌 감독의 〈패왕별희〉는 이런 머리와 가슴 사이의 간격을 상당히 좁혀준다. 어린 시절 경극학교에서 함께 자란 장궈룽張國榮(두지 역)과 장풍의張豊毅(시투 역)는 경극 패왕별희의 남녀 주인공을 맡으면서 평생을 함께 지내게 된다. 극중 배역과 현실 사이의 구분이 모호한 상황에서 혼란은 피할 수 없게 된다. 무엇보다도 관객 자체가 함께 혼란에 동참하게 된다. 그리하여 그들 간의 갈등은 어느 정도 자연스럽게 받아들여지게 된다. 위에서 얘기한 이질감이 해소된다는 말이다.

이안李安 감독의 〈결혼피로연〉은 동성애자들의 사랑이 그 순수성이나 애절함, 그리고 관용이나 질투 등에서 이성 간의 사랑과 하등 다를 바가 없다는 것을 사실적으로 보여줌으로써 '아, 그럴 수도 있구나!' 하는 공감대를 부여해 준다. 왕자웨이王家衛 감독의 〈해피 투게더〉 역시 동성 간의 만남과 다툼, 그리고 헤어짐이 이어지는 과정에서 겪는 기대와 절망이 교차하는 감정의 흐름을 몽환적으로 그려내면서 관객들을 이 불편한 이질적인 세계로 슬그머니 끌어들인다.

그리고 무엇보다도 첸커신陳可辛 감독의 〈금지옥엽〉은 동성애란 게 별것 아니구나 하는 차원으로까지 관객을 끌어올린다. 홍콩 최고의 여가수 류자링劉嘉玲(로즈 역)과 작곡가인 장궈룽(샘 역), 그리고 여기에 끼어든 남장여자 원영의袁詠儀(임자영 역)의 삼각관계에서 우리는 이성과 동성 간 사랑의 경계가 모호한 지점을 발견하게 된다. 영어 제목 〈He's a woman She's a man〉이 암시하는 것처럼 장궈룽은 여자 같은 남자에게서 사랑을 느끼며 괴로워하고, 류자링은 여자 같은 남자를 유혹하면서 겪는 묘한 사랑의 자극에 혼란을 겪는다. 관객들은 그들이 벌이는 유쾌한 삼각관계의 와중에서 동성애라는 낯선 물건과 한결 친밀해진다. 혼란에 빠져 괴로워하던 장궈룽은 마침내 자신이 여자임을 고백하는 원영의에게 이렇게 말한다.

"네가 여자든 남자든 난 너를 사랑해!"

김인식 감독의 〈로드무비〉는 동성애 문제를 본격적으로 다룬 최초의 한국영화가 아닐까 싶다. 남자를 사랑하는 남자와 그 남자를 사랑하는 여자의 삼각관계를 다룬 영화로서 소통되지 않는 사랑의 슬픔을 그리고 있다. 언제나 외로울 수밖에 없는 운명에 대해서 얘기하고자 동성애라는 다소 위험한 소재를 사용했는데, 그들이 왜 그래야만 하는지에 대한 설명은 애초부터 생략되어 있다.

클린턴정부가 동성애에 대해서 전향적인 태도를 보이자 미국의 많은 주가 동성애자 간 결혼을 합법화하기도 했다. 합법화라는 것은 배우자 수당을 인정한다거나 세금공제를 허용한다는 뜻이다. 그리고 워싱턴 국회의사당 앞 몰에서 수십만이 모여 대규모 행진을 벌이기도 했다. 편견과 차별의 그림자에서 벗어나는 흐름을 탔다고 보아도 무방할 것이다. 이에 비해서 우리나라는 어떤가? 동성애란 외계인보다 더 무섭고 징그러운 그 무엇이 아닌가. 자신의 의사와 상관없이 사랑하는 자유와 권리를 박탈당한 이웃이 우리의 고정관념 속에서 숨도 제대로 못 쉬고 살고 있다. 그런데 만약 그 이웃이 사랑하는 나의 가족이라면 나는 어떻게 할 것인가?

06 다시 김대중(DJ)을 생각한다

《프레시안》으로부터 〈김대중을 생각한다〉 원고청탁을 받고 적잖이 망설였다. 김대중 전 대통령이 서거한 지 2년도 채 되지 않은 시점에서 공정한 평가가 쉽지 않다고 생각됐다. 여야가 마주 보고 대치하는 현실정치에서 김 전 대통령의 정치적 유산은 아직도 그 영향력이 크다. 김 전 대통령의 공과에 대한 평가도 정치적 입장에 따라 엇갈릴 수밖에 없으므로, 어떠한 평가를 하더라도 정치적 편견이 개재된 평가라는 부담을 감수해야 하기 때문이다.

그럼에도 정치적으로 대척점에 있는 정치인으로서 김 전 대통령의 공과를 돌아보는 이 시리즈에 참여하기로 한 것은 서로 상대방에 대해 인정할 것은 인정하고 비판할 것은 비판하는 것이 우리나라 정치문화의 발전에 이바지하는 길이라고 판단했기 때문이다.

필자는 개인적으로 김 전 대통령과는 직접적인 인연은 별로 없다.

그러나 민주주의가 억압당했던 유신체제에서 민주투쟁의 선봉에 섰던 김 전 대통령의 강인한 이미지가 아직도 뇌리 속에 뚜렷하게 남아있다. 1970년대에 대학생활을 보낸 동시대의 젊은세대들이라면 민주화운동에는 심정적으로 공감하면서도 적극적으로 동참하지 못한 것에 대한 마음의 빚이 남아있을 것이다. 필자도 마찬가지다. 행정고시에 합격해 국가공무원 생활을 하면서도, 한편으로는 내가 민주주의에 무임승차한 삶을 사는 것이 아닌가 하는 번민도 많았다.

굳이 김대중 전 대통령과의 인연을 찾자면 같은 호남 출신이라는 점과 6선 국회의원이셨던 백부님이 김대중 전 대통령과 함께 야당에서 정치 활동을 했다는 점이다. 이미 작고하신 백부님 정성태 전 의원은 구舊민주당에서 두 차례나 원내총무와 사무총장을 역임하고 국회부의장까지 지낸 야당의 거목이었다. 훗날 YS와 함께 민주당 구파로서 DJ와는 다른 길을 가다가 3선개헌에 반대하여 일찌감치 50대 중반에 정치를 그만두었다.

한국정치에서 김대중의 역할

그동안 우리나라 보수세력은 국가안보와 경제개발을 가장 큰 가치로 삼으면서도 민주주의와 인권 등에는 소극적인 기득권층이라는 비판을 받아왔다. 반면 김 전 대통령은 민주주의와 서민경제를 주창하고 한반도평화에 대한 구상을 제시하였다. 김 전 대통령이 강조한 정치적 가치는 기존의 틀에 안주하였던 보수세력에게 상당한 자극제가 되었고, 보수진영의 내부혁신 계기를 제공하였다. 국가안보와 경제발전이라는 틀에만 안주하였던 한국의 보수세력에게 민주주의, 서민경제, 한반도평화정책 구상은 국가경영의 비전을 둘러싸고 서로 경쟁하는 계기를 만든 것이다.

한나라당의 친서민 중도노선도 그 근원을 따지자면 김 전 대통령의 중산층을 비롯한 서민중시정책과 유사한 면이 있다. 현재는 천안함 폭침과 연평도 포격사건 이후로 남북관계의 경색이 계속되고 있지만, 이명박 대통령이 취임 초에 구상한 비핵개방 중심의 한반도평화공존 구상도 크게 보면 김 전 대통령의 햇볕정책과 공통적인 면이 적지 않다고 볼 수 있다.

김 전 대통령은 정치적 반대세력으로부터 급진적이고 과격하다는 공격을 받았지만, 실제로는 집권 이후 일부 보수진영의 우려와 달리 온건하고 개혁적인 노선을 추구하였다. 우리나라 정치사상 최초로 실질적인 집권세력 교체가 수평적, 평화적으로 이루어질 수 있었던 것은 김 전 대통령의 온건하면서도 실용적인 리더십 때문이었다고 볼 수 있다.

집권 이후 김 전 대통령의 최대 성과는 1997년 외환위기를 성공적으로 극복한 일이다. 김 전 대통령은 단군 이래 최대의 국가위기라는 상황에서 탁월한 위기관리 리더십을 발휘하여 침체한 경제를 회생시키는 데 성공하였다. 특히 주목할 만한 것은 과감히 시행한 산업구조조정을 통하여 대기업의 과잉중복투자를 제거함으로써 경제적 재기의 발판을 마련한 것이다. 물론 이 과정에서 수백조 원의 공적자금이 투입되는 대가도 치러야 했고 그 부작용도 적지 않았다. 그러나 이러한 구조조정을 통해 한국기업의 경쟁력은 한 단계 더 강화됐다는 평가를 받고 있다.

그러나 김 전 대통령의 재임 기간에 사회적 양극화의 씨앗이 뿌려졌음을 지적하지 않을 수 없다. 외환위기의 극복 과정에서 당시 정부는 IMF의 요구를 과도하게 수용하였고 무분별한 금융개방정책으로 우리 금융시장은 무방비상태로 외국자본에 노출되는 결과를 가져왔다. 세계 10위권의 경제선진국 중에서 우리나라만큼 국내 금융기관을 외국자본에 무더기로 매각한 국가는 없다고 한다. 경기부양을 위해 시행된 과도한 카드론 정책의 부작용은 지금까지도 높은 가계부채와 신용불량자 양산이라는 짙은 그늘로 남아 있다.

또한, 구조조정이라는 핑계로 기업들은 종업원들을 마구잡이로 해고함으로써 대량실업이 발생했고, 오늘날 한국사회 최대 문제점으로 지적되는 비정규직 문제도 김대중정권에서 본격화되기 시작했다. 한국사회의 안전판으로 불리는 중산층의 몰락은 이렇게 시작된 것이다.

이러한 상황에서 김 전 대통령이 사회안전망 확대에 적지 않은 노력을 기울였던 것은 중산층 몰락의 위험성을 의식했기 때문이라고 생각된다. 국민의 정부가 '생산적 복지'를 표방하면서 국민기초생활보장제도 도입, 4대보험의 전 사업장 확대적용 등과 같은 복지정책을 시행한 것은 높이 평가할 만하다. 하지만 이러한 복지정책이 구조적 요인으로 발생하는 사회적 양극화의 흐름을 근본적으로 차단하는 데는 역부족이었다.

국민화합정치의 실패

김 전 대통령의 국민화합정치는 그가 남긴 또 하나의 커다란 유산이다. 김 전 대통령은 취임 이후 정적에 대한 보복의 칼날을 휘두르지 않았다. 국민화합을 제일의 국정지표로 제시하고 반대파들에게 관용의 자세를 취했다. 물론 김 전 대통령의 화합정치는 집권 이후 시간이 흐르면서 동교동계의 계파정치로 변질하면서 측근 비리가 꼬리를 물고 일어나는 등 적지 않은 문제점이 있었다. 하지만 크게 봐서 김 전 대통령의 화해와 용서의 정치는 분열과 반목으로 얼룩진 한국정치에 새로운 지평을 열었다.

군사정권으로부터 혹독한 정치적 탄압을 받았던 김 전 대통령은 권좌에 올랐을 때 자신을 핍박했던 사람들을 용서하고 화해했다. 정치적 이유로 그에게 사형을 선고하였던 전두환 전 대통령을 사면하였고, 자신을 탄압한 박정희 전 대통령에게도 화해의 손길을 내밀었다.

김 전 대통령이 영호남 간 지역갈등을 봉합하는 지역통합정치를 시도한 것도 평가할 만하다. 노태우정권 인사인 경북 출신의 김중권 씨를 청와대 비서실장에 임명한 것을 비롯해 영남 출신 인사들을 집권 초기에 많이 등용했던 것은 그 일환이었다. 김 전 대통령은 영남 출신 인사들을 영입하기 위해 많은 공을 들였지만, 결과만 놓고 본다면 지역통합은 성공하지 못했다. 몇몇 상징적인 자리는 영남 출신에게 돌아갔지만 검찰과 국정원 등 권력기관들과 공기업의 요직은 대부분 호남 사람들로 채워졌다. 과거 정권의 영남 편중에서 호남 편중으로 바뀐 것이다.

그 결과 영남의 차가운 민심은 전혀 변하지 않았다. 국민의 정부에서 치러진 16대 총선에서 집권여당이었던 민주당은 영남지역에서 한 석도 건지지 못하였다. 영남지역에서는 그의 지역통합정치를 호남의 영남공략이라고 인식하였고, 김대중정권은 결국 호남정권이라는 부정적 인식을 불식하지 못한 것이다. 지역감정의 최대 피해자로서 역사상 최초의 호남 출신 대통령이었던 김 전 대통령이 지역통합의 대의명분으로 실질적인 지역탕평인사정책을 실시하였다면 영호남의 갈등의 골은 크게 해소됐을 것이다. 김 전 대통령의 지역통합이 실패로 끝난 점은 두고두고 아쉬운 대목이다.

햇볕정책의 공과

햇볕정책으로 상징되는 김 전 대통령의 한반도평화체제 구상은 경직된 남북관계개선에 극적인 돌파구를 열었다는 점에서 높이 평가할 만한 것이다. 다만 남북관계의 개선이라는 큰 목표를 갖고 시작된 햇볕정책이 미숙한 추진 과정과 남쪽이 제공하는 실속만 챙기는 북한의 그릇된 태도에 의해 변질되고 악용되어 그 취지가 크게 훼손된 것은 아쉬운 대목이다.

그렇다고 김 전 대통령의 햇볕정책 구상 자체에 근본적인 결함이 있다고 할 수만은 없다. 남북한의 체제경쟁이라는 장기적인 관점에서 볼 때 폐쇄적인 북한사회를 개방으로 유도하고자 하는 구상이라고 볼 수 있기 때문이다.

문제는 김 전 대통령이 햇볕정책을 추진하면서 당시 야당이었던 한나라당을 비롯한 보수세력과 초당적 공감대를 형성하는 데 필요한 공론화 과정을 무시한 점이다. 보수성향의 인물을 초대 통일부 장관에 임명했던 김 전 대통령이 보수세력과 사전에 충분한 대화를 통해 공감대를 마련한 뒤에 본격적인 대북화해정책을 추진했더라면 보수층의 반발은 많이 누그러졌을 것이다. 남북정상회담이 극비리에 진행된 데다 이면 거래의 논란도 있었고, 총선 직전에 발표되어 남북관계를 총선용 기획행사로 이용하는 듯한 인상을 준 것은 햇볕정책의 순수성에 부정적 영향을 준 것도 사실이다.

남북관계와 관련하여 평생을 민주주의와 인권을 위해 헌신해온 김 전 대통령이 북한의 인권상황에 대해 침묵으로 일관한 것은 이해하기 어려운 대목이다. 아무리 남북정상회담을 의식한 것이라고 하더라도 5년의 재임 기간 내내 북한의 인권 문제에 대해 한마디도 하지 않음으로써 인권 대통령의 이미지가 적잖이 손상되었다. 국내적으로는 재임 기간에 '국가인권위원회'를 신설해 인권사각지대 해소에 남다른 관심을 기울였던 김 전 대통령이 북한 인권 문제에 대해서도 일관된 목소리를 내면서 햇볕정책을 추진했다면 북한의 인권상황도 어느 정도 개선됐을 것으로 보여진다.

김대중 전 대통령의 장점 중에는 정치 지도자로서의 국제감각을 빼놓을 수 없다. 아마도 미국 프린스턴대학 정치학 박사였던 이승만 초대 대통령을 제외하면 역대 대통령 중에서 가장 국제적 감각이 뛰어난 지도자였을 것으로 생각한다. 특히 한국정치의 진보와 보수를 가르는 대미정책에서 펼친 이른바 '용미론用美論'은 한미동맹의 실용주의적 원칙을 제시하면서, 진보와 보수라는 이분법적 사고의 틀을 넘어선 것으로 평가된다.

한반도의 평화안정을 위해서는 미국을 적극적으로 활용해야 한다는 용미론은 주한미군의 역할을 동북아세력의 균형추로 확대함으로써 남북관계개선의 주요 걸림돌을 논리적으로 제거하는 효과를 거두었다. 김 전 대통령이 보수층의 강력한 반발 속에서 햇볕정책으로 상징되는 한반도평화체제 구상을 나름대로 추진할 수 있었던 것은 한미동맹을 중시하는 현실주의적 대미정책을 추진하는 균형감각을 잃지 않았기 때문이며 그 결과 한미 간에 불필요한 외교적 마찰을 피할 수 있었다.

한국 민주주의의 거목

그림자가 어둡다고 해서 빛의 가치가 없어지는 것은 아니다. 혹독한 탄압에도 굴하지 않고 한국 민주주의 실현에 헌신했던 김대중 전 대통령의 커다란 발자취는 한국정치사에 영원히 남을 것이다. 김 전 대통령은 자서전에서 다시 태어나도 정치가의 길을 걸으리라고 하였다. 아마도 매 순간 온 힘을 다해 살았기 때문일 것이다. 김 전 대통령이 평생의 가치로 삼았던 민주주의와 시장경제의 이상은 한나라당에도 가장 중요한 가치이다. 한나라당으로서도 김 전 대통령이 한국 민주주의의 정치적 거목이라고 평가하는데 인색할 이유가 없다고 본다.

07 '나는 정치가다': 진정한 프로 정치인을 꿈꾸며

* 이 글은 2010년 1월~2월 《한국경제신문》 〈한경에세이〉에 필진으로 참여해 쓴 글을 모은 것이다.

27년 만의 귀대歸隊

보좌진들의 건의로 연말에 전방부대 위문을 다녀왔다. 어디로 갈까 고민하다가 이왕이면 1980년대 초반 내가 사병으로 군 복무를 하던 최전방 2사단으로 가기로 했다. 제대 후 삼십 년 가까이 전우애를 나누고 있는 노도회怒濤會 회원들이 이 소식을 듣자 흔쾌히 동행을 요청해왔다. 2010년을 나흘 남겨둔 날 역전의 용사(?) 십여 명은 강원도 양구행 미니버스에 올랐다. 밤새 내린 폭설로 경춘고속도로 주변의 산하는 하얗게 눈으로 뒤덮여 있었다.

눈길로 한 시간가량 지연됐으나 노도부대 사령부에 도착할 때까지 네 시간 동안 우리는 고스란히 군 복무 시절로 돌아가 있었다. 김 병장은 보초 근무 나갈 때 옷을 너무 껴입어서 넘어지면 일어나지도 못했다는 이야기, 양 병장은 졸병 때 페치카 당번을 하다가 불을 꺼트려 팬

티 바람으로 눈 덮인 연병장을 돌던 이야기, 정 병장은 제대할 때까지 유조차 한 대분의 소주를 마셨을 거라는 이야기, 잠을 잘 때 이를 바득바득 가는 버릇 때문에 조스라고 불리던 이 병장은 그 와중에도 뒷자리에서 잠에 빠져 있었다.

사령부에 도착하자 사단장님이 참모들을 대동하고 마중을 해주셨다. 그러자 왁자지껄 떠들던 전우들은 모두 바짝 긴장한 표정들이었다. 한번 졸병은 영원한 졸병이라고, 사단장님을 보자 전직 졸병들이 모두 얼어버린 것이다. 부대 현황에 대한 최첨단 동영상을 보면서 우리는 밤새 보고용 차트를 만들던 시절을 회상하며 격세지감을 느끼지 않을 수 없었다.

인근 전차중대로 이동해 각종 무기와 장비, 사병들의 군수품과 내무반을 시찰한 후 사병식당에서 병사들과 점심을 함께했다. 둘째 아이 또래의 병사들은 27년 전의 우리보다 훨씬 밝고 깨끗하고 자연스러웠다. 집에서 먹는 밥보다 더 맛있는 짬밥을 먹으며 우리는 마주 앉은 중대장에게 우리를 위해 특별히 준비한 게 아니냐며 추궁하기도 했다. '요즘 군대 좋아졌다'는 말을 많이 들었지만, 직접 와서 보니 과연 그 말을 실감할 수 있었다.

두 시간여 짧은 시간임에도 정이 들었는지 사단장님과 작별하려니 무척 서운했다. 맘씨 좋은 형님 같은 사단장님은 엄격함보다는 자상함이 몸에 밴 덕장이셨다. 손을 흔들며 배웅을 하는 사단장님께 노도 전우들은 "일동 차렷, 형님께 경례!" 하며 사제私製로 작별인사를 했다.

돌아오는 버스 안에서 우리는 누가 시키지도 않았는데, 점호 때마다 지겹게 부르던 〈소양강 처녀〉를 합창하고 있었다. 27년 만에 귀대를 한 우리는 비록 고생스럽고 힘든 세월이긴 했지만, 그 시절 나라의 부름에 당당히 임했다는 뿌듯함에 취해 마냥 행복했다.

twitter

doorun 정두언

곧 군에 갈 아들하고 모처럼 아니 생전 처음 단둘이 시간을 보냈습니다. 당구도 치고 술도 삼차까지 갔는데 결국 내가 뻗었습니다. 아들은 나를 별로 좋아하지 않았는데 요샌 좀 달라졌습니다. 나이가 들면서 문득문득 자기 모습에서 아빠를 발견한다나 봐요…

2011년 3월 2일

국회의원은 '약방의 감초'

2004년 처음 국회의원이 되고 한 1년쯤 지나니 국회의원이 이런 것이구나 하는 감이 생겼다. 한마디로 말해 여기저기 다니면서 자리를 빛내주는 사람이 국회의원이지 싶었다. 아침부터 밤까지 선거구와 국회, 그리고 기타 사회기관이나 단체의 이런저런 행사에 참석하다 보면 하루가 어떻게 지나갔는지도 잘 모를 지경이다. 내가 필요해서 가기도 하지만, 대부분은 초청을 받아서 간다. 행사를 주최하는 측으로서는 국회의원 정도가 참석해야 행사의 격이 높아진다고 여기는 것 같다.

이러다 보면 국회의원은 각종 현안에 관한 책이나 자료를 볼 시간은 커녕 차분히 생각할 시간도 제대로 없다. 어쩌다 간혹 언론에서 '공부하는 국회의원'이라는 기사도 보지만, 내 생각에 그런 국회의원은 거의 초인적인 능력을 갖춘 존재가 아닌가 싶다.

그렇게 참석하는 행사에서 국회의원이 하는 일이 문제다. 일단 상석에 앉아야 한다. 행사에서 어쩌다 자리 배치 문제로 미묘한 신경전이 벌어지는 것은 이 때문이다. 그리고 내빈 소개도 신경을 써야 한다. 일단 일일이 부르고 인사하고 박수를 보내고 하는 절차 자체가 지루하기 짝이 없다. 어쩌다 순서가 잘못되거나 빠지게 되는 경우 소란이 벌어지기도 한다.

그다음 축사다. 축사도 순서가 중요하고 어려운 것은 내빈 소개 이상이다. 더 큰 문제는 축사의 내용이다. 우리가 축사는 으레 지루하고 재미없는 것으로 알고 있듯이, 짤막하지만 인상적인 축사를 듣는 것은 일종의 행운이다. 특히 출판기념회처럼 행사의 주인공을 치켜세우는 축사는 너무 뻔하고 낯 간지러운 덕담을 늘어놓느라 듣는 사람이 오히려 닭살이 돋을 지경이다. 이런 내빈 소개와 축사를 꼭 해야 하나 하는 생각이 들 때가 많다.

게다가 정치인이 주최하는 행사에는 참석하는 국회의원의 숫자가 매우 중요하다. 왜냐하면 국회의원의 머릿수가 일종의 세 과시로 여겨지기 때문이다. 그래서 심지어는 기자들이 참석한 의원들의 숫자를 세어보기도 한다. 이러니 모든 행사 주최자는 의원들의 참석 여부에 신경을 곤두세울 수밖에 없다. 따라서 국회의원들은 서로서로 행사에 품앗이로 참석하느라 하루종일 정신이 없다.

여의도에서 열리는 공청회나 세미나에 참석해보면 의원들이 소개가 끝나자마자 썰물처럼 빠져나가는 장면을 흔히 본다. 행사의 내용은 커녕 제목이라도 알고 가는지 의문이다. 예전에 기인으로 불렸던 어느 선배 국회의원은 끝까지 남아 있을 행사가 아니면 절대 참석하지 않는다는 것이 그의 신조였다. 그때 내가 그 선배님께 이런 제안을 했다. 정치인들이 끝까지 참석하지 않으면 내빈 소개 및 축사를 금지하는 법안을 만들자고. 모두 다 웃고 만 얘기지만, 정말이지 그렇게라도 해야 국회의원들에게 공부할 시간이 좀 생길 것 같다.

우리 국회는 왜 싸우는가?

가까운 후배가 학교에서 밤낮 싸움만 하는 말썽꾸러기 아들 때문에 골치를 썩었다. 어느 날 그 후배가 또 아이들을 팬 아들 때문에 학교에 불려 갔다. 선생님께 싹싹 빌고 아들을 데리고 나오는 길에 화가 머리끝까지 난 후배가 "넌 매일 싸움만 하니. 도대체 커서 뭐가 되려고 하니!"라며 야단을 쳤다. 그러자 그 아들이 하는 말이 "국회의원 하면 되잖아요!"라고 했단다. 이건 우스갯소리가 아니라 실제로 일어난 일이다.

요즘 설날을 앞두고 동네 노인정에 새해 인사를 다닌다. 만나는 어르신마다 하시는 첫 마디가 '제발 싸움 좀 하지 마라'는 것이다. 우리나라에서 국회의원은 이미 주먹질을 일삼는 싸움꾼으로 전락한지 오래다. 그러니 우리나라에서는 아무도 국회의원을 존경하거나 사랑하지 않는다. 만약에 그런 사람이 있으면 외계인 취급을 받기 십상이다. 나는 국회의원이 된 이후 한 번도 국회의원 배지를 달아 본 적이 없다. 아마도 자격지심 때문이리라.

그러면 국회의원은 왜 싸움만 하는가? 물론 국회의원이 싸움만 하는 것은 아니다. 1년 내내 의정 활동, 지역구 활동 등으로 바쁘다. 그러다가 연말만 되면 연례행사처럼 싸운다. 예산안과 주요 쟁점법안의 처리 때만 충돌한다. 일 년 지은 농사가 연말 싸움 한판에 도루묵이 되는 것이다.

여야가 의견이 다르다고 주먹질로 해결하려 하면 국회의 존재 이유가 전혀 없어진다. 의견이 다르면 대화와 토론을 통해 절충하고, 절충이 안 되면 다수결 원칙에 따라 표결을 하는 것이 민주주의의 기본이다. 그런데 표결을 하려고 하면 몸으로 막아내고, 그것을 제지하려다 보니 싸움이 벌어지는 것이다. 결국 우리 국회는 다수결이라는 의회민주주의의 기본도 지키지 못하는 셈이다. 진정한 의미에서의 국회라고 할 수도 없다.

그러면 우리 국회는 왜 다수결 원칙이 지켜지지 않는가? 긴 설명을 생략하면 여야 국회의원 각자의 입장을 당론으로 강제하기 때문이다. 개개인이 독립된 하나의 헌법기관인 국회의원은 왜 당론에 강제 당하는가? 다음 총선에서 공천을 의식하기 때문이다. 그런데 미국 같은 나라는 후보자가 지역구에서 경선을 통해 결정되기 때문에 공천권을 쥐고 있는 몇몇 특정인이 주도하는 당론이 없거나, 있어도 국회의원들이

별로 구애받지 않는다.

그래서 '싸움 국회'를 바로잡기 위해서는 여야 모두가 공천방식을 상향식 완전경선제로 바꾸어야 한다. 지금까지 이것이 되지 않는 원인은 첫째가 기존 공천권자들의 기득권 지키기이고, 둘째가 경선제의 폐해를 낳는 우리의 후진적 정치문화 수준이다. 대강 말하면 첫째는 정치인들의 몫이고, 둘째는 국민의 몫이다.

국회의원 24시

오래전에 직업과 평균 수명의 상관관계를 조사한 신문기사를 본 적이 있다. 가장 일찍 죽는 직업 1위가 언론인이었고, 가장 오래 사는 직업 1위가 종교인과 정치인이었다. 언론인과 종교인은 충분히 이해가 가는데 정치인이 좀 의외였다. 곰곰이 생각해본 결과 통계의 마술일 수 있다는 결론을 내렸다.

정치인의 조사대상은 대체로 현역이었을 것이다. 현역 정치인은 치열한 생존경쟁에서 살아난 사람들이다. 이들은 선천적으로 심신이 강한 편이었을 가능성이 크다. 조사대상을 실패한 정치인들로 확대하면 정치인의 수명은 대폭 낮아질 것이다. 실제로 국회의원들을 자세히 관찰하면 대부분 타고난 건강체질이라는 것을 알 수 있다. 그러기에 엄청난 스케줄과 고강도 스트레스를 견뎌내는 것이다. 백문이 불여일견이라고 나 자신의 평균적인 하루 일정을 공개해 본다.

아침엔 보통 6시에 일어난다. 샤워와 간단한 스트레칭, 그리고 머리 손질을 끝낸 후 조찬 약속장소로 향한다. 조찬모임은 일주일에 네다섯 차례 있는데 각 분야의 전문가들을 만나 현안이나 정책 또는 사회의 흐름에 대해 의견을 나누거나 조언을 받는다. 조찬이 없을 때에는 아침운동을 하거나 날씨만 괜찮으면 자전거를 타고 의원회관으로 출근하거나 선거구 사무실 또는 여의도 중앙당사로 대략 9시쯤 가서 아침회의를 갖는다.

아침회의에는 그날 예정된 회의나 행사에 관한 자료를 검토한다. 10시 이후에는 해당 상임위원회 관련 회의(국회가 개회 중인 경우) 또는 국회 내 각종 토론회에 참석하거나, 그렇지 않으면 외부인사와 민원인들을 면담한다. 오전에 선거구에 중요한 행사가 있으면 급히 다녀오기도 한다.

국회의원들은 대개 점심을 지인이나 정부부처 관계자 혹은 민원인들과 함께한다. 내 경우는 대체로 기자들과 한다. 기자들과 점심을 먹다 보면 반주가 지나쳐 오후 내내 힘들게 보낼 때도 있다. 오후에는 국회가 회기 중이면 상임위나 본회의에 참석하지만, 그렇지 않으면 그동안 약속이 밀린 손님을 면담하거나 각종 토론회 및 행사 참석차 여의도나 지역구를 오간다.

주말의 오후 일정은 결혼식, 회갑연, 체육 및 종교행사 등으로 채워진다. 저녁은 선거구나 국회 주변의 모임에 잠시 참석했다가 주로 기자나 동료 의원들 아니면 지인이나 후원자들과 함께한다. 저녁 자리에서는 분위기가 무르익어 폭탄주가 오가는 술자리일 확률이 높다. 그 저녁 자리가 2차로 이어지거나 아니면 또 다른 약속장소로 이동하는 경우도 있다. 그러다 밤이 늦어 심신이 녹다운된 채로 집을 향하지만 아직도 가야 할 상갓집이 한두 군데 더 남아 있다. 결국 기진맥진해 집에 도착하면 이미 자정을 넘기기 십상이다. 아내는 어느덧 잠이 들어 있고, 아이들은 각자 방에서 인터넷에 빠져 있다. 강아지 두 마리만이 나를 반갑게 맞아준다.

국회의원 가수

이명박 서울시장 시절 초대 정무부시장을 지내다 퇴임을 앞둔 무렵이었다. 나는 그동안 함께 일하며 고생한 서울시청 직원들에게 마음의 선물을 전하고 싶었다. 그러나 서울시 직원이 본청에만 1만 5천여 명이 넘는 게 아닌가. 고민 끝에 평소 즐겨 부르던 노래를 음반이나 파일로 만들어 선물해야겠다고 생각했다.

학창시절 보컬그룹의 멤버로 활동했던 나는 현역에서 활동하고 있는 후배들과 함께 음반작업을 시작했다. 성급하게 만들다 보니 많이 어설프긴 했지만 〈정두언과 함께하는 팝송여행〉이라는 다소 촌스러운 제목의 음반은 이렇게 세상에 나왔다. 시험 삼아 시중에 내놓게 된 나의 첫 번째 음반은 뜻밖에 좋은 반응을 얻었다. 그래서 대형서점의 음반판매점에서는 베스트 앨범 목록에 5주째 오르기도 했었다. 가수

협회에서는 가수증을 보내왔고, 연예인협회로부터 가수 부문 특별공로상도 받았다.

이 당시 나는 슬픈 일을 겪었다. 내가 사는 동네에 동기라는 다섯 살짜리 아이가 있었는데, 선천성심장병을 앓고 있으면서도 수술을 받지 못하고 있다는 이야기를 들었다. 우리는 동네산악회를 중심으로 일일 찻집을 열어 돈을 만들었다. 그러나 아이는 그새를 기다리지 못하고 세상을 떠났다. 우리는 너무 슬퍼 많이 울었다. 그때 아이의 아빠가 "우리 동기 같은 아이를 많이 도와주세요"라고 내게 부탁했다. 그래서 우리는 음반 및 공연 수익금을 'Save the Children'을 통해 심장병을 앓고 있는 어린이들을 위해 쓰기로 했다.

그 이후 나는 좀더 좋은 음반을 만들겠다는 욕심에서 무리를 거듭한 끝에 4집 앨범까지 내놓을 수 있었다. 아이돌그룹 '클릭 B'와 국회에서 조인트 콘서트를 열고 뮤직비디오도 발표했다. 그러나 국회의원 가수를 보는 대중의 시선은 결코 너그럽지만은 않았다. 4집 앨범만큼은 반드시 성공시키고 싶어 마지막이라는 각오로 제작사와 함께 노력한 결과, 가수들에게는 꿈의 무대인 TV 음악회에도 나가게 됐다. 이제 뭐 좀 되겠구나 싶었는데 방송사 노조에서 곧바로 성명이 나왔다. 왜 정치인을 방송에서 띄워 주느냐는 것이었다. 이렇게 해서 나는 아직도 히트곡이 하나도 없는 '무명 중견가수'다. 나로서는 참 억울했지만 이게 우리 현실이라는 것을 뒤늦게 깨달았다. 우리나라에서 국회의원과 가수는 양립이 불가능했던 것이다. 내가 아무리 노래를 잘 불러도 국회의원이지 가수가 될 수는 없었다.

하지만 나는 지금도 이런저런 축하행사에 가면 종종 축사 대신 내 노래 〈희망〉을 축가로 부른다. 이따금 국회의원이 너무 가벼운 게 아니냐는 지적도 받지만, 이 땅의 재미없고 딱딱한 정치문화를 조금이라도 바꾸어 보겠다는 욕심에서 스스로 광대임을 자임한다. 국회의원 가수가 자연스럽게 받아들여지는 그날까지.

twitter

doorun 정두언

설 명절을 앞두고 동네 노인정에 세배를 다녔다 가수 왔다고 노래하라고 해서 〈돌아와요 부산항〉과 앵콜곡으로 〈소양강 처녀〉를 불러 드렸더니 세뱃돈들을 주셨다. 3,100원을 벌었다. 정초부터 대박이다!

http://twitpic.com/3udqfa

2011년 1월 29일

멋있는 정치인

4집 음반을 내고 한참 가수 활동을 할 무렵이다. 언론 인터뷰 때 기자들의 단골 질문은 정치인과 연예인 중 어느 쪽이 더 어려우냐는 것이었다. 나의 단골 답변은 이랬다.

> "정치인과 연예인은 대중의 인기를 먹고 산다는 점에서 같다. 그런데 우리나라에서 연예인은 대중을 즐겁게 하는데, 정치인은 대중을 짜증 나게 한다."

정치가 이왕이면 대중을 즐겁게 하는 것이 바람직하다고 생각한다. 그러기 위해서 정치는 내용상으로 '민심을 잘 읽고 민심을 얻는 정치'가 돼야 할 것이다. 이렇게까지는 안 되더라도 우리 정치가 최소한 외양상으로라도 즐거운 정치가 되었으면 한다. 그런데 우리의 현실은 즐거운 정치와는 거리가 멀다.

민주주의 선진국인 미국과 유럽의 유명 정치인들을 보면 말도 잘하고, 제스처도 자연스럽고, 옷도 멋있게 입는다. 이에 비해 우리 정치인 대부분은 말도 딱딱하고, 제스처도 매우 어색하고, 옷차림도 세련되지 못하다.

우선 옷차림만 따져보자. 나는 종종 우리 당의 지도부에 있는 선배들에게 옷 좀 잘 입으시라고 잔소리를 한다. 지도부는 당의 얼굴로서 이들의 이미지가 당의 이미지에 많은 영향을 주기 때문이다. 고급 브랜드에 최신 유행의 옷은 아니더라도 최소한 '깔 맞춤'은 하고, 전혀 몸에 어울리지 않는 옷 정도는 피하자는 것이다. 항공모함처럼 헐렁한 바지에, 유치찬란한 와이셔츠에, 촌티 나는 넥타이를 매고 다니는 분도 있다. 이건 정말 아니다 싶을 때가 많다.

정치인은 또 옷을 너무 천편일률적으로 입는다. 칙칙한 공무원 색상과 스타일의 와이셔츠와 양복에서 벗어나면 무언가 불안해 주위 눈치를 살피는 것 같다. 공식회의나 행사가 없는 날 티셔츠에 청바지라도 입고 나가면 주위의 따가운 시선을 의식해야 한다. 때로 자전거를 타고 출근을 하는데 사이클 복장으로 의원회관에 들어가다가 경비원들로부터 제지를 당하는 수모(?)를 겪기도 한다.

가끔 언론에 베스트드레서 상을 받는 정치인 관련 기사가 나온다. 과연 옷을 잘 입어서 주는 건지, 잘나가는 정치인이라서 주는 건 아닌지 의아하다. 하여간 이제 우리나라에서도 연예인 못지않게 멋있고 대중을 즐겁게 하는 정치인이 나왔으면 좋겠다. 그리고 나올 때도 됐다.

다만 여기서 오해해서는 안 될 대목은 정치인의 멋이 재정적으로나 시간상으로 여유가 있어야만 가능한 것은 결코 아니라는 사실이다. 비교적 검소하게 사셨던 함석헌 선생이나 제정구 전 의원 같은 분은 지금도 굉장히 멋이 있는 정치인으로 기억되고 있다.

틈만 나면 싸우는 정치인들이 멋은 무슨 얼어 죽을 멋이냐고 하면 할 말이 없다. 하지만 그런 정치인이 옷차림마저 '비호감'이라면 이건 설상가상이 아닐까.

twitter

doorun 정두언

신라호텔 한복입장거부사건을 보며 제가 명절날 당 행사때 한복 입고 간거 생각나세요? 한참 용기를 내야 했다고 말했죠. 다들 멋있다고들 하지만 마치 별종 취급받는 느낌이죠. 앞으로 공식석상에서 한복을 더 자주 입어야겠다는 오기가 생기네요. 근데 여름 한복이…

2011년 4월 15일

국회의원 부인

어느 국회의원의 부인은 남편이 정치하는 것을 끔찍이 싫어했다. 그

부인은 선거 때만 되면 외국으로 가버릴 정도였다. 그 국회의원은 운좋게 딱 한 번 당선됐을 뿐이다. 그가 국회의원을 한번 하고 끝난 것은 내조를 혐오한 부인 때문일 것이다. 정치인에게 부인의 내조는 매우 중요하고 크다. 특히 선거 때는 부인의 몫이 반이라 해도 과언이 아니다. 부인은 국회의원과 가장 접촉 빈도가 높은 사람이다. 따라서 측근 중의 측근이며, 참모 중의 참모라 할 수 있다. 부인의 생각과 처신이 바르지 않으면 남편의 정치생명에 결정적인 해가 된다. 어느 국회의원은 정말 어렵게 당선됐는데, 부인 때문에 다음 선거에서 맥없이 나가떨어졌다. 그 지역에 국회의원이 두 명이었다는 악소문이 파다했기 때문이다. 따라서 국회의원 부인은 무엇보다도 겸손해야 한다.

국회의원 부재 시 대리인 역할을 해줄 수 있는 최고의 아바타는 바로 부인이다. 부인이 대신 나타나면 적어도 성의 표시가 되는 것이다. 부인이 너무 볼품이 없어도 그렇지만, 외모가 너무 출중하거나 귀부인 티가 나도 마이너스다. 품위는 있되 수수한 모습이 큰 호감을 산다.

어느 선배 국회의원의 부인은 성품이 매우 훌륭했는데 외모가 초라했던 모양이다. 지지자들과 함께 선거운동을 다니는데, 어느 여성운동원이 이 부인에게 "아무개 의원의 사모님이 그렇게 못생겼다면서요?"라고 했단다.

국회의원 부인은 성격과 체력도 좋아야 한다. 정치인 아내로서 별의별 사람을 다 겪어야 하기 때문이다. 특히 동네 아낙네들의 입방아는 인내심의 한계를 시험하게 하는 경우가 많다. 몇 차례 선거를 치르다가 건강을 해치는 경우도 다반사다. 내 아내도 두 번째 선거를 앞두고 위암 수술을 받았다. 아내는 지금 다행히 건강하게 지내고 있지만 그 때는 정말 미안해서 혼났다.

국회의원 부인이 커리어우먼이면 행운이다. 남편이 언제 어떻게 될지 모르기 때문에 여차하면 생계를 꾸려갈 수 있기 때문이다. 부인의 돈벌이가 괜찮으면 남편의 경제적 부담도 그만큼 줄어든다. 그러나 정치인 아바타 하면서 경제적 능력도 갖추는 것은 결코 쉬운 일이 아니다.

국회의원 부인은 생과부나 다름없다. 남편이 새벽에 나가서 새벽에 들어올 때가 허다하기 때문이다. 식사는 일주일에 한 번쯤 같이할 수 있을 정도다. 자기 부인의 근황을 제삼자에게서 들을 때도 있다. 지역구에서 주로 여성당원들과 활동을 같이 하면서도 막상 아내하고는 친밀감 있는 대화를 나눌 시간이 거의 없다. 이 글을 읽는 미혼 여성들은 앞으로 국회의원 하겠다는 남자는 배우자로서 부적격자라고 생각할지 모르겠다.

08 나의 정치역정과 정치철학

시련을 극복하고

공무원을 그만두고 정치에 입문한 지난 11년의 세월이 주마등처럼 머릿속을 스쳐 지나간다. 그때와 지금을 비교하면 정말 격세지감을 느낀다. 내가 생각해도 나 자신이 엄청나게 변했다. 20년을 안정되고 대우받는 공직생활을 하다가 2000년 4·13 총선을 두 달 앞두고 당시 이회창 한나라당 총재의 권유로 갑자기 사표를 냈었다. 허겁지겁 한 달 남짓 선거운동을 했으나 결국 2천여 표차로 낙선하고 패가망신을 했다. 직장 잃고 퇴직금마저 다 날리고 빈털터리가 된 것이다. 내가 괜한 짓을 벌였다는 뼈아픈 후회와 막막한 미래에 대한 불안감으로 실의에 빠진 채 아무 일도 하지 못했다. 불면증으로 잠을 이루지 못했고 어쩌다 잠이 들어도 악몽에 시달리다 잠자리에서 벌떡벌떡 일어났다. 남보기가 창피해 밖에도 못 나가고 집에서 소주만 마셨다. '이러다가 정

2009년 12월 24일 크리스마스 이브날 명동거리에서 심장병 어린이 '수와진' 자선 콘서트에 참가해 열창을 하고있다. © 연합뉴스

말 폐인이 되는구나' 싶었다. 다행히 집사람은 조금도 흔들림 없이 나와 집을 지켜주었고, 내가 다시 기운을 차리기를 느긋하게 기다려 주었다.

어느덧 계절은 봄을 지나서 여름이 시작되고 있었다. 이제는 집에서 두문불출 빈둥거리는 것도 지칠 때였다. 마침 그때 여기저기서 연락이 오기 시작했다. "어떻게 지내느냐? 한 번 보자"라는 연락들이었다. 후들거리는 발걸음으로 나선 거리는 내게 너무 낯설었다. 길가는 사람 모두가 나를 조롱하는 것 같아 고개를 푹 숙이고 걸었다. 그런데 의외로 밖에서 만난 사람들은 나를 굉장히 칭찬하고 자랑스러워했다. 깜짝 놀랐다는 것이었다. 대단하다는 것이었다. 처음에는 날 위로하느라 그러겠지 하고 생각했는데 나중에 보니 그게 아니었다. 실제로 그렇게들 생각하는 것 같았다. 차츰 용기가 솟기 시작했다. 다시 시작해 볼 수도 있겠구나. 하지만 그래도 모든 게 막막했다. 특히 재정적인 문제에 대해서 아무런 자신이 없었다. 겨우 2백만 원짜리 봉급생활을 하던 사람이 갑자기 무슨 수로 지구당을 꾸리고 지역관리를 해내겠는가. 더구나 평생을 남한테 아쉬운 소리 한 번 안 해보고 살았는데.

그런데 기적이 일어나기 시작했다. 여기저기서 도움의 손길이 나타난 것이다. 지구당 경비는 내가 책임지겠다. 생활비는 내가 책임지겠다 등. 그리고 놀라운 것은 돕겠다고 나선 사람들이 대부분 의외의 인물이라는 점이다. 쉽게 말해서 평소에 내게 그렇게 신세를 진 사람도 아니고, 또 그렇다고 내게 무슨 대가를 바라는 사람도 아니라는 점이다. 나로서는 기적이 아닐 수 없었다. 하여튼 그 후로 나는 다시 일어섰다. 그리하여 최근까지 지역구 사무실은 어디다 내놓아도 손색이 없을 정도로 운영을 해왔고, 지역관리도 탄탄하다고 소문까지 났다.

이렇듯 11년 전 공무원 출신으로 처음 정치에 입문하여 총선에 출마할 때와 지금의 나를 비교해 보면 나는 너무도 많이 달라졌다. 무엇보다도 강건해졌다. 이제는 사막에 갖다 놓아도 살아날 자신이 생겼다. 내가 만약 편안하고 순탄한 길만 걸어왔다면 지금의 내가 되지 못했을 것이다. 처음부터 성공한 게 아니라 실패를 맛보며, 야당 그것도 원외 위원장을 거쳤기 때문에 홀로 서는 훈련을 철저하게 치른 것이다. 혹독한 실패의 경험은 지난 2004년 당시 탄핵 역풍 속에서 치러진 17대 총선에서 한나라당 후보가 한번도 당선된 적이 없었던 서대문을 지역에서 해방후 처음으로 당선되는 누구도 믿기 어려운 결과를 만들어 냈다. 그뿐 아니다. 실패의 경험은 지난 2007년 대선 과정에서의 숱한 난관을 뚫고 정권교체를 이루어내는데 일익을 담당케한 원동력이 되었다고도 할 수 있을 것이다.

마찬가지이다. 이명박정부가 들어선 지난 3년여 동안 나는 누구보다도 편하고 화려한 길을 갈 수 있었다. 하지만 나는 내가 옳다고 생각하는 나의 정치가 있었기 때문에 그런 길을 과감히 마다하고 어렵고 힘든 길을 걸었다. 여당 속에서 야당보다 더 야당 같은 세월을 보내며 외롭고 고달픈 시련을 겪었지만 그걸 견뎌내면서 그만큼 나는 더욱 단단해졌다.

김영삼, 김대중, 노무현 전 대통령이 편한 생활만 했더라면 과연 그분들이 큰 뜻을 이루었을까? 나는 비교적 긍정적이고 희망적인 편이다. 앞으로도 내가 옳다고 믿는 길을 가는데 나를 가로막는 고난과 시련에 맞서서 싸울 투지가 새삼 넘쳐흐른다. 길게 보고 멀리 보는 자에게 궁극적인 승리가 돌아온다는 확신에 온몸이 떨린다. 이제는 숨을 가다듬고 호흡을 길게 하리라.

내가 정치를 하는 이유

그리고 차제에 내가 정치를 하게 된 이유와 앞으로 어떤 길을 갈 것인지에 대한 생각을 새롭게 정리해 보고 싶다. 나는 왜 정치를 하게 되었는가? 국회의원이 되기 위해서? 아니다! 왜냐? 나는 그보다 더 욕심이 큰 사람이기 때문이다. 그리고 국회의원이 목표라면 차라리 공무원으로 남아 있었을 것이다. 착실히 있다가 장·차관이 되는 게 낫지 무엇하려고 돈 쓰고 고생을 해가면서 국회의원이 되려 하겠는가? 아니 그럼 대통령이 목표란 말인가? 천만에. 그것도 아니다. 그럼 도대체 무언가?

나는 무엇이 되는 것보다는 어떤 사람이 되느냐에 더 관심이 많은 사람이다. 다시 말해서 국회의원이나 장·차관이 되는 것보다는 남들로부터 사랑과 존경을 받는 사람이 되고 싶은 정말 큰 욕심을 가진 사람이다. 따라서 손가락질 받는 높은 사람보다는 차라리 인정받는 낮은 사람이 되길 더 원한다. 나는 욕 먹으면서도 높은 자리에 가려고 별짓을 다 하는 사람을 정말 경멸한다. 그 때문에 나는 이 땅에서 모두에게 욕을 얻어먹는 이런 '정치'를 하면서도 사랑과 존경을 받는 사람이 되겠다는 엄청난 욕심을 가지고 정치를 시작한 것이다.

사실 정치를 권력의 실현이나 가문의 영광으로 생각하지 않는 사람에게 정치는 일종의 3D 업종임이 틀림없다. 지역에서는 상갓집 개가 되어야 하고, 친지들에게는 영원한 빚쟁이가 되어야 하며, 가족에게는 늘 불안한 존재가 되어야 하기 때문이다. 그러고도 존경을 받느냐 하면 정반대이다. 어디 가서 정치한다고 하면 쌈질이나 하지 말라고 욕이나 먹기 일쑤다. 누가 말도 안 되는 얘기를 해도 '네, 네' 하면서 내 주장도 제대로 못 한다. 그렇다고 예전처럼 누가 후원도 잘 안 해준다. 허구한 날 돈에 쪼들려 살아야 한다. 그러니 제 할 일이 있고 점잖은 사람에게 정치는 할 짓이 못된다. 다시 말해서 권력을 탐하고, 천박한 명예욕을 좇는 사람이나 할 짓이란 말이다.

따라서 정치는 진정한 명예를 추구하는 사람만이 해야 하고 또 해낼 수 있다고 보는 것이다. 그래서 나는 많은 사람으로부터 사랑과 존경을 받는 정치인이 되고자 하는 것이며, 단지 국회의원이 되려고 하면 절대 이 고생을 하지 않을 것이다.

그렇다면 어떤 정치를 하겠다는 것인가? 어떻게 해서 사랑과 존경을 받겠다는 말인가? 답은 간단하다. 모범을 보이겠다는 말이다. 모든 말이나 행동거지에서부터 정치적 신조나 자세에 이르기까지 '저 사람은 다르다' '저 사람은 믿을만하다' '저 사람은 훌륭하다'는 말을 들을 수 있도록 하겠다는 말이다. 따라서 내게는 '무엇을 위해서 정치를 하겠다'뿐만 아니라 '어떻게 정치를 하겠다'는 것도 정치하는 이유요 목표가 되는 것이다.

"그렇게 더러운 정치를 왜 하려고 해?"라는 말을 자주 듣는다. 그럴 때마다 이렇게 대답한다.

"골목에 쓰레기더미가 있는데, 더럽다고 침만 뱉고 다니면 어떻게 하느냐? 쓰레기만 더 쌓여가지 않겠느냐? 누군가 쓰레기를 치워야 하는 게 아니냐? 나는 더러운 걸 치우려고 정치라는 쓰레기더미 속으로 뛰어들었다"고.

더 구체적인 예를 들어서 얘기하면, 나는 삼성의료원 장례식장 같은 정치를 하고 싶다. 무슨 말인고 하면, 우리가 모두 알고 있듯이 우리나라 장례문화는 삼성의료원 장례식장이 바꿨다. 그전에는 누구나 장례를 치르면서 반드시 한차례 큰 홍역을 앓아야 했다. 상갓집은 늘 난장판이었고, 장례 절차마다 누군가 나타나 행패를 부렸고 여기저기서 돈을 뜯겨야 했다. 상주는 약자이므로 울며 겨자 먹기로 그 행패들을 다 받아줘야 했고, 그것이 관례라고 그냥 넘어갈 수밖에 없었다. 그러다가 삼성의료원에서 제대로 된 장례식장을 만들어 장례문화는 이래야 한다고 모범을 보이자, 사람들은 장례식을 이렇게 점잖게 치를 수도 있다는 것을 깨닫기 시작했다. 그 후로부터 모든 병원들이 너도나도 삼성의료원을 본받기 시작했다. 그리고 결국은 우리나라 장례문화가 바뀌어 버렸다. 부조리와 모순투성이로부터 합리와 편리 위주로…….

나는 개혁은 이렇게 이루어지는 것이 효율적이고 무리가 없는 방식이라고 생각한다. 엘리트 또는 메인 스트림이 자기혁신의 모범을 보이는 방식, 이것은 일종의 노블레스 오블리주라고도 할 수 있을 것이다. 여하튼 나는 우리나라에서 정치하면서 '저렇게도 할 수 있구나'하는 모범과 선례를 보임으로써, 많은 사람이 나를 본받게 하면서 우리 정치를 바꾸어 보겠다는 크나큰 포부를 가지고 있다는 것을 고백한다.

그러기 위해서 가장 중요한 것이 시종일관始終一貫, 언행일치言行一致, 선공후사先公後私의 덕목을 철저하게 실천하는 길이라고 생각한다. 그러다 보면 내게 기회가 주어지고 자리가 주어지는 것이지, 기회나 자리를 먼저 좇는 것은 순서가 틀린 것일 뿐 아니라 궁극적으로는 큰 것을 얻지 못한다는 게 나의 믿음이다. 큰 바위 얼굴은 '그것이 되려고 해서 되는 것이 아니라 그것을 기다리다 보면 된다는 것'이라는 어릴 적 이야기는 내가 늘 가슴에 새기고 있는 큰 교훈이다.

twitter

doorun 정두언

이익이냐 정의냐 전자가 장사면 후자가 정치인데 그런 면에서 우리 정치는 장사꾼 정치인가? 그나마 추구하는 게 자리냐 일이냐 할 때 전자가 정치꾼이면 후자가 정치인이라고나 할까? 정치하는 사람에게 속지 않으려면 그가 위 넷 중에 뭐에 관심이 있는지 봐야.

2011년 3월 22일

@kangcg1004 저는 우상을 깨는 게 지성의 역할이고 unfair한 걸 바로잡는 게 개혁이라고 생각하며 늘 거기에 집중하려 합니다. 정치는 표를 의식하지 않을 수 없기 땜에 제약과 한계가 큽니다만 돌아보면 정면돌파하는 사람이 결국 승리하더라구요.

2011년 3월 22일

무엇을 하려고 정치를 하는가

진짜 정치, 가짜 정치

우리는 정치를 너무 불신하고 혐오한다. 그러다 보니 정치를 무시하고 외면해버린다. 정말 위험한 일이다. 왜냐면 정치는 국가사회에서 가장 최고의 의사결정을 하는 기능인데, 이를 기피하면 그 피해는 누가 보겠는가. 결국은 그것을 꺼리는 국민이 보기 때문이다. 그러므로 정치는 매우 중요하고, 또 중요한 만큼 정말 제대로 해야 한다. 나는 공직생활을 하면서 특히 국회와 관련된 일을 주로 하면서 정치를 가까이서 지켜봤었다. 내게는 많은 문제점이 눈에 들어왔고, 그때마다 내가 직접 해보면 잘할 수 있지 않겠나 하는 생각이 들었다.

나는 정치도 진짜가 있고 가짜가 있다고 본다. 어떤 일業을 성취하기 위해서 정치를 하면 진짜고, 어떤 자리職를 위해서 정치를 하면 가짜라고 본다. 쉽게 말해서 국회의원 그 자체가 되기 위해서 정치를 하면 가짜고, 어떤 일을 추구하기 위해서 국회의원이 되려 하면 진짜라는 말이다. 물론 어떤 정치인도 자기가 일을 추구하지 직을 추구하는 게 아니라고 할 것이다. 하지만 각자가 하는 행태를 자세히 들여다보면 진짜 가짜는 금방 구별이 된다.

나는 적어도 '진짜 정치'를 해보겠다는 마음을 가지고 정치에 뛰어들었다. 정치는 이렇게 해야 진짜라는 본을 보여주고 싶었다. 물론 내가 지금 완벽하게 그렇게 하고 있다고 자신할 수는 없다. 하지만 그런 길을 가겠다는 마음만은 변함이 없다. 그렇다면 무엇을 하겠다는 것인가. 내가 하고자 하는 것을 여기서 일일이 다 얘기할 수는 없을 것이다.

공적인 목표

하지만 가장 큰 것을 몇 가지 얘기하라면 그 첫째가 민주주의 완성을 위한 헌신이다. 우리나라가 군사독재에서 벗어나 민주국가가 된 게 언제인데 무슨 뚱딴지같은 소리냐고 할지도 모르겠다. 절대 그렇지가 않다. 흔히 민주체제의 4대요소로 '법치주의 확립' '자유경쟁의 실현'

'기회균등의 보장' '취약계층의 보호'를 든다. 이 네 가지가 제대로 작동해야 비로소 선진민주국가라고 할 수 있다.

그렇다면 우리나라는 어떤가. 아직은 이 어느 한 가지도 제대로 작동되고 있다고 볼 수 없다. 법치주의만 해도 그렇다. 길거리의 기초질서는 말할 것도 없지만, 우리는 헌법의 기본인 삼권분립조차도 지키지 못하고 있는 나라다. 우리나라 국회의장은 아직도 대통령과 동등한 위치가 아니라 대통령이 실질적으로 지명하는 지위에 머무르고 있지 않은가. 취약계층의 보호 역시 마찬가지다. 우리가 선진민주국가가 되기 위해서는 적어도 없어서 밥을 못 먹거나, 없어서 교육을 못 받거나, 없어서 치료를 못 받는 사람이 있어서는 안 될 것이다. 그런 관점에서보면 우리나라는 아직도 멀었다.

둘째는 사회통합이다. 알다시피 우리나라는 지금 지역 간, 세대 간, 계층 간, 이념 간의 갈등이 도를 넘어서고 있다. 남북통일은 고사하고, 남남 간의 갈등도 매우 심각한 상태다. 이를 해결하는 길은 정말 지난해 보인다. 하지만 먼저 상대를 인정해야 한다. 상대를 인정한다는 것은 서로 다름을 인정한다는 것이다. 그러고 나서 서로 대화를 해야 한다. 대화의 문은 항상 서로가 양보하며 공생하자는 전제가 있어야 열린다. 그리고 양보는 특히 힘이 있는 쪽에서 먼저 그리고 많이 해야 할 것이다.

개인적인 목표

정치가 이런 어려운 일을 해내기 위해서는 먼저 권위를 회복해야 한다. 권위가 있어야 힘을 얻게 되기 때문이다. 권위의 회복은 신뢰의 회복이다. 국민은 왜 정치를 불신하는가. 정치인을 불신하기 때문이다. 정치인을 왜 불신하는가. 정치인은 말과 행동이 다르고, 처음과 끝이 다르고, 공을 앞세우면서 사를 챙긴다고 생각하기 때문이다. 정치가 신뢰를 얻기 위해서는 정치인이 언행일치, 시종일관, 선공후사를 실천해야 한다. 그렇게 하면 정치인도 사랑받고 존경받을 수 있다고 믿는다. 나는 서울시장보다도 대통령보다도 사랑받고 존경받는 정치인이 되고 싶다. 정말 큰 욕심이라고 생각한다. 하지만 그런 노력을 끊임없이 하다 보면 어릴 적 보던 동화《큰 바위 얼굴》에서처럼 나도 큰 바위 얼굴이 될 수 있지 않을까 꿈을 꿔 본다.

한나라당내에서의 목표

이명박정권 탄생의 3대 원인을 들라면 첫째가 노무현 대통령에 대한 반감, 둘째가 손학규의 한나라당 탈당, 셋째가 수도권과 3, 40대 등 중도개혁성향세력의 지지라고 할 수 있다. 우리나라에서 중도개혁성향세력은 대표적인 부동층swing voter으로 민주화 이후, 이들의 지지는 정권 창출에 필수적인 요소가 되었다. 한편, 현대국가의 정권운영은 퍼머넌트 캠페인permanent campaign(정치인이 정치나 행정을 위한 최우선 수단으로 대중의 지지기반을 형성하기 위해 1년 내내 벌이는 정치 활동)이라는 용어에서 보듯이 국민의 지지도에 그 성패가 달렸다. 그렇다면 중도개혁성향세력의 지지는 정권 재창출뿐 아니라 정권의 성공을 위해서도 필수적이라는 말이 된다.

한나라당은 아직도 우파세력에 무게중심이 가 있고, 중도개혁세력은 서자 취급을 받고 있다. 이회창의 두 번 실패에서 보듯이 이래서는 정권 재창출이 불가능하다. 정권 재창출뿐 아니라 지방선거에서도 패배할 가능성이 크다. 중도개혁세력의 목표는 우리나라에서 점차 줄어만 가는 중산층을 키워서 사회의 안정과 통합, 그리고 지속 가능한 발전의 토대를 만들고 나아가 이를 기반으로 선진국으로의 도약을 꾀하자는 것이다. 그러기 위해서는 모든 정책의 우선순위가 이에 맞추어져야 하며, 중도개혁세력이 당의 다수파가 되어야 이를 담보할 수 있을 것이다.

서민 · 중산층을 위한 정치

나는 일찍부터 부모님과 떨어져 살아야 했다. 무작정 상경하다시피 서울로 올라온 부모님은 자식 다섯을 낳고 단칸셋방에서 겨우 입에 풀칠하며 살았다. 생활력이 강한 어머니가 도로공사판 막노동부터 시작해서 다방 동전장수, 미제장수 등 별의별 일을 다 해가며 겨우 생활을 꾸릴 수 있었다. 어느 날 이런 여동생의 어려움을 보다 못한 외삼촌께서 아이 하나를 데려다 키우겠다고 제안을 하셨다. 성격이 까다로운 외삼촌이 형제 중 가장 얌전했던 나를 택했는데, 나는 갓난아이 때부터 도대체 울지도 않고 웃기만 했던 순둥이였다고 한다. 거기다 어릴 때부터 애늙은이라는 소리를 들었던 나는 이내 상황을 간파하고 그 엄청난 현실을 받아들인다.

너무도 오래전 일이지만 지금도 그날이 생생하게 떠오른다. 드디어 집을 떠나는 날, 전날부터 어머니는 네가 가기 싫으면 안 가도 된다고 다짐을 하셨다. 그렇지만 싫다는 소리를 못했다. 그래야만 할 것 같았다. 서울역에 도착해 기차에 오르는 순간 외삼촌이 자신이 없으면 안 가도 된다는 마지막 다짐을 할 때는 "엄마한테 갈래!"라는 말과 함께 울음이 막 터져 나오려 했다. 그런데 기가 막히게도 세 살배기였던 나는 죽을 힘을 다해서 울음을 참았다. 그러고는 가도 된다고 했다. 한번 약속을 했는데 어떻게 번복을 하나 싶었고, 엄마가 고생하는 모습도 떠올랐기 때문이다. 초등학교 입학을 앞두고 다시 부모님 곁으로 돌아왔지만, 지금도 가슴 아프게 기억나는 것은 한동안 밤마다 엄마가 보고 싶어 울다가 잠이 들었다는 사실이다.

나와 비슷한 연령대인 전후戰後 베이비붐세대는 대부분 어렵게 살았지만 우리 집은 특히 더 가난했다. 사실 세 살배기 어린아이였던 내가 집안 사정을 얼마나 알았겠는가? 하지만 그 어린아이조차도 엄마의 고생 때문에 이를 악물며 가족과 이별해야 했을 정도였다.

나는 항상 국가는 서민의 삶을 챙기고 보살펴야 한다고 주장하며 친서민 행보에 앞장서 왔다. 이는 내가 가난한 서민 출신으로 서민의 어려움을 뼈저리게 경험했고 누구보다도 그 고통을 잘 알기 때문이다. 더구나 나의 지역구는 달동네가 즐비한 서민밀집지역이기 때문에 나는 항상 그들과 호흡하며 그들의 애환을 체감하고 있기 때문이다. 서민층은 정치가 잘못되고 나라가 어려우면 가장 큰 피해를 보지만 자신의 어려움을 스스로 극복하기 어렵기 때문이다.

국가적으로도 서민층을 더 배려하고 그들의 어려움을 덜어줘야 하는 명백한 이유가 있다. 서민중산층은 사회의 중추 역할을 하며, 국가의 근간이라 할 수 있다. 어느 나라든 중산층이 두텁고 많아야 사회적으로 안정되고, 재정적·문화적으로 풍족하고 부강한 국가가 될 수 있다. 이는 꼭 중산층이 국가재원의 근본인 세수의 원천이기 때문만은 아니다. 역사적으로도 경험했듯이 중산층의 몰락은 이념적 양극화를 심화시켜 극심한 사회갈등을 초래하게 된다. 이런 상황은 복지, 조세, 교육, 부동산 등 주요 국가정책마다 국민적 합의를 어렵게 하고 심각한 사회갈등 비용을 초래해 궁극적으로 국가 전체를 위기에 처하게 한다. 이런 이유로도 국가가 앞장서 서민층을 챙겨 그들이 중산층으로 진입할 수 있도록 도와줘야 한다. 중산층을 더욱 두텁게 하자는 것이다.

하지만 최근 우리의 현실은 그렇지 않다. 2010년 삼성경제연구소 발표에 의하면 우리나라 중산층 가구의 비중이 최근 5년 동안 무려 5퍼센트나 감소했고, 그 중 3분의 2는 빈곤층으로 전락했다. 그리고 우리나라 중산층 비중은 OECD 국가 21개국 중 최하위권인 17위밖에 안 되는 것으로 나타났다. 얼마 전에는 지난해 우리나라 소득 하위 20퍼센트의 엥겔계수가 20.47퍼센트로 5년 만에 최고치를 기록했다는 통계청 발표도 있었다.

서민중산층의 고용이나 임금사정은 나아지지 않고 소득은 그대로이거나 줄었는데도 최근의 물가폭등, 전세대란, 유가급등, 가계부채증가 등으로 오히려 서민가계의 지출은 대폭 늘어나고 있다. 그동안 이명박정부는 대기업이나 고소득층에게 감세나 고환율정책 등으로 큰 혜택을 주었지만 그들은 서민중산층을 위해 자신들의 성과물을 나누지 않고 있다. 이런 상황에서 국가가 서민들의 실질소득을 증대시켜주지 못한다면 그들의 비용지출을 줄여주는 한편 복지 등의 재정적 뒷받침을 통해서 그들의 생활을 안정시키는 것은 너무도 당연한 의무인 것이다.

내가 외고개혁을 주장한 이유는 바로 외고가 우리 서민중산층에게 가장 큰 부담을 주는 사교육비의 주범이었기 때문이다. 원래 외고는 어학영재를 선발하고 양성하여 세계화시대에 맞는 인재를 키우기 위해 설립된 특수목적고이다. 하지만 외고는 학생 선발권 독점이라는 불법적 특혜와 불공정경쟁을 통해 우수 학생을 싹쓸이함으로써 명문대 입시만을 위한 학원처럼 변질돼버렸다. 이로써 '외고 입학은 명문대 합격'이라는 등식이 생겼고 외고 입학을 위한 사교육 열풍이 불게 된 것이다. 초등학교, 중학교 때부터 고교수학을 봐야 할 정도니 사교육을 받지 않을 재간이 없게 된 것이다. 또 이 과정에서 외고는 사교육을 많이 받을 수 있는 부잣집 아이들의 전유물이 되어버렸다. 그러니 외고는 명백히 바로잡아야 할 개혁의 대상인 것이다.

비록 미완에 그쳤지만 외고개혁에 앞장선 결과 올 초에 벌써 외고 학원의 문턱이 썰렁하고 외고 입시 경쟁률이 급격히 떨어졌다. 만약 제대로 외고를 개혁했다면 과연 그 효과가 어느 정도일까. 그래서 나에게 외고개혁은 아직도 계속 중이다.

마찬가지로 내가 당내에서 맨 먼저 주장한 대기업과 고소득층의 추가 감세 철회 역시 친서민 행보의 일환이었다. 복지를 말하려면 재원 마련 방안에 대해서도 분명히 말해야 한다. 재원대책이 없는 말만 앞세우는 복지가 바로 포퓰리즘인 것이다. 나는 2013년도부터 예정된 대기업과 고소득층의 법인세와 소득세 추가 감세를 철회하여 이에 따른 세수증대분을 저소득 서민층과 영세자영업자 등을 위한 복지재원으로 사용하자고 주장했다. 이것이 바로 추가 감세 철회 요구의 진정한 의미라 할 것이다.

twitter

doorun 정두언

당구장에 방을 두 개 만들어 일곱 식구가 살았는데요, 한번은 허리도 제대로 못 펴는 다락에다 내 공부방을 만들었지요. 공부하다 엎드려 잠이 들었는데 찬바람을 맞았나 봐요. 입이 돌아가 버린거에요. 세브란스 다니며 전기 찜질해서 나았죠. 그때는 다 그러고 살았죠.

2011년 4월 9일

용기와 소신의 정치

우리는 세상을 살면서 큰 뜻과 함께 씩씩한 기운과 기개를 갖추고 남들이 꺼리는 길을 꿋꿋이 가는 용기 있는 사람들을 많이 만난다. 하지만 남들이 꺼리는 일을 앞장섰다고 다 용기 있는 사람이라 칭하진 않는다. 진정한 용기는 혈기만 앞세운 만용과는 구분되며, 이기적이고 자기만족적인 행동이 아니기 때문이다. 그렇다면 우리가 세상을 살아가는데 중요한 덕목 중 하나인 용기란 무엇일까? 그리고 용기 있는 사람은 어떤 사람일까?

일찍이 맹자는 자신의 자존심과 분노 때문에 힘만 믿고 남을 제압하거나 보복하려 하는 것을 '필부지용匹夫之勇'이라 하며 "필부의 용기는 한 사람만을 대적하는 용기匹夫之勇 敵一人者也"에 지나지 않는다고 했다. 반면 진정한 용기는 대장부의 용기이며, 대장부는 호연지기浩然之氣를 통해 어느 것도 두렵거나 거리낄 게 없어 부귀로 유혹해도 마음을 바꾸지 않고 위협이나 무력에도 굴복하지 않으며, 가난같이 어려운 상황도 마다하지 않는 사람이라 했다.

맹자가 말한 대장부는 진정한 용기를 가진 자로 자신이 옳다고 믿는 것은 어떤 고난 속에서도 물러서지 않고 대의를 실천하는 사람을 뜻한다. 그에겐 오직 자신을 반성하고 세상에 비추어 조금도 거칠 게 없고 도의에 어긋나지 않느냐가 중요할 뿐이다. 진정한 용기는 소신이 뒷받침될 때 발휘된다. 따라서 용기 있는 사람이 되기 위해서는 올바른 소신을 갖는 것이 중요하다.

그렇다면 오늘날 용기 있는 사람은 어떤 사람일까? 내가 생각하는 용기 있는 사람은 불의와 타협하지 않고 이를 용납하지 않는 사람이다. 이들은 불의에 맞설 때 불이익을 두려워하거나 이와 타협해 얻을 이익을 먼저 생각하지 않는다. 오로지 정의를 바로 세워 올바른 세상을 만들겠다는 생각이 있을 뿐이다. 이들은 상대가 큰 힘을 가진 권력자든 부자든 상관하지 않는다. 잘못을 잘못이라 말하고 옳은 것은 옳다고 말을 한다. 따라서 이들은 항상 공명정대하며 세상의 누구에게도 치우침이 없는 공정한 잣대를 지닌 사람이라 할 수 있다.

또한, 용기 있는 사람은 자신의 이익을 앞세우지 않는다. 모두의 이익을 먼저 생각하며 자신의 희생을 두려워하지 않는다. 사소한 것이라도 눈앞에 보이는 이익을 포기하는 것은 정말 참기 어려운 일이다. 그런 달콤한 유혹을 과감히 뿌리치고 전체의 이익을 먼저 생각하기에 용기 있는 사람이라 하는 것이다. 이들은 자신의 삶에 적극적이고 이 세상에 대해 깊은 애정을 가진 사람이다. 자신만을 위한 삶이 아니라 내가 더불어 살아가는 세상을 위해 살아가는 태도는 자신과 세상에 대한 깊은 애정 없이는 불가능하기 때문이다.

용기 있는 사람은 정직하고 솔직하다. 자신을 속이지 않고 자신에게 유리하도록 남을 속이지 않는다. 자신의 잘못이나 실수를 감추지 않고 행동에 책임을 진다. 그래서 모든 일에 능동적이며 주인의식을 갖고 일한다. 이들은 자신에겐 엄격하지만 남에게는 관용의 자세와 따뜻한 마음씨를 가지고 대하는 사람이다. 정직하고 책임에 대한 두려움이 없어서 남을 원망하거나 미워하지 않기 때문이다.

역사상 위대한 인물들은 대부분 용기 있는 사람이었다. 하지만 위대한 인물들만이 용기 있는 사람은 아니었다. 우리 주변에도 생활 속에서 맹자가 말한 대장부의 용기를 실천하는 사람들이 많다. 모두 자신의 위치에서 최선을 다해 살아가는 사람들이며 나는 그들의 행동이 우리 사회를 올바르게 이끌어 온 원동력이 되어 왔다고 믿고 있다.

부끄럽지만 나는 주변에서 소신 있고, 용기 있는 정치인이란 평가를 받는다. 아마도 옳다고 생각하는 일은 반드시 했고, 잘못된 것은 잘못되었다고 말해왔기 때문일 것이다. 최근 몇 년간 나는 일생에서 가장 힘든 시기를 보냈다. 정치에 처음 입문해 총선에서 낙마했을 때도, 그리고 야당생활을 할 때도 힘들었지만 이명박정부 출범 이래 나는 전혀 새롭고 도저히 예측할 수 없었던 어려움에 맞서 싸워야 했고 핍박을 당해야만 했다.

권모술수, 중상모략, 이간질, 누명 씌우기 등의 고전적 수법은 그렇다쳐도, 야당도 아니고 여당 의원인 내가, 한때 대통령의 최측근이라는 소리까지 들었던 내가 사찰까지 당할 정도였다. 이런 일들은 정신적으로 나를 힘들게 하고 절망에 빠뜨린, 그동안 겪어보지 못했던 전혀 새로운 일들이었다. 하지만 나는 결코 그에 굴복하지 않았다. 맹자의 말대로 세상에 나를 비추었을 때 전혀 거리낄 게 없었기 때문이었다. 오직 국민과 나의 양심만이 두려울 뿐이었다. 그래서 어떤 핍박과 고통도 이겨낼 수 있었던 것이다.

‘권력을 사유화하면 안 된다’ ‘친인척을 권력에서 배제해야 한다’ ‘민심을 받들고 따라야 한다’ ‘반대파를 포용하는 큰 정치를 해야 한다’ ‘인사가 만사다’ 등.

내가 한 말들은 정치학 교과서에 다 나와 누구나 알고 있는 것들이다. 역사상 어떤 권력자도 이 원칙들을 지켜 잘못된 적이 없었다. 하지만 이런 말을 하는 내가 눈엣가시였을 것이다.

이 정부에서 나는 누구보다도 편하고 화려한 길을 걸을 수 있었지만 그렇게 하지 않았다. 하지만 결코 후회는 없다. 오히려 이를 통해 나는 정치인으로서 더욱 성장할 수 있었고, 많은 사람들의 성원과 격려를 받으며 내가 걸었던 길이 틀린 게 아니란 점을 확인할 수 있었다. 늦었지만 나에게 용기를 주고 수없이 많은 격려를 해준 모든 분께 진심으로 감사를 드린다.

twitter

doorun 정두언

편하게 살아도 되는 세상을 힘들게 사는 이유는 절대로 고개를 숙이며 살지 못하기 때문이죠. 어느 분이 그랬다네요. 저 친군 조금만 숙이면 될 텐데 왜 저런지 모르겠다고. 그런 저도 잘 모르겠어요. 하지만 전 착하고 약한 사람들에겐 바로 고갤 숙이죠.

2011년 7월 19일

한국의 보수, 비탈에 서다

펴낸날 1판 4쇄 2016년 1월 5일

지은이 정두언
펴낸이 나성원
펴낸곳 나비의활주로

주소 서울시 강북구 삼양로 85길 36
전화 070-7643-7272
팩스 02-6499-0595
전자우편 butterflyrun@naver.com
출판등록 제2010-000138호

ISBN 978-89-97234-03-5 03300